الرحمة المهداة

منظومة في

شمائله ﷺ وفضائله

نظم وشرح

أبي معاذ

طارق بن عوض الله بن محمّد

بِسْمِ اللهِ الرَّحْمَنِ الرَّحِيمِ

إِنَّ الْحَمْدَ لِلهِ نَحْمَدُهُ، وَنَسْتَعِينُهُ وَنَسْتَغْفِرُهُ، وَنَعُوذُ بِاللهِ مِنْ شُرُورِ أَنْفُسِنَا وَمِنْ سَيِّئَاتِ أَعْمَالِنَا، مَنْ يَهْدِهِ اللهُ فَلَا مُضِلَّ لَهُ، وَمَنْ يُضْلِلْ فَلَا هَادِيَ لَهُ، وَأَشْهَدُ أَنْ لَا إِلَهَ إِلَّا اللهُ وَحْدَهُ لَا شَرِيكَ لَهُ، وَأَشْهَدُ أَنَّ مُحَمَّدًا عَبْدُهُ وَرَسُولُهُ.

وَبَعْدُ؛ فَهَذِهِ مَنْظُومَةٌ مُخْتَصَرَةٌ وَجِيزَةٌ فِي شَمَائِلِ رَسُولِ اللهِ ﷺ وَفَضَائِلِهِ، ضَمَّنْتُهَا -عَلَىٰ وَجَازَتِهَا- أَهَمَّ مَا يَنْبَغِي عَلَى الْمُؤْمِنِ مَعْرِفَتُهُ عَنْ نَبِيِّهِ ﷺ، وَقَدْ شَرَحْتُهَا -كَمَا تَرَىٰ- شَرْحًا مُوجَزًا أَيْضًا، وَإِنَّمَا اسْتَفَدْتُهُ كُلَّهُ مِنْ كَلَامِ أَهْلِ الْعِلْمِ، لَيْسَ لِي فِيهِ نَاقَةٌ وَلَا جَمَلٌ.

وَقَدْ حَرَصْتُ عَلَىٰ أَنْ يَكُونَ النَّظْمُ سَهْلًا عَذْبًا، خَالِيًا مِنَ الْحَشْوِ وَالتَّعْقِيدِ؛ إِذْ غَرَضِي الْأَسْمَىٰ مِنْ هَذَا النَّظْمِ أَنْ يَتَعَرَّفَ الْمُؤْمِنُ عَلَىٰ نَبِيِّهِ ﷺ، لِيَزْدَادَ لَهُ حُبًّا وَشَوْقًا؛ مِنْ ثَمَّ كَانَ الْمُخَاطَبُ بِهِ كُلَّ الْمُسْلِمِينَ؛ مِنَ الْأَطْفَالِ وَالشَّبَابِ وَالنِّسَاءِ وَالرِّجَالِ.

وَلَا يَفُوتُنِي هُنَا أَنْ أُقَدِّمَ الشُّكْرَ الْجَزِيلَ لِلشَّيْخِ الْفَاضِلِ: وَلِيدِ

ابْنِ إِدْرِيسَ المِنِيسِيِّ - حَفِظَهُ اللهُ -، عَلَى مُلَاحَظَاتِهِ الَّتِي أَفَادَنِي بِهَا فِي النَّظْمِ، فَجَزَاهُ اللهُ خَيْرًا، وَنَفَعَ بِهِ وَبِعِلْمِهِ.

وَإِنَّمَا ذَكَرْتُ فِي النَّظْمِ وَشَرْحِهِ - مِنْ غَيْرِ اسْتِيعَابٍ -: مَا دَلَّ عَلَيْهِ القُرْآنُ الكَرِيمُ، وَالأَحَادِيثُ الصَّحِيحَةُ وَالحَسَنَةُ، وَمَا اشْتُهِرَ عِنْدَ العُلَمَاءِ مِنْ غَيْرِ نَكِيرٍ، وَصُنْتُهُمَا عَنِ الأَبَاطِيلِ وَالمَنَاكِيرِ.

وَلَا شَكَّ أَنَّ كُلَّ ذَلِكَ دَالٌّ عَلَى نُبُوَّتِهِ ﷺ؛ فَإِنَّ سِيرَةَ الرَّسُولِ وَأَخْلَاقَهُ وَأَقْوَالَهُ وَأَفْعَالَهُ وَشَرِيعَتَهُ مِنْ آيَاتِهِ، وَأُمَّتُهُ مِنْ آيَاتِهِ، وَعِلْمُ أُمَّتِهِ وَدِينُهُمْ مِنْ آيَاتِهِ، وَكَرَامَاتُ صَالِحِ أُمَّتِهِ مِنْ آيَاتِهِ؛ وَذَلِكَ يَظْهَرُ بِتَدَبُّرِ سِيرَتِهِ مِنْ حِينِ وُلِدَ وَإِلَى أَنْ بُعِثَ، وَمِنْ حَيْثُ بُعِثَ إِلَى أَنْ مَاتَ، وَتَدَبُّرِ نَسَبِهِ وَبَلَدِهِ وَأَصْلِهِ وَفَضْلِهِ ﷺ.

وَاللهَ تَعَالَى أَسْأَلُ أَنْ يَتَقَبَّلَ عَمَلِي هَذَا، وَأَنْ يَجْعَلَهُ فِي مِيزَانِ حَسَنَاتِي، وَكَفَّارَةً لِسَيِّئَاتِي، وَأَنْ يَرْزُقَنِي سُبْحَانَهُ بِفَضْلِهِ رُؤْيَةَ وَجْهِهِ الكَرِيمِ، وَصُحْبَةَ نَبِيِّهِ الأَمِينِ ﷺ، فِي جَنَّاتِ النَّعِيمِ، إِنَّهُ سُبْحَانَهُ وَلِيُّ ذَلِكَ وَالقَادِرُ عَلَيْهِ.

وَصَلَّى اللهُ وَسَلَّمَ عَلَى نَبِيِّهِ مُحَمَّدِ بْنِ عَبْدِ اللهِ، وَعَلَى أَزْوَاجِهِ وَذُرِّيَّتِهِ وَصَحْبِهِ أَجْمَعِينَ.

وَكَتَبَهُ
أَبُو مُعَاذ طَارِق بْن عِوَض اللهِ بْن مُحَمَّد

بِسْمِ اللهِ الرَّحْمَنِ الرَّحِيمِ

مُصَلِّيًا عَلَى الحَبِيبْ	أَحْمَدُ رَبِّيَ القَرِيبْ
بَعْضٌ، وَمِنْ فَضَائِلِهْ	وَتِلْكَ مِنْ شَمَائِلِهْ
أُخْتٍ وَأُمٍّ وَرَجُلْ	لِكُلِّ طِفْلٍ وَلِكُلِّ

التَّعْرِيفُ بِهِ ﷺ

رَسُولُ رَبِّ العَالَمِين	فَإِنَّهُ النَّبِي الأَمِينْ
مِنْ إِنْسِهِمْ وَجِنِّهِمْ	لِلْعَالَمِينَ كُلِّهِمْ
سَيِّدُ الأَوْلِيَاءِ	خَاتَمُ الأَنْبِيَاءِ
وَالنِّعْمَةُ المُسْدَاةُ	الرَّحْمَةُ المُهْدَاةُ
بِشَارَةُ الكَلِيمِ	دَعْوَةُ إِبْرَاهِيم
الأَنْبِيَاءِ وَالرُّسُلْ	مُوسَى وَعِيسَى بَلْ وَكُلُّ

ولادَتُهُ ﷺ

خَرَجَ مِنْ نِكَاحٍ   وَلَيْسَ مِنْ سِفَاحٍ

فِي وَضْعِهِ خَرَجَ نُورْ   لَهُ أَضَاءَتِ الْقُصُورْ

نَشْأَتُهُ ﷺ

طَاهِرَةٌ أَيْ نَشْأَتُهْ   مَأْمُونَةٌ غَائِلَتُهْ

فَأَبَدًا مَا لُوِّثَا   بِالشَّيْنِ حَتَّى بُعِثَا

وَلَقَّبُوهُ بِـ(الأَمِينْ)   لِحُسْنِ خُلْقِهِ المُبِينْ

بَعْثَتُهُ ﷺ

بُعِثَ فِي خَيْرِ زَمَانْ   قَرْنًا، وَفِي خَيْرِ مَكَانْ

فَجَاءَهُ جِبْرِيلُ   بِالوَحْيِ وَالتَّنْزِيلْ

وَهُوَ فِي غَارِ حِرَا   قَالَ لَهُ: (اقْرَأْ)، فَقَرَا

فِي المَرَّةِ الثَّالِثَةِ   فِي هَذِهِ الحَادِئَةِ

أَسْمَاؤُهُ ﷺ

أَسْمَاؤُهُ: مُحَمَّدُ   أَشْهَرُهَا، وَأَحْمَدُ

أَوْصَافُهُ ﷺ

أَوْ بَعْدَهُ مِثْلًا لَهُ	لَـمْ تَـرَ عَيْنٌ قَبْلَهُ
لَا مِنْ قِصَارٍ أَوْ طِـوَالْ	فَرَبْعَةٌ مِنَ الرِّجَالْ
وَوَجْهُهُ كَالْبَـدْرِ	وَهْوَ عَرِيضُ الـصَّدْرِ
أَيْ مُـشْرَبٌ بِحُمْرَةِ	وَأَبْـيَـضٌ مَـعْ زُهْرَةِ
وَلَـيْسَ بِالْمُكَلْثَمِ	وَلَـيْسَ بِالْمُطَهَّمِ
أَوْ نُخْلَةً أَوْ صَعْلَةْ	وَلَـمْ تَعِبْهُ ثُجْلَـةْ
مُقَـصَّدٌ وَسِيمُ	مُعْتَـدِلٌ قَـسِيمُ
حُمْرَةٌ، او فِيهَا شَهَلْ	وَعَيْنُـهُ فِيهَا شَكَلْ
وَهْـوَ سَـوَادُ الْعَيْنِ	أَوْ أَدْعَـجُ الْعَيْنَـيْنِ
الأَسْنَانِ، وَجْـهُ أَبْلَـجْ	فَـمٌ ضَـلِيعٌ، أَفْلَـجْ
أَقْـنَى، طَـوِيلُ الزَّنْدِ	أَشْـنَـبُ، سَـهْلُ الْخَـدِّ
أَوْ أَقْرَنُ، أَوْ مَـا اقْتَـرَنْ	أَزَجُّ فِي غَـيْرِ قَـرَنْ

أَوْ غَطَفٌ أَوْ عَطَفُ	الأَهْدَابُ فِيهَا وَطَفُ
أَيْ فِيهِ طُولٌ؛ ارْتَفَعْ	وَجِيدُهُ فِيهِ سَطَعْ
أَيْ بُحَّـةً، أَوْ صَـحَـلْ	وَالـصَّوْتُ فِيهِ صَهَلْ
وَلَـيْسَ جَعْـدًا قَطَطَا	وَالـشَّعْرُ لَـيْسَ سَـبِطَا
رَجَّـلَـهُ أَوْ رُجِّـلَا	بَـلْ كَانَ جَعْـدًا رَجِـلَا
أَوْ وَفْـرَةٌ أَوْ لِمَّـةُ	وَالـشَّعْرُ إِمَّـا جُمَّـةُ
وَكَانَ قَبْـلُ يُرْسِـلُهْ	وَفِـرْقَتَيْنِ يَجْعَلُـهْ
أَرْبَعًـا، اي ضَـفَائِرَا	وَتَـارَةً غَـدَائِرَا
قَـصَّرَهُ فِي عُمْرَتِـهْ	حَلَقَـهُ فِي حَجَّتِـهْ
وَالخُلْـفُ فِي خِـضَابِهِ	يَأْخُـذُ مِـنْ شَـارِبِهِ
دَقِيقَـةٌ مَـسْرُبَتُهْ	كَثِيفَةٌ أَيْ لِحْيَتُـهْ
الـشَّعْرُ فِي أَمَـاكِنْ	لَا أَجْـرَدُ، وَلَكِـنْ
خُـشْنٍ- غَلِـيظٌ، وَالقَدَمْ	وَالكَفُّ شَثْنٌ- مَعْ عَدَمْ
يُطَيَّـبُ الطِّيبُ بِـهْ	عَرَقُـهُ مِـنْ طِيبِهِ

مِنَ البَيَاضِ وَالصَّفَا	وَبِالجُمَانِ وُصِفَا
سُبْحَانَ مَنْ كَمَّلَهُ	سُبْحَانَ مَنْ جَمَّلَهُ

أَخْلاقُهُ ﷺ

عَظِيمًا القُرْآنَا	خُلُقُهُ قَدْ كَانَا
وَهُوَ حَبْلُهُ المَتِين	كَلَامُ رَبِّ العَالَمِين
وَالفَصْلُ وَالذِّكْرُ الحَكِيم	وَهُوَ الصِّرَاطُ المُسْتَقِيم
يَأْبَى الَّذِي يَأْبَاهُ	يَرْضَى الَّذِي يَرْضَاهُ
مُرَادَهُ، وَفِعْلِهِ	مُبَيِّنٌ بِقَوْلِهِ
أَصْلُهُ فِي كِتَابِهِ	وَكُلُّ مَا جَاءَ بِهِ
تَمَّتْ، فَلَا كَأَدَبِهْ	مَكَارِمُ الأَخْلَاقِ بِهْ
أَعْلَى وَأَكْمَلَ الرِّجَالْ	فَكَانَ فِي كُلِّ الخِصَالْ
أَنْفَعَهُمْ، أَحْلَمَهُمْ	أَصْبَرَهُمْ، أَعْلَمَهُمْ
وَلِلْأَذَى احْتِمَالَا	أَشَدَّهُمْ إِفْضَالَا
أَوْفَاهُمْ فِي ذِمَّتِهْ	أَصْدَقَهُمْ فِي لَهْجَتِهْ

كَلَّا وَلَا يُــــــدَارِي	فَلَـــمْ يَكُــــنْ يُمَــارِي
كَلَّا وَلَا جَبَانَــــا	وَلَـــمْ يَكُـــنْ لَعَّانَــا
وَلَا بَخِـــيلًا؛ حَاشَـــا	وَلَـــمْ يَكُـــنْ فَحَّاشَــا
النَّــاسِ صَــدْرًا وَيَــدَا	أَشْـــجَعَهُمْ، وَأَجْـــوَدَا
شَـيْئًا فَقَـالَ- قَـطُّ-: (لَا)	مِـنْ جُـودِهِ لَـمْ يُسْـأَلَا
بِـــهِ وَيَتَّقُونَـــا	وَالصَّـــحْبُ يَحْتَمُونَـــا
يَكُــــونُ فِي الأَمَــام	وَعِنْـــدَ الِالْتِحَـــام
بِـهِ هُنَـاكَ يَحْتَـذِي	إِنَّ الشُّـجَاعَ لَـلَّذِي
بَأْسًـا عَلَى مَـنْ عَنْـهُ نَدّ	وَهُـوَ فِي الحَـقِّ أَشَـدّ
لَكِنَّـــهُ مَـعْ بَأْسِـهِ	لِلـــهِ لَا لِنَفْــسِهِ
فِي خِـدْرِهَا؛ حَيَـاءَا	أَشَـدُّ مِـنْ عَـذْرَاءَا
إِنْ يَتَغَـــيَّرْ وَجْهُـه	يُعْـرَفُ مَا يَكْرَهُـه
وَبِالنِّـــسَاءِ وَالرِّجَــال	أَرْحَـمُ شَـخْصٍ بِالعِيَـال
حَـــتَّى أُسِـيلَ دَمُـهُ	وَكَـمْ أَذَاهُ قَوْمُـهُ

لَا يَعْلَمُونَ، اغْفِرْ لَهُمْ	وَهْوَ يَدْعُو: إِنَّهُمْ
سَيِّئَةٍ، لَا بِالْمِثْلِ	يَدْفَعُ بِالْأَحْسَنِ كُلَّ
أَكْثَرُهُمْ مُشَاوَرَهْ	أَكْرَمُهُمْ مُعَاشَرَهْ
مَنْ بِالْجَمِيلِ بَادَأَهْ	أَعْظَمُهُمْ مُكَافَأَهْ
أَصْبَرُهُمْ تَفْهِيمَا	أَحْسَنُهُمْ تَعْلِيمَا
بَلْ كَانَ دَوْمًا قَائِلًا:	فَلَمْ يُعَنِّفْ جَاهِلًا
لَيْسَ مُعَسِّرِينَا	كُونُوا مُيَسِّرِينَا
فِي الْحَقِّ كَالشَّرِيفِ	وَعِنْدَهُ الضَّعِيفُ
وَحْيٌ مِنَ اللهِ وَحَقّْ	وَكُلُّ مَا بِهِ نَطَقْ
أَوْ غَاضِبًا أَوْ رَاضِيَا	مَازِحًا او مُوَرِّيَا
بَعِيدٌ او قَرِيبُ	دَاعِيَهُ يُجِيبُ
أَوْ ذِي غِنًى أَوْ فَقْرِ	مِنْ عَبْدٍ او مِنْ حُرِّ
كَالْقُرْفُصَاءِ خَاضِعَا	وَيَحْتَبِي تَوَاضُعَا
يُحِبُّهُ الْقَرِيبُ	يَهَابُهُ الْغَرِيبُ

مَـصْلَحَـةٌ، وَالأرْمَلَـــهُ	يَمْشِي مَعَ المِسْكِينِ، لَهُ
مِـسْكِينِ؛ دُونَمَا خَجَـلْ	يُجَـالِسُ الفَقِيـرَ وَالْـ
عَـصَّبَ يَوْمًا بَطْنَـهُ	وَجَـاعَ حَـتَّى إِنَّـهُ
وَالبَغْـلَ وَالحِمِـــيرَا	وَيَرْكَـبُ البَعِـيرَا
عَلَى الحِمَـارِ خَلْفَـهُ	وَعَبْـدَهُ أَرْدَفَـهُ
قُولُـوا: أَنَا عَبْدٌ رَسُولْ	يَكْـرَهُ الإِطْـرَاءَ، يَقُـولُ:
أَيْـدِيَ مَـنْ لَا يَمْلِـكُ	أَعَفُّهُـمْ؛ لَا يُمْـسِكُ
كَرَجُـلٍ مَـعْ أَهْلِـهِ	يَخْـدُمُ فِي مَنْـزِلِهِ
مَا لَـمْ يَكُـنْ مُحَارِبَا	بِاليَـدِ لَـيْسَ ضَارِبَا
وَلَـوْ بِقَوْلِـهِ: (لِمَـا)	وَلَـمْ يُعَنِّـفْ خَادِمَـا
بَـيْنَ الحَـلَالِ- الأَيْـسَرَا	يَخْتَـارُ- إِنْ يُخَـيَّرَا
يُصْغِي إِلَى الكَـلَام	يَبْـدَأُ بِالـسَّـلَام
حِلْـمٌ وَصَبْرٌ وَحَيَا	مَجْلِـسُهُ- بِـلَا رِيَـا-
أَنَّ سِـوَاهُ أَقْـرَبُ	جَلِيسُهُ لَا يَحْـسَبُ
قَـطُّ بِشَيْءٍ يَكْرَهُـهْ	وَلَـمْ يَكُـنْ يُوَاجِهُـهْ

يَعْجَبُ مِمَّا يَعْجَبُــون   يَضْحَكُ مِمَّا يَضْحَكُون

لَــيْسَ بِمِلْءِ فِيهِ   تَبَسُّمٌ يُبْدِيهِ

فِي وَعْظِهِ يُحَذِّرُ   بِرَفْعِ صَوْتٍ يُنْذِرُ

فِي الصَّمْتِ يَعْلُوهُ الجَلَالْ   وَإِنْ تَكَلَّمَ الجَمَالْ

كَلَامُــهُ فَصْلٌ يُعَدّ   يَحْفَظُهُ كُلُّ أَحَدْ

يُعِيدُهُ لِيُفْهَمَا   كَذَا إِذَا مَا سَلَّمَا

تَخَــالُهُ إِنْ سُرَّا   مِــنَ السُّرُورِ بَــدْرَا

وَفِي البُكَــاءِ يَخْشَعُ   فَصَوْتُهُ لَا يَرْفَعُ

أَزِيزُ صَدْرٍ يُسْمَعُ   كَالقِدْرِ، عَيْنٌ تَدْمَعُ

يَقْبَلُ عُذْرَ المُعْتَـذِرْ   وَهْوَ مِنَ الخِبِّ حَذِرْ

عِبَادَتُهُ ﷺ لِرَبِّهِ عَزَّ وَجَلَّ

أَكْمَلُ مَنْ وَحَّدَهُ   أَجَلُّ مَنْ عَبَدَهُ

وَالذَّاكِرِينَ ذِكْرَا   وَالشَّاكِرِينَ شُكْرَا

أَكْثَرُهُمْ صِيَامَا   أَطْوَلُهُمْ قِيَامَا

وَهُـوَ مَغْفُـورٌ لَـهُ	يَقُـومُ يُحْـيِي لَيْلَـهُ
مُقَطَّعًـا، أَوْ سِـرًّا	يَقْـرَأُ مَـدًّا، جَهْـرَا
مُرَجِّعًـا أَحْيَانَـا	يُرَتِّـلُ القُرْآنَـا
وَالذِّكْـرِ كَانَ جَامِعَـا	يُحِـبُّ مَـا مِـنَ الدُّعَا

عَادَاتُهُ ﷺ

مُنْكَفِيًـا لِيُسْـرِعَا	إِذَا مَـشَى تَقَلَّعَـا
وَالأَرْضِ وَالسَّـرِير	نَـامَ عَلَى الحَـصِيرِ
بِظَهْـرِهِ وَجَانِبِـهْ	قَـدْ أَثَّـرَ الرِّمَـالُ بِـهْ
مِـنْ أَدَمٍ، حَشْـوُهُ لِيـفْ	فِرَاشُـهُ فَـرْشٌ خَفِيـفْ
الأَيْمَـنِ عِنْـدَ رَقْـدِهِ	كَفُّـهُ تَحْـتَ خَـدِّهِ
وَمِـنْ قُعُـودٍ دَائِمَـا	وَبَـالَ يَوْمًـا قَائِمَـا
وَمِـنْ قُعُـودٍ أَكْلُـهُ	وَالشُّـرْبُ فِيـهِ مِثْلُـهْ
فِي الأَكْـلِ، لَكِـنْ مُقْعِيـا	لَا يَجْلِـسَـنْ مُتَّكِيَـا
يَأْكُـلُ بِالثَّلَاثَـةِ	يَـشْـرَبُ فِي ثَلَاثَـةِ

مَصُّ، فَـلَا يَعُـبُّ	يَلْعَقُهَـا، وَالـشُّـرْبُ
يُبِينُهُ عَـنْ فِيهِ	لَـمْ يَتَـنَفَّسْ فِيهِ
يَخْتِـمُ بِالحَمْدَلَـةِ	يَبْـدَأُ بِالبَـسْمَلَـةِ
أَوْ لَا؛ فَلَـمْ يَعِبْهُ	يَأْكُـلُ إِنْ يُعْجِبْهُ
وَكُلَّ أَمْـرٍ يَحْسُـنُ	يُعْجِبُهُ التَّـيَمُّـنُ
وَالـصُّـوفُ وَالكَتَّـانُ	وَلُبْـسُـهُ الأَقْطَـانُ
وَلَـمْ يَكُـنْ لِيُسْبِلَهْ	وَبَعْـضُهُ أَحَـبُّ لَهْ
وَهْـوَ عَلَيْـهِ أَجْمَـلُ	الأَجْمَـلُ مِنْـهُ الأَفْـضَلُ
الطِّيـبَ وَالنِّـسْـوَانَا	يُحِـبُّ مِـنْ دُنْيَانَـا
وَكُلَّ شَيْءٍ كَانَ فِيـهْ	وَيَكْـرَهُ الـرِّيحَ الكَرِيهْ
ثَلَاثَـةً؛ كِلَاهُمَـا	عَيْنَـاهُ يَكْحُلُهُمَـا
مِـنْ فِضَّةٍ، وَنَصُّهُ:	خَاتَمُـهُ وَفَصُّهُ
(اللَّـهِ)؛ أَيْ: مَفْصُولُ	(مُحَمَّـدٌ) (رَسُـولُ)
الأَيْمَـنِ أَوْ فِي الأَيْـسَرِ	يَلْبَـسُهُ فِي الخِنْـصَرِ

دَلَائِلُ نُبُوَّتِهِ ﷺ

بِالْمُعْجِزَاتِ الْبَاهِرَهْ	وَرَبُّـهُ قَـدْ ظَـاهَرَهْ
أَعْظَمَهَا بُرْهَانَـا	أَوْحَى لَهُ الْقُرْآنَـا
وَلَا يَضِلُّ صَاحِبُهْ	لَا تَنْقَـضِي عَجَائِبُـهْ
الْأُمَّـةِ وَالسُّطُورِ	يُحْفَـظُ فِي صُـدُورِ
قَـدْ مَلَّكْتَـهُ كُلَّـهُ	وَمَـا زَوَى اللَّـهُ لَـهُ
أَكْـثَرَ مِـنْ عِتَابِـهِ	وَاللَّـهُ فِي كِتَابِـهِ
وَدِينَـهُ أَظْهَـرَهْ	ثُـمَّ أَتَـمَّ أَمْـرَهْ
لِنَصْرِهِ مَعَـارِكًا	وَنَـزَّلَ الْمَلَائِكَـا
بِقَبْضَةٍ مِـنَ التُّـرَاب	وَقَـدْ كَفَـاهُ الِاحْـتِرَاب
وَمَـا أُتِي مِـنْ قُـوَّةِ	وَخَـاتَمُ النُّبُـوَّةِ
لَهُ، وَشَـقُّ الصَّـدْرِ	كَـذَا انْـشِقَاقُ الْبَـدْرِ
وَالحَيَـوَانِ وَالحَجَـرْ	كَـذَاكَ تَحْـدِيثُ الشَّـجَرْ
م وَالحَصَى قَـدْ سُـمِعَا	كَـذَاكَ تَسْبِيحُ الطَّعَـا

فَضَمَّهُ حَتَّى سَكَنْ	أَنَّ لَهُ الْجِذْعُ وَحَنْ
لِلْمَاءِ؛ كَالْمَزَادَهْ	وَالنَّبْعُ وَالزِّيَادَهْ
بِآيَةٍ مِنْ رَبِّهِمْ	وَخَرَجُوا مِنْ شِعْبِهِمْ
حِفْظًا مِنَ الْكَفَرَةِ	وَمَا جَرَى فِي الْهِجْرَةِ
عَلَيْهِ مِنْ ثَمَّ بَرَا	وَكَمْ مَرِيضٍ قَدْ قَرَا
لَهُ الدُّعَاءُ مِنْ قَرِيبْ	وَكَمْ دُعَاءٍ اسْتُجِيبْ
وَهْوَ كَمَا قَدْ وُضِعَا	وَكَمْ طَعَامٍ رُفِعَا
قَدْ صَدَّقَ الْخُبْرُ الْخَبَرْ	وَكَمْ لَهُ مِنَ الْخَبَرْ
الْأَوْلِيَاءِ آيَاتْ	وَهَكَذَا كَرَامَاتْ

خَصَائِصُهُ ﷺ

وَمِنْ قَرِينِهِ سَلِمْ	أُتِي جَوَامِعَ الْكَلِمْ
حَلَّتْ لَهُ الْغَنَائِمُ	يَقْظَانُ وَهْوَ نَائِمُ
لَا كَالَّذِينَ قَبْلَهُ	وَالْأَرْضُ مَسْجِدٌ لَهُ
يَرَى أَمَامًا وَوَرَا	بِالرُّعْبِ شَهْرًا نُصِرَا

أَكْثَرُهُمْ أَتْبَاعَا	وَأُعْطِيَ الشَّفَاعَا
شَيْطَانٌ اوْ يُخَيَّلُ	لَيْسَ بِهِ يُمَثَّلُ
عَلَيْهِ صَلَّى عَشْرَهْ	وَمَنْ يُصَلِّي مَرَّهْ
مِنْ كَذِبٍ عَلَى البَشَرْ	وَكَذِبٌ عَلَيْهِ شَرْ
نَاسِخَةٌ مُؤَبَّدَهْ	شِرْعَتُهُ مُمَهَّدَهْ
لِلمُؤْمِنِينَ أُمَّهَاتْ	أَزْوَاجُهُ مُحَرَّمَاتْ
خَدِيجَةً أَوْ بِكْرُهُنْ	خَيْرُ النِّسَاءِ، خَيْرُهُنْ
فِي جَمْعِهَا مَعْصُومَةُ	أُمَّتُهُ مَرْحُومَةُ
وَهُمْ عُدُولٌ كُلُّهُمْ	أَصْحَابُهُ أَجَلُّهُمْ
وَخَيْرُهُمْ صِدِّيقُهُمْ	وَالخُلَفَاءُ خَيْرُهُمْ
وَبُغْضُهُمْ كُفْرَانْ	فَحُبُّهُمْ إِيمَانْ
ثُمَّ الَّذِينَ بَعْدَهُمْ	ثُمَّ الَّذِينَ بَعْدَهُمْ
بِدِينِهِ قَائِمَةُ	وَلَا يَزَالُ أُمَّةُ

خَاتِمَةٌ

يَا رَبِّ حَكِّمْ سُنَّتَهْ	يَا رَبِّ فَاجْمَعْ أُمَّتَهْ
خَالِــــصَةً، وَاقْبَلْهَـــا	وَهَـــذِهِ فَاجْعَلْهَـــا
يُرْضِيهِ، حَمْدًا دَائِمَا	وَأَحْمَــدُ اللهَ كَمَـــا
عَلَى إِمَامِ الأَنْبِيَا	مُــــسَلِّمًا مُــصَلِّيَا

بسم الله الرحمن الرحيم

مُصَلِّيًا عَلَى الحَبِيبْ	أَحْمَدُ رَبِّيَ القَرِيبْ
بَعْضٌ، وَمِنْ فَضَائِلِهْ	وَتِلْكَ مِنْ شَمَائِلِهْ
أُخْتٍ وَأُمٍّ وَرَجُلْ	لِكُلِّ طِفْلٍ وَلِكُلْ

التَّعْرِيفُ بِهِ ﷺ

رَسُولُ رَبِّ العَالَمِين	فَإِنَّهُ النَّبِي الأَمِين
مِنْ إِنْسِهِمْ وَجِنِّهِمْ	لِلعَالَمِينَ كُلِّهِمْ

قَالَ تَعَالَى- آمِرًا لِعَبْدِهِ وَرَسُولِهِ مُحَمَّدٍ ﷺ أَنْ يَدْعُوَ إِلَى طَرِيقَتِهِ وَدِينِهِ، وَالدُّخُولِ فِي شَرْعِهِ وَمَا بَعَثَهُ اللهُ بِهِ إِلَى الكِتَابِيِّينَ مِنَ المِلَّتَيْنِ وَالأُمِّيِّينَ مِنَ المُشْرِكِينَ- فَقَالَ تَعَالَى: ﴿وَقُل لِّلَّذِينَ أُوتُواْ ٱلْكِتَٰبَ وَٱلْأُمِّيِّـۧنَ ءَأَسْلَمْتُمْ فَإِنْ أَسْلَمُواْ فَقَدِ ٱهْتَدَواْ وَّإِن تَوَلَّوْاْ فَإِنَّمَا عَلَيْكَ ٱلْبَلَٰغُ﴾ [آل عِمران: ٢٠].

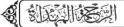
وَهَذِهِ الآيَةُ وَأَمْثَالُهَا مَنْ أَصْرَحِ الدَّلَالَاتِ عَلَى عُمُومِ بِعْثَتِهِ ﷺ إِلَى جَمِيعِ الخَلْقِ، كَمَا دَلَّ عَلَيْهِ الكِتَابُ وَالسُّنَّةُ فِي غَيْرِ مَا آيَةٍ وَحَدِيثٍ، فَمِنْ ذَلِكَ قَوْلُهُ تَعَالَى: ﴿قُلْ يَا أَيُّهَا ٱلنَّاسُ إِنِّى رَسُولُ ٱللَّهِ إِلَيْكُمْ جَمِيعًا﴾ [الأعراف:١٥٨] وَقَالَ تَعَالَى: ﴿تَبَارَكَ ٱلَّذِى نَزَّلَ ٱلْفُرْقَانَ عَلَى عَبْدِهِ لِيَكُونَ لِلْعَٰلَمِينَ نَذِيرًا﴾ [الفرقان:١]. وَقَالَ تَعَالَى: ﴿وَمَآ أَرْسَلْنَٰكَ إِلَّا رَحْمَةً لِّلْعَٰلَمِينَ﴾ [الأنبياء:١٠٧]. قَالَ مُحَمَّدُ بْنُ كَعْبٍ: (يَعْنِي: إِلَى النَّاسِ عَامَّةً). وَقَالَ قَتَادَةُ فِي هَذِهِ الآيَةِ: (أَرْسَلَ اللهُ مُحَمَّدًا ﷺ إِلَى العَرَبِ وَالعَجَمِ، فَأَكْرَمُهُمْ عَلَى اللهِ أَطْوَعُهُمْ لِلهِ عَزَّ وَجَلَّ).

وَفِي الصَّحِيحَيْنِ أَنَّ رَسُولَ اللهِ ﷺ قَالَ: «وَكَانَ النَّبِيُّ يُبْعَثُ إِلَى قَوْمِهِ، وَبُعِثْتُ إِلَى النَّاسِ عَامَّةً». وَفِي الصَّحِيحَيْنِ وَغَيْرِهِمَا، مِمَّا ثَبَتَ تَوَاتُرُهُ بِالوَقَائِعِ المُتَعَدِّدَةِ، أَنَّهُ ﷺ بَعَثَ كُتُبَهُ يَدْعُو إِلَى اللهِ مُلُوكَ الآفَاقِ، وَطَوَائِفَ بَنِي آدَمَ مِنْ عَرَبِهِمْ وَعَجَمِهِمْ، كِتَابِيِّهِمْ وَأُمِّيِّهِمْ، امْتِثَالًا لِأَمْرِ اللهِ لَهُ بِذَلِكَ.

وَفِي صَحِيحِ مُسْلِمٍ: عَنْ أَبِي هُرَيْرَةَ عَنْ رَسُولِ اللهِ ﷺ قَالَ: «وَالَّذِي نَفْسُ مُحَمَّدٍ بِيَدِهِ، لَا يَسْمَعُ بِي أَحَدٌ مِنْ هَذِهِ الأُمَّةِ؛ يَهُودِيٌّ وَلَا نَصْرَانِيٌّ، ثُمَّ يَمُوتُ وَلَمْ يُؤْمِنْ بِالَّذِي أُرْسِلْتُ بِهِ، إِلَّا كَانَ مِنْ أَصْحَابِ النَّارِ».

وَفِي صَحِيحِ مُسْلِمٍ أَيْضًا: أَنَّ رَسُولَ اللهِ ﷺ قَالَ: «وَبُعِثْتُ إِلَى كُلِّ أَحْمَرَ وَأَسْوَدَ». قَالَ مُجَاهِدٌ: (يَعْنِي: الجِنَّ وَالإِنْسَ). وَقَالَ غَيْرُهُ: (يَعْنِي: العَرَبَ وَالعَجَمَ). وَالكُلُّ صَحِيحٌ.

وَالآيَاتُ فِي هَذَا كَثِيرَةٌ، كَمَا أَنَّ الأَحَادِيثَ فِي هَذَا أَكْثَرُ مِنْ أَنْ تُحْصَرَ، وَهُوَ مَعْلُومٌ مِنْ دِينِ الإِسْلَامِ ضَرُورَةً، أَنَّهُ ﷺ رَسُولُ اللهِ إِلَى النَّاسِ كُلِّهِمْ. وَاسْمُ (النَّاسِ) وَ(العَالَمِينَ) يَدْخُلُ فِيهِ العَرَبُ وَغَيْرُ العَرَبِ مِنَ الفُرْسِ وَالرُّومِ وَالهِنْدِ وَالبَرْبَرِ.

خَــاتَمُ الأَنْبِيَــاءِ　　سَــيِّدُ الأَوْلِيَاءِ

قَالَ تَعَالَى: ﴿ مَّا كَانَ مُحَمَّدٌ أَبَآ أَحَدٍ مِّن رِّجَالِكُمْ وَلَٰكِن رَّسُولَ ٱللَّهِ وَخَاتَمَ ٱلنَّبِيِّـۧنَ وَكَانَ ٱللَّهُ بِكُلِّ شَيْءٍ عَلِيمًا ﴾ [الأحزاب: ٤٠].

فَهَذِهِ الآيَةُ نَصٌّ فِي أَنَّهُ ﷺ لَا نَبِيَّ بَعْدَهُ، وَإِذَا كَانَ لَا نَبِيَّ بَعْدَهُ فَلَا رَسُولَ بَعْدَهُ بِطَرِيقِ الأَوْلَى وَالأَحْرَى؛ لِأَنَّ مَقَامَ الرِّسَالَةِ أَخَصُّ مِنْ مَقَامِ النُّبُوَّةِ، فَإِنَّ كُلَّ رَسُولٍ نَبِيٌّ، وَلَا يَنْعَكِسُ.

وَبِذَلِكَ وَرَدَتِ الأَحَادِيثُ المُتَوَاتِرَةُ عَنْ رَسُولِ اللهِ ﷺ مِن حَدِيثِ جَمَاعَةٍ مِنَ الصَّحَابَةِ:

مِنْهَا: عَنْ أَبِي هُرَيْرَةَ، أَنَّ رَسُولَ اللهِ ﷺ، قَالَ: «إِنَّ مَثَلِي وَمَثَلَ الأَنْبِيَاءِ مِنْ قَبْلِي، كَمَثَلِ رَجُلٍ بَنَى بَيْتًا فَأَحْسَنَهُ وَأَجْمَلَهُ، إِلَّا مَوْضِعَ

لَبِنَةٍ مِنْ زَاوِيَةٍ، فَجَعَلَ النَّاسُ يَطُوفُونَ بِهِ، وَيَعْجَبُونَ لَهُ، وَيَقُولُونَ هَلَّا وُضِعَتْ هَذِهِ اللَّبِنَةُ؟» قَالَ: «فَأَنَا اللَّبِنَةُ، وَأَنَا خَاتَمُ النَّبِيِّينَ».

وَمِنْهَا: عَنْ أَبِي الطُّفَيْلِ قَالَ: قَالَ رَسُولُ اللهِ ﷺ: «لَا نُبُوَّةَ بَعْدِي إِلَّا الْمُبَشِّرَاتِ» قَالَ: قِيلَ: وَمَا الْمُبَشِّرَاتُ يَا رَسُولَ اللهِ؟ قَالَ: «الرُّؤْيَا الْحَسَنَةُ- أَوْ قَالَ- الرُّؤْيَا الصَّالِحَةُ». أَخْرَجَهُ أَحْمَدُ.

وَمِنْهَا: عَنْ أَنَسِ بْنِ مَالِكٍ قَالَ: قَالَ رَسُولُ اللهِ ﷺ: «إِنَّ الرِّسَالَةَ وَالنُّبُوَّةَ قَدِ انْقَطَعَتْ، فَلَا رَسُولَ بَعْدِي وَلَا نَبِيَّ» قَالَ: فَشَقَّ ذَلِكَ عَلَى النَّاسِ، فَقَالَ: «لَكِنِ الْمُبَشِّرَاتُ» قَالُوا: يَا رَسُولَ اللهِ؛ وَمَا الْمُبَشِّرَاتُ؟ قَالَ: «رُؤْيَا الْمُسْلِمِ، وَهِيَ جُزْءٌ مِنْ أَجْزَاءِ النُّبُوَّةِ». أَخْرَجَهُ التِّرْمِذِيُّ وَصَحَّحَهُ.

وَمِنْهَا: عَنْ أَبِي هُرَيْرَةَ أَنَّ رَسُولَ اللهِ ﷺ قَالَ: «فُضِّلْتُ عَلَى الْأَنْبِيَاءِ بِسِتٍّ»- فَذَكَرَ مِنْهَا-: «وَأُرْسِلْتُ إِلَى الْخَلْقِ كَافَّةً، وَخُتِمَ بِيَ النَّبِيُّونَ». أَخْرَجَهُ مُسْلِمٌ.

وَمِنْهَا: عَنِ الْعِرْبَاضِ بْنِ سَارِيَةَ قَالَ: قَالَ النَّبِيُّ ﷺ: «إِنِّي عِنْدَ اللهِ لَخَاتَمُ النَّبِيِّينَ، وَإِنَّ آدَمَ لَمُنْجَدِلٌ فِي طِينَتِهِ». أَخْرَجَهُ أَحْمَدُ.

وَمِنْهَا: عَنْ جُبَيْرِ بْنِ مُطْعِمٍ قَالَ: سَمِعْتُ رَسُولَ اللهِ ﷺ يَقُولُ: «إِنَّ لِي أَسْمَاءً»- وَفِيهِ-: «وَأَنَا الْعَاقِبُ الَّذِي لَيْسَ بَعْدَهُ نَبِيٌّ». أَخْرَجَاهُ فِي الصَّحِيحَيْنِ.

فَمِنْ رَحْمَةِ اللهِ تَعَالَى بِالعِبَادِ إِرْسَالُ مُحَمَّدٍ ﷺ إِلَيْهِمْ، ثُمَّ مِنْ تَشْرِيفِهِ لَهُمْ خَتْمُ الأَنْبِيَاءِ وَالمُرْسَلِينَ بِهِ، وَإِكْمَالُ الدِّينِ الحَنِيفِ لَهُ.

وَقَدْ أَخْبَرَ تَعَالَى فِي كِتَابِهِ، وَرَسُولُهُ فِي السُّنَّةِ المُتَوَاتِرَةِ عَنْهُ: أَنَّهُ لَا نَبِيَّ بَعْدَهُ؛ لِيَعْلَمُوا أَنَّ كُلَّ مَنِ ادَّعَى هَذَا المَقَامَ بَعْدَهُ فَهُوَ كَذَّابٌ أَفَّاكٌ، دَجَّالٌ ضَالٌّ مُضِلٌّ.

وَكَمَا أَنَّهُ ﷺ خَاتَمُ الأَنْبِيَاءِ، فَهُوَ أَيْضًا سَيِّدُ الأَوْلِيَاءِ وَالأَتْقِيَاءِ، وَهُوَ صَاحِبُ لِوَاءِ الحَمْدِ، وَهُوَ صَاحِبُ المَقَامِ المَحْمُودِ، الَّذِي يَغْبِطُهُ بِهِ الأَوَّلُونَ وَالآخَرُونَ يَوْمَ القِيَامَةِ، فَهُوَ سَيِّدُ العَالَمِينَ حَقًّا، وَهُوَ الإِمَامُ المُطْلَقُ فِي الهُدَى لِأَوَّلِ بَنِي آدَمَ وَآخِرِهِمْ، كَمَا قَالَ: «أَنَا سَيِّدُ وَلَدِ آدَمَ يَوْمَ القِيَامَةِ وَلَا فَخْرَ، وَبِيَدِي لِوَاءُ الحَمْدِ وَلَا فَخْرَ، وَمَا مِنْ نَبِيٍّ يَوْمَئِذٍ- آدَمَ فَمَنْ سِوَاهُ- إِلَّا تَحْتَ لِوَائِي».

وَهُوَ شَفِيعُ الأَوَّلِينَ وَالآخِرِينَ فِي الحِسَابِ بَيْنَهُمْ، وَهُوَ أَوَّلُ مَنْ يَسْتَفْتِحُ بَابَ الجَنَّةِ، وَذَلِكَ أَنَّ جَمِيعَ الخَلَائِقِ أَخَذَ اللهُ عَلَيْهِمْ مِيثَاقَ الإِيمَانِ بِهِ، كَمَا أَخَذَ عَلَى كُلِّ نَبِيٍّ أَنْ يُؤْمِنَ بِمَنْ قَبْلَهُ مِنَ الأَنْبِيَاءِ وَيُصَدِّقَ بِمَنْ بَعْدَهُ، قَالَ تَعَالَى: ﴿وَإِذْ أَخَذَ ٱللَّهُ مِيثَٰقَ ٱلنَّبِيِّـۧنَ لَمَآ ءَاتَيْتُكُم مِّن كِتَٰبٍ وَحِكْمَةٍ ثُمَّ جَآءَكُمْ رَسُولٌ مُّصَدِّقٌ لِّمَا مَعَكُمْ لَتُؤْمِنُنَّ بِهِۦ وَلَتَنصُرُنَّهُۥ﴾ الآيَةَ [آلَ عِمْرَان: ٨١].

الرَّحْمَـــةُ المُهْـــــدَاةُ والنِّعْمَـــــةُ المُسْـــدَاةُ

وَهُوَ ﷺ رَحْمَةٌ لِلعَالَمِينَ، قَالَ تَعَالَىٰ: ﴿وَمَآ أَرْسَلْنَٰكَ إِلَّا رَحْمَةً لِّلْعَٰلَمِينَ﴾ [الأنبياء:١٠٧]، وَقَالَ النَّبِيُّ ﷺ: «إِنَّمَا أَنَا رَحْمَةٌ مُهْدَاةٌ». فَهُوَ ﷺ رَحْمَتُهُ المُهْدَاةُ إِلَى العَالَمِينَ، وَنِعْمَتُهُ الَّتِي أَتَمَّهَا عَلَىٰ أَتْبَاعِهِ مِنَ المُؤْمِنِينَ.

وَإِنَّمَا بَعَثَ اللهُ تَعَالَىٰ رَسُولَهُ ﷺ بِالحَنِيفِيَّةِ السَّمْحَةِ، لَا بِالغِلْظَةِ وَالشِّدَّةِ، وَبَعَثَهُ بِالرَّحْمَةِ لَا بِالقَسْوَةِ؛ فَإِنَّهُ أَرْحَمُ الرَّاحِمِينَ، وَرَسُولُهُ ﷺ رَحْمَةٌ مُهْدَاةٌ إِلَى العَالَمِينَ، وَدِينُهُ كُلُّهُ رَحْمَةٌ، وَهُوَ نَبِيُّ الرَّحْمَةِ، وَأُمَّتُهُ الأُمَّةُ المَرْحُومَةُ؛ وَذَلِكَ كُلُّهُ مُوجِبُ أَسْمَائِهِ الحُسْنَىٰ وَصِفَاتِهِ العُلْيَا وَأَفْعَالِهِ الحَمِيدَةِ.

دَعْـــوَةُ إِبْــرَاهِيمَ بِشَــــارَةُ الكَلِيـــمِ
مُوسَى وَعِيــسَى بَــلْ وَكُلُّ الأَنْبِيَـــاءِ وَالرُّسُـــلْ

كَانَ رَسُولُ اللهِ ﷺ مَكْتُوبًا عِنْدَ اللهِ خَاتَمَ النَّبِيِّينَ، وَإِنَّ آدَمَ لَمُنْجَدِلٌ فِي طِينَتِهِ، وَمَعَ هَذَا قَالَ إِبْرَاهِيمُ عَلَيْهِ السَّلَامُ: ﴿رَبَّنَا وَٱبْعَثْ فِيهِمْ رَسُولًا مِّنْهُمْ يَتْلُواْ عَلَيْهِمْ ءَايَٰتِكَ وَيُعَلِّمُهُمُ ٱلْكِتَٰبَ وَٱلْحِكْمَةَ وَيُزَكِّيهِمْ إِنَّكَ أَنتَ ٱلْعَزِيزُ ٱلْحَكِيمُ﴾ [البقرة:١٢٩]، وَقَدْ أَجَابَ اللهُ دُعَاءَهُ بِمَا سَبَقَ فِي عِلْمِهِ وَقَدَرِهِ.

وَجَاءَ فِي الْحَدِيثِ: أَنَّهُمْ قَالُوا: يَا رَسُولَ اللهِ، أَخْبِرْنَا عَنْ بَدْءِ أَمْرِكَ. فَقَالَ: «دَعْوَةُ أَبِي إِبْرَاهِيمَ، وَبُشْرَى عِيسَى ابْنِ مَرْيَمَ، وَرَأَتْ أُمِّي كَأَنَّهُ خَرَجَ مِنْهَا نُورٌ أَضَاءَتْ لَهُ قُصُورُ الشَّامِ». أَخْرَجَهُ أَحْمَدُ.

أَيْ: أَخْبِرْنَا عَنْ بَدْءِ ظُهُورِ أَمْرِكَ. وَمَعْنَى هَذَا: أَنَّهُ أَرَادَ بَدْءَ أَمْرِهِ بَيْنَ النَّاسِ وَاشْتِهَارَ ذِكْرِهِ وَانْتِشَارَهُ، فَذَكَرَ دَعْوَةَ إِبْرَاهِيمَ الَّذِي تُنْسَبُ إِلَيْهِ الْعَرَبُ، ثُمَّ بُشْرَى عِيسَى الَّذِي هُوَ خَاتَمُ أَنْبِيَاءِ بَنِي إِسْرَائِيلَ، حَيْثُ قَالَ: ﴿يَٰبَنِيٓ إِسۡرَٰٓءِيلَ إِنِّي رَسُولُ ٱللَّهِ إِلَيۡكُم مُّصَدِّقٗا لِّمَا بَيۡنَ يَدَيَّ مِنَ ٱلتَّوۡرَىٰةِ وَمُبَشِّرَۢا بِرَسُولٖ يَأۡتِي مِنۢ بَعۡدِي ٱسۡمُهُۥٓ أَحۡمَدُ﴾ [الصف:٦]؛ يَدُلُّ هَذَا عَلَى أَنَّ مَنْ بَيْنَهُمَا مِنَ الْأَنْبِيَاءِ بَشَّرُوا بِهِ أَيْضًا.

وَقَدْ قَالَ تَعَالَى: ﴿ٱلَّذِينَ يَتَّبِعُونَ ٱلرَّسُولَ ٱلنَّبِيَّ ٱلۡأُمِّيَّ ٱلَّذِي يَجِدُونَهُۥ مَكۡتُوبًا عِندَهُمۡ فِي ٱلتَّوۡرَىٰةِ وَٱلۡإِنجِيلِ يَأۡمُرُهُم بِٱلۡمَعۡرُوفِ وَيَنۡهَىٰهُمۡ عَنِ ٱلۡمُنكَرِ وَيُحِلُّ لَهُمُ ٱلطَّيِّبَٰتِ وَيُحَرِّمُ عَلَيۡهِمُ ٱلۡخَبَٰٓئِثَ وَيَضَعُ عَنۡهُمۡ إِصۡرَهُمۡ وَٱلۡأَغۡلَٰلَ ٱلَّتِي كَانَتۡ عَلَيۡهِمۡۚ فَٱلَّذِينَ ءَامَنُواْ بِهِۦ وَعَزَّرُوهُ وَنَصَرُوهُ وَٱتَّبَعُواْ ٱلنُّورَ ٱلَّذِيٓ أُنزِلَ مَعَهُۥٓ أُوْلَٰٓئِكَ هُمُ ٱلۡمُفۡلِحُونَ﴾ [الأعراف:١٥٧].

وَقَالَ تَعَالَى: ﴿وَإِذۡ أَخَذَ ٱللَّهُ مِيثَٰقَ ٱلنَّبِيِّـۧنَ لَمَآ ءَاتَيۡتُكُم مِّن كِتَٰبٖ وَحِكۡمَةٖ ثُمَّ جَآءَكُمۡ رَسُولٞ مُّصَدِّقٞ لِّمَا مَعَكُمۡ لَتُؤۡمِنُنَّ بِهِۦ وَلَتَنصُرُنَّهُۥۚ قَالَ

ءَأَقْرَرْتُمْ وَأَخَذْتُمْ عَلَىٰ ذَٰلِكُمْ إِصْرِى قَالُوٓاْ أَقْرَرْنَا قَالَ فَٱشْهَدُواْ وَأَنَا۠ مَعَكُم مِّنَ ٱلشَّٰهِدِينَ ﴾ [آل عمران: ٨١].

قَالَ ابْنُ عَبَّاسٍ وَغَيْرُهُ مِنَ السَّلَفِ: (مَا بَعَثَ اللهُ نَبِيًّا إِلَّا أَخَذَ عَلَيْهِ الْمِيثَاقَ: لَئِنْ بُعِثَ مُحَمَّدٌ وَهُوَ حَيٌّ لَيُؤْمِنَنَّ بِهِ وَلَيَنْصُرَنَّهُ، وَأَمَرَهُ أَنْ يَأْخُذَ الْمِيثَاقَ عَلَىٰ أُمَّتِهِ: لَئِنْ بُعِثَ مُحَمَّدٌ وَهُمْ أَحْيَاءٌ لَيُؤْمِنُنَّ بِهِ وَلَيَنْصُرُنَّهُ).

يُعْلَمُ مِنْ هَذَا أَنَّ جَمِيعَ الْأَنْبِيَاءِ بَشَّرُوا بِهِ، وَأَمَرُوا بِاتِّبَاعِهِ ﷺ.

وِلَادَتُهُ ﷺ

خَــــرَجَ مِــــنْ نِكَــــاحٍ   وَلَــيْسَ مِــنْ سِــفَاحٍ

وَلَمْ يَزَلْ ﷺ يَتَنَقَّلُ مِنْ أَصْلَابِ الآبَاءِ الطَّيِّبِينَ، إِلَىٰ أَرْحَامِ الأُمَّهَاتِ الطَّاهِرَاتِ، لَمْ يَمَسَّ نَسَبَهُ مِنْ سِفَاحِ الجَاهِلِيَّةِ شَيْءٌ، بَلْ كَانَ بِنِكَاحٍ صَحِيحٍ عَلَىٰ حَسَبِ مَا تَوَاضَعَ عَلَيْهِ العَرَبُ الشُّرَفَاءُ، حَتَّىٰ خَرَجَ مِنْ بَيْنِ أَبَوَيْهِ الكَرِيمَيْنِ.

وَفِي صَحِيحِ مُسْلِمٍ: أَنَّ النَّبِيَّ ﷺ قَالَ: «إِنَّ اللهَ اصْطَفَىٰ كِنَانَةَ مِنْ وَلَدِ إِسْمَاعِيلَ، وَاصْطَفَىٰ قُرَيْشًا مِنْ كِنَانَةَ، وَاصْطَفَىٰ مِنْ قُرَيْشٍ بَنِي هَاشِمٍ، وَاصْطَفَانِي مِنْ بَنِي هَاشِمٍ». وَرَوَاهُ التِّرْمِذِيُّ بِزِيَادَةٍ فِي أَوَّلِهِ: «إِنَّ اللهَ اصْطَفَىٰ مِنْ وَلَدِ إِبْرَاهِيمَ: إِسْمَاعِيلَ ...».

وَالمُرَادُ بِالاصْطِفَاءِ تَخَيُّرُ الفُرُوعِ الزَّكِيَّةِ مِنَ الأُصُولِ الكَرِيمَةِ؛ فَإِنَّهُ ﷺ كَانَ مِنْ أَشْرَفِ أَهْلِ الأَرْضِ نَسَبًا، مِنْ صَمِيمِ سُلَالَةِ إِبْرَاهِيمَ الَّذِي جَعَلَ اللهُ فِي ذُرِّيَّتِهِ النُّبُوَّةَ وَالكِتَابَ، فَلَمْ يَأْتِ نَبِيٌّ بَعْدَ إِبْرَاهِيمَ إِلَّا مِنْ ذُرِّيَّتِهِ، وَجَعَلَ لَهُ ابْنَيْنِ: إِسْمَاعِيلَ وَإِسْحَاقَ، وَذُكِرَ فِي التَّوْرَاةِ هَذَا وَهَذَا، وَبُشِّرَ فِي التَّوْرَاةِ بِمَا يَكُونُ مِنْ وَلَدِ إِسْمَاعِيلَ، وَلَمْ يَكُنْ فِي وَلَدِ إِسْمَاعِيلَ مَنْ ظَهَرَ فِيمَا بَشَّرَتْ بِهِ

النَّبُوَّاتُ غَيْرُهُ، وَدَعَا إِبْرَاهِيمُ لِذُرِّيَّةِ إِسْمَاعِيلَ بِأَنْ يَبْعَثَ فِيهِمْ رَسُولًا مِنْهُمْ، ثُمَّ مِنْ قُرَيْشٍ صَفْوَةِ بَنِي إِبْرَاهِيمَ، ثُمَّ مِنْ بَنِي هَاشِمٍ صَفْوَةِ قُرَيْشٍ.

وَلَمَّا قَابَلَ هِرَقْلُ مَلِكُ الرُّومِ أَبَا سُفْيَانَ بْنَ حَرْبٍ- وَكَانَ لَمْ يَزَلْ مُشْرِكًا- قَالَ لَهُ: كَيْفَ نَسَبُ هَذَا الرَّجُلِ فِيكُمْ؟ قَالَ: هُوَ فِينَا ذُو نَسَبٍ. قَالَ هِرَقْلُ: وَكَذَلِكَ الرُّسُلُ تُبْعَثُ فِي نَسَبِ قَوْمِهَا!!.

وَقَدْ رُوِيَ مِنْ عِدَّةِ أَوْجُهٍ: أَنَّ النَّبِيَّ ﷺ قَالَ: «وُلِدْتُ مِنْ نِكَاحٍ، لَا سِفَاحٍ»؛ وَهَذِهِ فَضِيلَةٌ لَهُ ﷺ؛ وَذَلِكَ: أَنَّ النُّبُوَّةَ مُلْكٌ وَسِيَاسَةٌ عَامَّةٌ، قَالَ تَعَالَىٰ: ﴿ أَمْ يَحْسُدُونَ ٱلنَّاسَ عَلَىٰ مَا ءَاتَىٰهُمُ ٱللَّهُ مِن فَضْلِهِۦۖ فَقَدْ ءَاتَيْنَآ ءَالَ إِبْرَٰهِيمَ ٱلْكِتَٰبَ وَٱلْحِكْمَةَ وَءَاتَيْنَٰهُم مُّلْكًا عَظِيمًا ﴾ [النساء: ٥٤]، وَالْمُلْكُ فِي ذَوِي الْأَحْسَابِ وَالْمَهَابَةِ مِنَ النَّاسِ، وَكُلَّمَا كَانَتْ خِصَالُ فَضْلِهِ أَوْفَرَ كَانَتِ الرَّعِيَّةُ بِالِانْقِيَادِ لَهُ أَسْمَعَ، وَإِلَىٰ طَاعَتِهِ أَسْرَعَ.

فِي وَضْعِهِ خَرَجَ نُورٌ   لَهُ أَضَاءَتِ الْقُصُورُ

لَمَّا حَمَلَتِ السَّيِّدَةُ الشَّرِيفَةُ آمِنَةُ بِسَيِّدِ هَذِهِ الْأُمَّةِ، وَقَدِ ادَّخَرَهَا اللَّهُ تَعَالَىٰ لِأَعْظَمِ أُمُومَةٍ فِي التَّارِيخِ، وَتَوَالَتْ عَلَيْهَا الرُّؤَى وَالْبُشْرَيَاتُ بِجَلَالِ قَدْرِ هَذَا الْجَنِينِ، فَرَأَتْ- فِيمَا يَرَى النَّائِمُ- حِينَ

حَمَلَتْ بِهِ أَنَّهُ خَرَجَ مِنْهَا نُورٌ أَضَاءَ الأَرْضَ، وَبَدَتْ مِنْهُ قُصُورُ بُصْرَىٰ مِنْ أَرْضِ الشَّامِ، وَقَدْ تَقَدَّمَ حَدِيثُ: «وَرَأَتْ أُمِّي كَأَنَّهُ خَرَجَ مِنْهَا نُورٌ أَضَاءَتْ لَهُ قُصُورُ الشَّامِ».

وَمَا كَانَتْ هَذِهِ الرُّؤْيَا وَمَثِيلَاتُهَا لِيَخْفَىٰ تَأْوِيلُهَا عَلَى السَّيِّدَةِ آمِنَةَ، وَهِيَ مَنْ هِيَ ذَكَاءً وَفِطْنَةً، فَقَدْ فَهِمَتْ أَنَّ مَنْ حَمَلَتْ بِهِ سَيَمْلَأُ الأَرْضَ نُورًا وَضِيَاءً، وَهُدًى وَرَحْمَةً، وَسَيَكُونُ لَهُ شَأْنٌ وَذِكْرٌ.

وَفِي هَذَا بِشَارَةٌ لِأَهْلِ الشَّامِ، وَلِأَهْلِ بُصْرَىٰ مِنْهَا خَاصَّةً، وَقَدْ كَانَتْ أَوَّلَ بُقْعَةٍ مِنْ أَرْضِ الشَّامِ خَلُصَ إِلَيْهَا نُورُ النُّبُوَّةِ؛ وَلِهَذَا كَانَتْ بُصْرَىٰ أَوَّلَ مَدِينَةٍ فُتِحَتْ مِنْ أَرْضِ الشَّامِ، وَكَانَ فَتْحُهَا صُلْحًا فِي خِلَافَةِ أَبِي بَكْرٍ رَضِيَ اللَّهُ عَنْهُ.

نَشْأَتُهُ ﷺ

طَاهِـرَةٌ أَيْ نَـشْـأَتُهُ   مَأْمُونَـةٌ غَـائِلَتُـهُ

فَأَبَـدًا مَـا لُـوِّثَـا   بِالـشَّـيْنِ حَـتَّى بُعِثَـا

وَلَقَّبُـوهُ بِـ(الأَمِـينْ)   لِحُـسْنِ خُلْقِـهِ المُبِـينْ

(غَائِلَتُهُ) الغَائِلَةُ: هُوَ مَا يَغُولُ الإِنْسَانَ، أَيْ: يُهْلِكُهُ وَيُتْلِفُهُ. (الشَّيْنُ) العَيْبُ، ضِدُّ الزَّيْنِ.

كَانَتْ حَيَاةُ النَّبِيِّ ﷺ قَبْلَ البَعْثَةِ حَيَاةً فَاضِلَةً شَرِيفَةً، لَمْ تُعْرَفْ لَهُ فِيهَا هَفْوَةٌ، وَلَمْ تُحْصَ عَلَيْهِ فِيهَا زَلَّةٌ، لَقَدْ شَبَّ ﷺ يَحُوطُهُ اللهُ تَعَالَى بِعِنَايَتِهِ، وَيَحْفَظُهُ مِنْ أَقْذَارِ الجَاهِلِيَّةِ؛ لِمَا يُرِيدُهُ لَهُ مِنْ كَرَامَتِهِ وَرِسَالَتِهِ، حَتَّى صَارَ أَفْضَلَ قَوْمِهِ مُرُوءَةً، وَأَحْسَنَهُمْ خُلُقًا، وَأَكْرَمَهُمْ حَسَبًا، وَأَحْسَنَهُمْ جِوَارًا، وَأَعْظَمَهُمْ حِلْمًا، وَأَصْدَقَهُمْ حَدِيثًا، وَأَعْظَمَهُمْ أَمَانَةً، وَأَبْعَدَهُمْ عَنِ الفُحْشِ وَالأَخْلَاقِ الَّتِي تُدَنِّسُ الرِّجَالَ، تَنَزُّهًا وَتَكَرُّمًا، حَتَّى صَارَ مَعْرُوفًا بِـ«الأَمِينِ».

فَمَا عُرِفَ عَنْهُ ﷺ أَنَّهُ سَجَدَ لِصَنَمٍ قَطُّ، أَوْ تَمَسَّحَ بِهِ، أَوْ ذَهَبَ إِلَى عَرَّافٍ أَوْ كَاهِنٍ، بَلْ بُغِّضَتْ إِلَيْهِ عِبَادَةُ الأَصْنَامِ، وَالتَّمَسُّحُ بِهَا. وَلَمْ يَشْرَبْ خَمْرًا قَطُّ، وَلَا اقْتَرَفَ فَاحِشَةً، وَلَا انْغَمَسَ فِيمَا كَانَ

يَنْغَمِسُ فِيهِ المُجْتَمَعُ العَرَبِيُّ حِينَئِذٍ مِنَ اللَّهْوِ وَالمَيْسِرِ، وَمُصَاحَبَةِ الأَشْرَارِ، وَمُعَاشَرَةِ القِيَانِ- أَيِ: الإِمَاءِ المُغَنِّيَاتِ-، وَالجَرْيِ وَرَاءَ الفَتَيَاتِ الحَسْنَاوَاتِ؛ عَلَىٰ مَا كَانَ عَلَيْهِ مِنْ فُتُوَّةٍ وَشَبَابٍ، وَشَرَفِ نَسَبٍ، وَعِزَّةِ قَبِيلَةٍ، وَكَمَالٍ وَجَمَالٍ، وَغَيْرِهَا مِنْ وَسَائِلِ الإِغْرَاءِ.

وَكَانَ النَّبِيُّ ﷺ مَحَلَّ ثِقَةِ النَّاسِ وَأَمَانَاتِهِمْ، لَا يَأْتَمِنُهُ أَحَدٌ عَلَىٰ وَدِيعَةٍ إِلَّا أَدَّاهَا لَهُ، وَلَا يَأْتَمِنُهُ أَحَدٌ عَلَىٰ سِرٍّ أَوْ كَلَامٍ إِلَّا وَجَدَهُ عِنْدَ حُسْنِ الظَّنِّ بِهِ، فَلَا عَجَبَ أَنْ كَانَ مَعْرُوفًا فِي قُرَيْشٍ قَبْلَ النُّبُوَّةِ بِـ«الأَمِينِ».

وَقَدْ شَهِدَ لَهُ بِالصِّدْقِ العَدُوُّ وَالصَّدِيقُ، وَلَمَّا بَعَثَهُ اللهُ تَعَالَىٰ إِلَى النَّاسِ جَمِيعًا، وَأَمَرَهُ أَنْ يُنْذِرَ عَشِيرَتَهُ الأَقْرَبِينَ، صَارَ يُنَادِي بُطُونَ قُرَيْشٍ، فَلَمَّا حَضَرُوا قَالَ لَهُمْ: «أَرَأَيْتَكُمْ لَوْ أَخْبَرْتُكُمْ أَنَّ خَيْلًا بِالوَادِي تُرِيدُ أَنْ تُغِيرَ عَلَيْكُمْ، أَكُنْتُمْ مُصَدِّقِيَّ؟» قَالُوا: نَعَمْ، مَا جَرَّبْنَا عَلَيْكَ إِلَّا صِدْقًا. وَفِي رِوَايَةٍ: «مَا جَرَّبْنَا عَلَيْكَ كَذِبًا».

وَلَمَّا قَابَلَ هِرَقْلُ مَلِكُ الرُّومِ أَبَا سُفْيَانَ بْنَ حَرْبٍ- وَكَانَ لَمْ يَزَلْ مُشْرِكًا- قَالَ لَهُ: هَلْ كُنْتُمْ تَتَّهِمُونَهُ بِالكَذِبِ قَبْلَ أَنْ يَقُولَ مَا قَالَ؟ قَالَ: لَا، قَالَ هِرَقْلُ: لَمْ يَكُنْ لِيَدَعَ الكَذِبَ عَلَى النَّاسِ وَيَكْذِبَ عَلَى اللهِ!!.

بَعْثتُهُ ﷺ

بُعِثَ فِي خَيْرِ زَمَـانٍ   قَرْنًـا، وَفِي خَيْرِ مَكَانْ

فِي صَحِيحِ الْبُخَارِيِّ: عَنْ أَبِي هُرَيْرَةَ قَالَ: قَالَ رَسُولُ اللهِ ﷺ: «بُعِثْتُ مِنْ خَيْرِ قُرُونِ بَنِي آدَمَ، قَرْنًا فَقَرْنًا، حَتَّىٰ كُنْتُ مِنَ الْقَرْنِ الَّذِي كُنْتُ فِيهِ».

(الْقَرْنُ) الطَّبَقَةُ مِنَ النَّاسِ الْمُجْتَمِعِينَ فِي عَصْرٍ وَاحِدٍ، وَمِنْهُمْ مَنْ حَدَّهُ بِمِائَةِ سَنَةٍ، وَهُوَ الْمَشْهُورُ، وَقِيلَ بِغَيْرِ ذَلِكَ. وَالْمُرَادُ بِـ(قَرْنِ النَّبِيِّ ﷺ) فِي هَذَا الْحَدِيثِ: الصَّحَابَةُ رَضِيَ اللهُ عَنْهُمْ.

وَكَمَا بَعَثَ اللهُ تَعَالَىٰ نَبِيَّهُ ﷺ فِي أَفْضَلِ زَمَانٍ، فَقَدْ بَعَثَهُ أَيْضًا فِي أَفْضَلِ مَكَانٍ، فِي مَكَّةَ أُمِّ الْقُرَىٰ، وَبَلَدِ الْبَيْتِ الَّذِي بَنَاهُ إِبْرَاهِيمُ، وَدَعَا النَّاسَ إِلَىٰ حَجِّهِ، وَلَمْ يَزَلْ مَحْجُوجًا مَنْ عَهْدِ إِبْرَاهِيمَ، مَذْكُورًا فِي كُتُبِ الْأَنْبِيَاءِ بِأَحْسَنِ وَصْفٍ.

فَجَـاءَهُ جِبْرِيــلُ   بِالوَحْي وَالتَّنْزِيــلُ

وَهُـوَ فِي غَارِ حِـرَا   قَـالَ لَهُ: (اقْـرَأْ)، فَقَـرَا

فِي المَـرَّةِ الثَّالِثَـةِ   فِي هَـذِهِ الْحَادِثَـةِ

فِي الصَّحِيحَيْنِ: عَنْ عَائِشَةَ أُمِّ المُؤْمِنِينَ قَالَتْ: أَوَّلُ مَا بُدِئَ بِهِ رَسُولُ اللهِ ﷺ مِنَ الوَحْي الرُّؤْيَا الصَّالِحَةُ فِي النَّوْمِ، فَكَانَ لَا يَرَى رُؤْيَا إِلَّا جَاءَتْ مِثْلَ فَلَقِ الصُّبْحِ، ثُمَّ حُبِّبَ إِلَيْهِ الخَلَاءُ، وَكَانَ يَخْلُو بِغَارِ حِرَاءٍ، فَيَتَحَنَّثُ فِيهِ - وَهُوَ التَّعَبُّدُ - اللَّيَالِيَ ذَوَاتِ العَدَدِ، قَبْلَ أَنْ يَنْزِعَ إِلَى أَهْلِهِ، وَيَتَزَوَّدُ لِذَلِكَ، ثُمَّ يَرْجِعُ إِلَى خَدِيجَةَ فَيَتَزَوَّدُ لِمِثْلِهَا، حَتَّى جَاءَهُ الحَقُّ وَهُوَ فِي غَارِ حِرَاءٍ.

فَجَاءَهُ المَلَكُ فَقَالَ: اقْرَأْ، قَالَ: «مَا أَنَا بِقَارِئٍ» قَالَ: «فَأَخَذَنِي فَغَطَّنِي حَتَّى بَلَغَ مِنِّي الجَهْدَ، ثُمَّ أَرْسَلَنِي فَقَالَ: اقْرَأْ، قُلْتُ: مَا أَنَا بِقَارِئٍ، فَأَخَذَنِي فَغَطَّنِي الثَّانِيَةَ حَتَّى بَلَغَ مِنِّي الجَهْدَ، ثُمَّ أَرْسَلَنِي فَقَالَ: اقْرَأْ، فَقُلْتُ: مَا أَنَا بِقَارِئٍ، فَأَخَذَنِي فَغَطَّنِي الثَّالِثَةَ، ثُمَّ أَرْسَلَنِي، فَقَالَ: ﴿اقْرَأْ بِاسْمِ رَبِّكَ الَّذِي خَلَقَ ۝ خَلَقَ الْإِنسَانَ مِنْ عَلَقٍ ۝ اقْرَأْ وَرَبُّكَ الْأَكْرَمُ ۝ الَّذِي عَلَّمَ بِالْقَلَمِ ۝ عَلَّمَ الْإِنسَانَ مَا لَمْ يَعْلَمْ ۝﴾ [العلق: ١-٥]» الحَدِيثَ.

أَسْمَاؤُهُ ﷺ

أَسْمَاؤُهُ: مُحَمَّدٌ أَشْهَرُهَا، وَأَحْمَدُ

لِلنَّبِيِّ ﷺ أَسْمَاءٌ كَثِيرَةٌ، مَذْكُورَةٌ فِي الْقُرْآنِ وَالسُّنَّةِ.

فَمِنْهَا: (مُحَمَّدٌ) وَهُوَ أَشْهَرُهَا، وَبِهِ سُمِّيَ فِي التَّوْرَاةِ صَرِيحًا. وَمِنْهَا: (أَحْمَدُ) وَهُوَ الِاسْمُ الَّذِي سَمَّاهُ بِهِ الْمَسِيحُ.

وَمِنْهَا: (الْمُتَوَكِّلُ) وَ(الْمَاحِي) وَ(الْحَاشِرُ) وَ(الْعَاقِبُ) وَ(الْمُقَفَّى) وَ(نَبِيُّ التَّوْبَةِ) وَ(نَبِيُّ الرَّحْمَةِ) وَ(نَبِيُّ الْمَلْحَمَةِ).

وَأَسْمَاؤُهُ كُلُّهَا نُعُوتٌ، لَيْسَتْ أَعْلَامًا مَحْضَةً لِمُجَرَّدِ التَّعْرِيفِ، بَلْ أَسْمَاءٌ مُشْتَقَّةٌ مِنْ صِفَاتٍ قَائِمَةٍ بِهِ، تُوجِبُ لَهُ الْمَدْحَ وَالْكَمَالَ.

فَهُوَ (مُحَمَّدٌ) وَ(أَحْمَدُ)؛ لِمَا اشْتَمَلَ عَلَيْهِ مِنْ مُسَمَّاهُ، وَهُوَ الْحَمْدُ؛ فَإِنَّهُ ﷺ مَحْمُودٌ عِنْدَ اللهِ، وَمَحْمُودٌ عِنْدَ مَلَائِكَتِهِ، وَمَحْمُودٌ عِنْدَ إِخْوَانِهِ مِنَ الْمُرْسَلِينَ، وَمَحْمُودٌ عِنْدَ أَهْلِ الْأَرْضِ كُلِّهِمْ، وَإِنْ كَفَرَ بِهِ بَعْضُهُمْ؛ فَإِنَّ مَا فِيهِ مِنْ صِفَاتِ الْكَمَالِ مَحْمُودَةٌ عِنْدَ كُلِّ عَاقِلٍ، وَإِنْ كَابَرَ عَقْلُهُ جُحُودًا أَوْ عِنَادًا أَوْ جَهْلًا بِاتِّصَافِهِ بِهَا، وَلَوْ عَلِمَ اتِّصَافَهُ بِهَا لَحَمِدَهُ؛ فَإِنَّهُ يُحْمَدُ مَنِ اتَّصَفَ بِصِفَاتِ الْكَمَالِ. وَهَكَذَا يُقَالُ فِي أَسْمَائِهِ الْأُخْرَى ﷺ.

أَوْصَافُهُ ﷺ

لَـمْ تَـرَ عَـيْنٌ قَبْلَـهُ   أَوْ بَعْـدَهُ مِـثْلًا لَـهُ

حَقِيقَةُ الحُسْنِ وَالجَمَالِ أَمْرٌ لَا يُدْرَكُ إِلَّا بِالوَصْفِ، وَقَدْ قِيلَ: إِنَّهُ تَنَاسُبُ الخِلْقَةِ وَاعْتِدَالُهَا وَاسْتِوَاؤُهَا، وَرُبَّ صُورَةٍ مُتَنَاسِبَةِ الخِلْقَةِ وَلَيْسَتْ فِي الحُسْنِ هُنَالِكَ. وَقِيلَ: الحُسْنُ مَعْنًى لَا تَنَالُهُ العِبَارَةُ، وَلَا يُحِيطُ بِهِ الوَصْفُ، وَإِنَّمَا لِلنَّاسِ مِنْهُ أَوْصَافٌ أَمْكَنَ التَّعْبِيرُ عَنْهَا.

وَقَدْ كَانَ رَسُولُ الله ﷺ فِي الذِّرْوَةِ العُلْيَا مِنْهُ؛ وَلِهَذَا جَاءَ فِي غَيْرِ حَدِيثٍ عَنْ أَكْثَرَ مِنْ صَحَابِيٍّ أَنَّهُ قَالَ فِي وَصْفِهِ لِلنَّبِيِّ ﷺ: «لَمْ أَرَ قَبْلَهُ وَلَا بَعْدَهُ مِثْلَهُ ﷺ».

فَرَبْعَـةٌ مِـنَ الرِّجَـالِ   لَا مِـنْ قِـصَارٍ أَوْ طِوَالِ

فِي الصَّحِيحَيْنِ: عَنْ أَنَسِ بْنِ مَالِكٍ، يَصِفُ النَّبِيَّ ﷺ قَالَ: «كَانَ رَبْعَةً مِنَ القَوْمِ؛ لَيْسَ بِالطَّوِيلِ، وَلَا بِالقَصِيرِ». وَبِهَذَا وَصَفَهُ ﷺ غَيْرُ وَاحِدٍ مِنْ أَصْحَابِهِ رَضِيَ اللهُ عَنْهُمْ.

(كَانَ رَبْعَةً) أَيْ: مَرْبُوعًا، وَقَدْ فَسَّرَهُ فِي الحَدِيثِ المَذْكُورِ بِقَوْلِهِ: (لَيْسَ بِالطَّوِيلِ وَلَا بِالقَصِيرِ) وَفِي رِوَايَةٍ: «لَيْسَ بِالطَّوِيلِ

البَائِنِ»، وَالمُرَادُ بـ(الطَّوِيلِ البَائِنِ) المُفْرِطُ فِي الطُّولِ مَعَ اضْطِرَابِ القَامَةِ. أَيْ كَانَ مُتَوَسِّطًا بَيْنَ الطُّولِ وَالقِصَرِ ﷺ.

وَهُــوَ عَــرِيضُ الـــصَّـدْرِ   وَوَجْهُــهُ كَالبَـــدْرِ

قَالَ هِنْدُ بْنُ أَبِي هَالَةَ؛ فِي وَصْفِهِ لِلنَّبِيِّ ﷺ: «بَادِنٌ مُتَمَاسِكٌ، سَوَاءُ البَطْنِ وَالصَّدْرِ، عَرِيضُ الصَّدْرِ».

قَوْلُهُ: (بَادِنٌ مُتَمَاسِكٌ) البَادِنُ: الضَّخْمُ، يُرِيدُ: أَنَّهُ مَعَ بَدَانَتِهِ مُتَمَاسِكُ اللَّحْمِ. وَقَوْلُهُ: (سَوَاءُ البَطْنِ وَالصَّدْرِ) يُرِيدُ: أَنَّ بَطْنَهُ غَيْرُ مُسْتَفِيضٍ، فَهُوَ مُسَاوٍ لِصَدْرِهِ، وَصَدْرُهُ عَرِيضٌ، فَهُوَ مُسَاوٍ لِبَطْنِهِ.

وَفِي صَحِيحِ البُخَارِيِّ: سُئِلَ البَرَاءُ بْنُ عَازِبٍ: أَكَانَ وَجْهُ النَّبِيِّ ﷺ مِثْلَ السَّيْفِ؟ قَالَ: «لَا؛ بَلْ مِثْلَ القَمَرِ».

وَعَنْ جَابِرِ بْنِ سَمُرَةَ قَالَ: «رَأَيْتُ رَسُولَ اللهِ ﷺ فِي لَيْلَةٍ إِضْحِيَانٍ، فَجَعَلْتُ أَنْظُرُ إِلَى رَسُولِ اللهِ ﷺ وَإِلَى القَمَرِ، وَعَلَيْهِ حُلَّةٌ حَمْرَاءُ، فَإِذَا هُوَ عِنْدِي أَحْسَنُ مِنَ القَمَرِ». أَخْرَجَهُ التِّرْمِذِيُّ وَحَسَّنَهُ.

(فِي لَيْلَةٍ إِضْحِيَانٍ) أَيْ: مُضِيئَةٍ مُقْمِرَةٍ.

وَفِي الصَّحِيحَيْنِ: عَنْ كَعْبِ بْنِ مَالِكٍ: «كَانَ رَسُولُ اللهِ ﷺ إِذَا سُرَّ اسْتَنَارَ وَجْهُهُ، حَتَّى كَأَنَّهُ قِطْعَةُ قَمَرٍ، وَكُنَّا نَعْرِفُ ذَلِكَ مِنْهُ».

وَأَبْيَضُ مَعْ زُهْرَةٍ   أَيْ مُشْرَبٌ بِحُمْرَةِ

فِي الصَّحِيحَيْنِ: قَالَ أَنَسُ بْنُ مَالِكٍ، يَصِفُ النَّبِيَّ ﷺ: «كَانَ أَزْهَرَ اللَّوْنِ، لَيْسَ بِأَبْيَضَ أَمْهَقَ، وَلَا آدَمَ».

(أَزْهَرُ) أَبْيَضُ مُشْرَبٌ بِحُمْرَةٍ، وَقَدْ صُرِّحَ بِهِ فِي أَحَادِيثَ أُخْرَى. (الأَمْهَقُ) الشَّدِيدُ البَيَاضِ، وَ(الآدَمُ) الشَّدِيدُ السُّمْرَةِ.

وَالمُرَادُ: أَنَّهُ ﷺ لَيْسَ بِالأَبْيَضِ الشَّدِيدِ البَيَاضِ، وَلَا بِالآدَمِ الشَّدِيدِ الأُدْمَةِ، وَإِنَّمَا يُخَالِطُ بَيَاضَهُ الحُمْرَةُ، وَالعَرَبُ قَدْ تُطْلِقُ عَلَى مَنْ كَانَ كَذَلِكَ (أَسْمَرَ)؛ وَلِهَذَا جَاءَ فِي رِوَايَةٍ: (أَنَّ النَّبِيَّ ﷺ كَانَ أَسْمَرَ). وَتَبَيَّنَ مِنْ مَجْمُوعِ الرِّوَايَاتِ: أَنَّ المُرَادَ بِالسُّمْرَةِ: الحُمْرَةُ الَّتِي تُخَالِطُ البَيَاضَ، وَأَنَّ المُرَادَ بِالبَيَاضِ المُثْبَتِ: مَا يُخَالِطُهُ الحُمْرَةُ، وَبِالمَنْفِيِّ: مَا لَا يُخَالِطُهُ، وَهُوَ الَّذِي تَكْرَهُ العَرَبُ لَوْنَهُ، وَتُسَمِّيهِ: (أَمْهَقَ).

وَلَــيْـسَ بِـالـمُطَهَّم   وَلَــيْـسَ بِـالـمُكَلْثَم

(المُطَهَّمُ) البَادِنُ الكَثِيرُ اللَّحْمِ، الفَاحِشُ السَّمَنِ. وَقِيلَ: النَّحِيفُ الجِسْمِ، وَهُوَ مِنَ الأَضْدَادِ. وَ(المُكَلْثَمُ) المُدَوَّرُ الوَجْهِ، القَصِيرُ الحَنَكِ، الدَّانِي الجَبْهَةِ، المُسْتَدِيرُ الوَجْهِ، وَلَا يَكُونُ إِلَّا مَعَ كَثْرَةِ اللَّحْمِ. أَرَادَ: أَنَّهُ ﷺ كَانَ أَسِيلَ الوَجْهِ، وَلَمْ يَكُنْ مُسْتَدِيرًا.

وَلَــــمْ تَعِبْـــهُ تُجْلَـــــةٌ   أَوْ نُحْلَـــةٌ أَوْ صَعْلَـــةٌ

فِي حَدِيثِ أُمِّ مَعْبَدٍ؛ تَصِفُ النَّبِيَّ ﷺ: «حَسَنُ الخَلْقِ، لَمْ تَعِبْهُ ثُجْلَةٌ، وَلَمْ تُزْرِ بِهِ صَعْلَةٌ» ▯.

(الثُّجْلَةُ) عِظَمُ البَطْنِ وَسَعَتُهُ. وَيُرْوَى: (نُحْلَةٌ) بِالنُّونِ وَالحَاءِ، أَيْ: نُحُولٌ وَدِقَّةٌ. وَ(الصَّعْلَةُ) صِغَرُ الرَّأْسِ، وَيُرْوَى: (صَقْلَةٌ) بِالقَافِ، وَهِيَ الدِّقَّةُ وَالضُّمْرَةُ وَالنُّحُولُ وَالخِفَّةُ فِي البَدَنِ.

وَالمُرَادُ: أَنَّهُ كَانَ ضَرْبًا مِنَ الرِّجَالِ، لَيْسَ بِأَثْجَلَ عَظِيمِ البَطْنِ، وَلَا بِشَدِيدِ لُحُوقِ الجَنْبَيْنِ، بَلْ هُوَ كَامِلُ الخَلْقِ، لَا تَعِيبُهُ صِفَةٌ ﷺ.

مُعْتَـــدِلٌ قَـــــسِيمٌ   مُقَـــصَّدٌ وَسِيمٌ

فِي حَدِيثِ أَبِي الطُّفَيْلِ، فِي وَصْفِهِ لِلنَّبِيِّ ﷺ: «كَانَ أَبْيَضَ مَلِيحًا مُقَصَّدًا». وَفِي حَدِيثِ هِنْدِ بْنِ أَبِي هَالَةَ: «مُعْتَدِلُ الخَلْقِ». وَفِي حَدِيثِ أُمِّ مَعْبَدٍ: «وَسِيمٌ قَسِيمٌ».

(المُقَصَّدُ) هُوَ الَّذِي لَيْسَ بِطَوِيلٍ وَلَا قَصِيرٍ وَلَا جَسِيمٍ؛ كَأَنَّ خَلْقَهُ يَجِيءُ بِهِ القَصْدُ مِنَ الأُمُورِ. وَ(المُعْتَدِلُ) الَّذِي لَا يَمِيلُ إِلَى أَحَدِ طَرَفَيِ التَّفْرِيطِ وَالإِفْرَاطِ.

وَ(القَسِيمُ) الحَسَنُ قَسِمَةِ الوَجْهِ. وَ(الوَسِيمُ) المَشْهُورُ بِالحُسْنِ، كَأَنَّهُ صَارَ الحُسْنُ لَهُ عَلَامَةً.

وَعَيْنُـــهُ فِيهَــا شَـــكَلْ   حُمْـــرَةٌ، اوْ فِيهَــا شَـــهَلْ

أَوْ أَدْعَــــجُ العَيْنَـــيْنِ   وَهْـــوَ سَـــوَادُ العَــيْنِ

قَالَ جَابِرُ بْنُ سَمُرَةَ: «كَانَ رَسُولُ اللهِ ﷺ أَشْكَلَ العَيْنَيْنِ» أَخْرَجَهُ مُسْلِمٌ. وَفِي رِوَايَةٍ: «أَشْهَلَ العَيْنَيْنِ» أَخْرَجَهُ ابْنُ حِبَّانَ.

وَ(الشُّكْلَةُ) كَهَيْئَةِ الحُمْرَةِ تَكُونُ فِي بَيَاضِ العَيْنِ، وَهُوَ مَحْمُودٌ مَحْبُوبٌ، فَإِذَا كَانَتْ فِي سَوَادِ العَيْنِ فَهِيَ (شُهْلَةٌ).

وَفِي حَدِيثِ عَلِيِّ بْنِ أَبِي طَالِبٍ، فِي وَصْفِهِ للنَّبِيِّ ﷺ: «أَدْعَجُ العَيْنَيْنِ». وَ(الأَدْعَجُ) الشَّدِيدُ سَوَادِ العَيْنِ. وَفِي رِوَايَةٍ: «أَسْوَدُ الحَدَقَةِ»، وَهَذِهِ الرِّوَايَةُ تُرَجِّحُ الرِّوَايَةَ الأُولَى: (أَشْكَلَ العَيْنَيْنِ)، وَأَنَّ الحُمْرَةَ إِنَّمَا هِيَ فِي بَيَاضِ عَيْنِهِ ﷺ، لَا فِي سَوَادِهَا، وَهُوَ المَحْمُودُ المَحْبُوبُ، كَمَا تَقَدَّمَ. وَاللهُ أَعْلَمُ.

فَـــمٌ ضَـــلِيعٌ، أَفْلَـــجُ   الأَسْـــنَانِ، وَجْـــهٌ أَبْلَـــجُ

فِي صَحِيحِ مُسْلِمٍ: عَنْ جَابِرِ بْنِ سَمُرَةَ قَالَ: «كَانَ رَسُولُ اللهِ ﷺ ضَلِيعَ الفَمِ». وَفِي حَدِيثِ هِنْدٍ: «ضَلِيعُ الفَمِ، مُفَلَّجُ الأَسْنَانِ».

(ضَلِيعُ الفَمِ) أَيْ: عَظِيمُهُ أَوْ وَاسِعُهُ، وَالعَرَبُ تَمْدَحُ عِظَمَ الفَمِ وَتَذُمُّ صِغَرَهُ. (الفَلَجُ) فِي الأَسْنَانِ: تَبَاعُدُ مَا بَيْنَ الثَّنَايَا وَالرَّبَاعِيَاتِ.

وَفِي صَحِيحِ مُسْلِمٍ: حَدِيثٌ طَوِيلٌ عَنْ عُمَرَ بْنِ الْخَطَّابِ وَفِيهِ: قَالَ عُمَرُ: «فَلَمْ أَزَلْ أُحَدِّثُهُ حَتَّىٰ تَحَسَّرَ الْغَضَبُ عَنْ وَجْهِهِ، وَحَتَّىٰ كَشَرَ فَضَحِكَ، وَكَانَ مِنْ أَحْسَنِ النَّاسِ ثَغْرًا» يَعْنِي: النَّبِيَّ ﷺ.

(الثَّغْرُ) الْفَمُ، وَمِنْ لَوَازِمِ جَمَالِهِ: جَمَالُ الشَّفَتَيْنِ وَالْأَسْنَانِ.

وَرَوَىٰ الدَّارِمِيُّ وَالتِّرْمِذِيُّ فِي «الشَّمَائِلِ»: عَنِ ابْنِ عَبَّاسٍ قَالَ: «كَانَ رَسُولُ اللهِ ﷺ أَفْلَجَ الثَّنِيَّتَيْنِ، إِذَا تَكَلَّمَ رُئِيَ كَالنُّورِ يَخْرُجُ مِنْ بَيْنِ ثَنَايَاهُ». وَفِي إِسْنَادِهِ ضَعْفٌ.

وَفِي حَدِيثِ أُمِّ مَعْبَدٍ: «أَبْلَجَ الْوَجْهِ» أَيْ: مُشْرِقُهُ، وَلَمْ تُرِدْ بَلَجَ الْحَاجِبِ، وَهُوَ أَنْ لَا يَكُونَ مَقْرُونًا؛ لِأَنَّهَا تَصِفُهُ بِالقَرَنِ، كَمَا سَيَأْتِي.

أَشْنَبُ، سَهْلُ الخَدِّ   أَقْنَىٰ، طَوِيلُ الزَّنْدِ

فِي حَدِيثِ هِنْدِ بْنِ أَبِي هَالَةَ، يَصِفُ النَّبِيَّ ﷺ: «أَشْنَبُ» مِنَ الشَّنَبِ فِي الْأَسْنَانِ، وَهُوَ: تَحَدُّدُ أَطْرَافِهَا. وَقِيلَ: بَيَاضُهَا.

وَفِيهِ: «سَهْلُ الخَدَّيْنِ» أَيْ: لَيْسَ فِي خَدَّيْهِ نُتُوءٌ وَلَا ارْتِفَاعٌ، وَأَرَادَ: أَنَّ خَدَّيْهِ أَسِيلَانِ، قَلِيلَا اللَّحْمِ، رَقِيقَا الجِلْدِ.

وَفِيهِ: «أَقْنَىٰ الْعِرْنَيْنِ» وَفِي حَدِيثٍ آخَرَ: «أَقْنَىٰ الْأَنْفِ» وَهُوَ ارْتِفَاعٌ فِي أَعْلَىٰ الْأَنْفِ، وَاحْدِيدَابٌ فِي وَسَطِهِ، وَسُبُوغٌ فِي طَرَفِهِ.

وَزَادَ فِي وَصْفِ الْأَنْفِ: «لَهُ نُورٌ يَعْلُوهُ، يَحْسَبُهُ مَنْ لَمْ يَتَأَمَّلْهُ

أَشَمَّ» الشَّمَمُ: ارْتِفَاعُ القَصَبَةِ وَحُسْنُهَا، وَاسْتِوَاءُ أَعْلَاهَا، وَإِشْرَافُ الأَرْنَبَةِ قَلِيلًا. يَقُولُ: هُوَ - لِحُسْنِ قَنَاءِ أَنْفِهِ وَاعْتِدَالِ ذَلِكَ - يُحْسَبُ قَبْلَ التَّأَمُّلِ أَشَمَّ.

وَفِيهِ: «طَوِيلُ الزَّنْدَيْنِ» الزَّنْدُ مِنَ الذِّرَاعِ: مَا انْحَسَرَ عَنْهُ اللَّحْمُ. وَلِلزَّنْدِ رَأْسَانِ: الكُوعُ وَالكُرْسُوعُ. فَالكُرْسُوعُ: رَأْسُ الزَّنْدِ الَّذِي يَلِي الخِنْصَرَ، وَالكُوعُ: رَأْسُ الزَّنْدِ الَّذِي يَلِي الإِبْهَامَ.

أَزَجُّ في غَــيْرِ قَـــرَنْ   أَوْ أَقْرَنُ، أَوْ مَــا اقْــتَرَنْ

فِي حَدِيثِ هِنْدِ بْنِ أَبِي هَالَةَ، فِي وَصْفِهِ لِلنَّبِيِّ ﷺ: «أَزَجُّ الحَوَاجِبِ، سَوَابِغَ فِي غَيْرِ قَرَنٍ».

قَالَ ابْنُ الأَثِيرِ: «القَرَنُ - بِالتَّحْرِيكِ - الْتِقَاءُ الحَاجِبَيْنِ. وَهَذَا خِلَافُ مَا رَوَتْ أُمُّ مَعْبَدٍ، فَإِنَّهَا قَالَتْ فِي صِفَتِهِ: (أَزَجُّ أَقْرَنُ) أَيْ: مَقْرُونُ الحَاجِبَيْنِ، وَالأَوَّلُ الصَّحِيحُ فِي صِفَتِهِ. وَ(سَوَابِغَ) حَالٌ مِنَ المَجْرُورِ، وَهُوَ الحَوَاجِبُ، أَيْ: أَنَّهَا دَقَّتْ فِي حَالِ سُبُوغِهَا، وَوُضِعَ الحَوَاجِبُ مَوْضِعَ الحَاجِبَيْنِ، لِأَنَّ التَّثْنِيَةَ جَمْعٌ».

وَيُمْكِنُ أَنْ يَكُونَ قَوْلُهُ: (فِي غَيْرِ قَرَنٍ) أَيْ: قَرَنٍ تَامٍّ، فَلَا يُعَارِضُهُ مَا فِي حَدِيثِ أُمِّ مَعْبَدٍ. وَاللهُ أَعْلَمُ.

الأَهْـــدَابُ فِيهَـــا وَطَـــفُ   أَوْ غَطَـــفٌ أَوْ عَطَـــفُ

فِي حَدِيثِ أُمِّ مَعْبَدٍ: «وَفِي أَشْفَارِهِ وَطَفٌ»، وَفِي رِوَايَةٍ: «غَطَفٌ»؛ وَهُمَا بِمَعْنىً وَاحِدٍ، وَهُوَ أَنْ يَطُولَ شَعْرُ الأَجْفَانِ ثُمَّ يَتَعَطَّفَ، وَفِي رِوَايَةٍ: «عَطَفٌ» بِالعَيْنِ؛ أَيْ: طُولٌ، كَأَنَّهُ طَالَ وَانْعَطَفَ. وَأَنْكَرَ بَعْضُهُمْ رِوَايَةَ (عَطَف) بِالعَيْنِ.

وَجِيـــدُهُ فِيـــهِ سَـــطَعْ   أَيْ فِيـــهِ طُـــولٌ؛ ارْتَفَـــعْ

(الجِيدُ) العُنُقُ.

وَفِي حَدِيثِ أُمِّ مَعْبَدٍ: «وَفِي عُنُقِهِ سَطَعٌ» أَيِ: ارْتِفَاعٌ وَطُولٌ.

وَالصَّـــوْتُ فِيـــهِ صَـــهَلُ   أَيْ بُحَّـــةٌ، أَوْ صَـــحَلْ

فِي حَدِيثِ أُمِّ مَعْبَدٍ: «فِي صَوْتِهِ صَهَلٌ» وَفِي رِوَايَةٍ: «صَحَلٌ». (الصَّهَلُ) وَ(الصَّحَلُ) حِدَّةُ الصَّوْتِ مَعَ بُحَّةٍ.

وَالشَّـــعْرُ لَـــيْسَ سَـــبِطَا   وَلَـــيْسَ جَعْـــدًا قَطَطَا

بَـــلْ كَانَ جَعْـــدًا رَجَـــلَا   رَجَّلَـــهُ أَوْ رُجِّـــلَا

فِي حَدِيثِ عَلِيِّ بْنِ أَبِي طَالِبٍ، يَصِفُ شَعْرَ النَّبِيِّ ﷺ: «وَلَمْ يَكُنْ بِالجَعْدِ القَطَطِ، وَلَا بِالسَّبِطِ، كَانَ جَعْدًا رَجِلًا»، وَوَصَفَهُ بِذَلِكَ أَيْضًا أَنَسُ بْنُ مَالِكٍ.

(شَعْرٌ قَطَطٌ) شَدِيدُ الجُعُودَةِ. وَ(شَعْرٌ سَبِطٌ) سَائِلٌ مُنْبَسِطٌ مُسْتَرْسِلٌ، لَيْسَ فِيهِ شَيْءٌ مِنَ الجُعُودَةِ. وَالمُرَادُ: أَنَّ شَعْرَهُ ﷺ كَانَ وَسَطًا بَيْنَ الجُعُودَةِ وَالسُّبُوطَةِ. (شَعْرُ رَجِلٌ)- بِكَسْرِ الجِيمِ وَمِنْهُمْ مَنْ يُسَكِّنُهَا- أَيْ: مُسَرَّحٌ غَيْرُ شَعِثٍ.

وَكَانَ ﷺ يُحِبُّ التَّرَجُّلَ، وَكَانَ يُرَجِّلُ شَعرَهُ بِنَفْسِهِ تَارَةً، وَتَارَةً يُرَجِّلُهُ لَهُ بَعْضُ أَزْوَاجِهِ، فَفِي الصَّحِيحَيْنِ: عَنْ عَائِشَةَ قَالَتْ: «كُنْتُ أُرَجِّلُ رَأْسَ رَسُولِ اللهِ ﷺ وَأَنَا حَائِضٌ»، وَفِي صَحِيحِ مُسْلِمٍ: عَنْهَا قَالَتْ: «كَانَ النَّبِيُّ ﷺ إِذَا اعْتَكَفَ يُدْنِي إِلَيَّ رَأْسَهُ فَأُرَجِّلُهُ».

وَالــشَّعْرُ إِمَّـــا جُمَّـــةٌ   أَوْ وَفْرَةٌ أَوْ لِمَّـــةٌ

وَكَانَ ﷺ تَارَةً يَكُونُ شَعْرُهُ وَفْرَةً، وَتَارَةً جُمَّةً، وَتَارَةً لِمَّةً. وَهَذَا الِاخْتِلَافُ بِاعْتِبَارِ اخْتِلَافِ أَحْوَالِهِ.

(الوَفْرَةُ) شَعْرُ الرَّأْسِ إِذَا وَصَلَ إِلَى شَحْمَةِ الأُذُنِ. وَ(اللِّمَّةُ) مَا أَلَمَّ بِالمَنْكِبَيْنِ. فَإِذَا زَادَتْ فَـ(الجُمَّةُ) وَهِيَ مَا سَقَطَ عَلَى المَنْكِبَيْنِ.

وَفِــرْقَتَيْنِ يَجْعَلُـــهُ   وَكَانَ قَبْـــلُ يُرسِلُهْ

وَكَانَ ﷺ أَوَّلًا يَسْدِلُ شَعْرَهُ ثُمَّ فَرَقَهُ، فَفِي الصَّحِيحَيْنِ: عَنِ ابْنِ عَبَّاسٍ قَالَ: «كَانَ النَّبِيُّ ﷺ يُحِبُّ مُوَافَقَةَ أَهْلِ الكِتَابِ فِيمَا لَمْ

يُؤْمَرُ فِيهِ، وَكَانَ أَهْلُ الكِتَابِ يَسْدِلُونَ أَشْعَارَهُمْ، وَكَانَ المُشْرِكُونَ يَفْرُقُونَ رُؤُوسَهُمْ، فَسَدَلَ النَّبِيُّ ﷺ نَاصِيَتَهُ، ثُمَّ فَرَقَ بَعْدُ».

وَ(الفَرْقُ) أَنْ يَجْعَلَ شَعَرَهُ فِرْقَتَيْنِ، كُلَّ فِرْقَةٍ ذُؤَابَةً. وَ(السَّدْلُ) أَنْ يَسْدِلَهُ مِنْ وَرَائِهِ، وَلَا يَجْعَلَهُ فِرْقَتَيْنِ.

وَتَــارَةً غَـــدَائِرَا   أَرْبَعًــا، اِيْ ضَـفَـائِرَا

وَكَانَ ﷺ إِذَا طَالَ شَعَرُهُ جَعَلَهُ غَدَائِرَ أَرْبَعًا، قَالَتْ أُمُّ هَانِئٍ: «دَخَلَ رَسُولُ اللهِ ﷺ مَكَّةَ وَلَهُ أَرْبَعُ غَدَائِرَ» تَعْنِي: ضَفَائِرَ.

حَلَقَـــهُ فِي حَجَّتِـــهِ   قَـصَّرَهُ فِي عُمْرَتِـــهِ

وَقَدْ حَلَقَ رَسُولُ اللهِ ﷺ شَعَرَهُ فِي حَجَّتِهِ، دَعَا بِالحَلَّاقِ، فَبَدَأَ بِالشِّقِّ الأَيْمَنِ، فَوَزَّعَهُ الشَّعَرَةَ وَالشَّعَرَتَيْنِ بَيْنَ النَّاسِ، ثُمَّ قَالَ بِالأَيْسَرِ فَصَنَعَ بِهِ مِثْلَ ذَلِكَ، ثُمَّ قَالَ: «هَا هُنَا أَبُو طَلْحَةَ؟» فَدَفَعَهُ إِلَى أَبِي طَلْحَةَ. أَخْرَجَهُ مُسْلِمٌ مِنْ حَدِيثِ أَنَسٍ.

وَفِي الصَّحِيحَيْنِ: عَنْ مُعَاوِيَةَ قَالَ: «قَصَّرْتُ عَنْ رَسُولِ اللهِ ﷺ بِمِشْقَصٍ».

(المِشْقَصُ) نَصْلُ السَّهْمِ إِذَا كَانَ طَوِيلًا غَيْرَ عَرِيضٍ، فَإِذَا كَانَ عَرِيضًا فَهُوَ المِعْبَلَةُ. وَ(قَصَّرْتُ) أَيْ: أَخَذْتُ مِنْ شَعَرِ رَأْسِهِ.

وَهَذَا كَانَ فِي بَعْضِ عُمَرِهِ ﷺ؛ لِأَنَّهُ ثَبَتَ أَنَّهُ حَلَقَ فِي حَجَّةِ الْوَدَاعِ، فَلَا يَجُوزُ حَمْلُ تَقْصِيرِ مُعَاوِيَةَ لَهُ عَلَى حَجَّةِ الْوَدَاعِ.

يَأْخُـذُ مِـنْ شَـارِبِهِ   وَالْخُلْـفُ فِي خِـضَابِهِ

عَنِ ابْنِ عَبَّاسٍ قَالَ: «كَانَ النَّبِيُّ ﷺ يَقُصُّ أَوْ يَأْخُذُ مِنْ شَارِبِهِ»، قَالَ: «وَكَانَ إِبْرَاهِيمُ خَلِيلُ الرَّحْمَنِ يَفْعَلُهُ». أَخْرَجَهُ التِّرْمِذِيُّ وَحَسَّنَهُ.

وَرَوَى التِّرْمِذِيُّ وَصَحَّحَهُ: عَنْ زَيْدِ بْنِ أَرْقَمَ قَالَ: قَالَ النَّبِيُّ ﷺ: «مَنْ لَمْ يَأْخُذْ مِنْ شَارِبِهِ فَلَيْسَ مِنَّا».

وَفِي صَحِيحِ مُسْلِمٍ: عَنْ أَبِي هُرَيْرَةَ قَالَ: قَالَ رَسُولُ اللهِ ﷺ: «قُصُّوا الشَّوَارِبَ، وَأَرْخُوا اللِّحَى، خَالِفُوا الْمَجُوسَ». وَفِي الصَّحِيحَيْنِ عَنِ ابْنِ عُمَرَ عَنِ النَّبِيِّ ﷺ: «خَالِفُوا الْمُشْرِكِينَ، وَوَفِّرُوا اللِّحَى، وَأَحْفُوا الشَّوَارِبَ».

وَاخْتَلَفَ الصَّحَابَةُ رَضِيَ اللهُ عَنْهُمْ فِي خِضَابِهِ ﷺ؛ فَقَالَ أَنَسٌ: لَمْ يَخْضِبْ. وَقَالَ أَبُو هُرَيْرَةَ: خَضَبَ.

وَوَجْهُ الْجَمْعِ: مَا فِي صَحِيحِ مُسْلِمٍ: عَنْ أَنَسٍ قَالَ: «لَمْ يَخْتَضِبْ رَسُولُ اللهِ ﷺ، إِنَّمَا كَانَ الْبَيَاضُ فِي عَنْفَقَتِهِ وَفِي الصُّدْغَيْنِ وَفِي الرَّأْسِ نَبْذٌ». أَيْ: مُتَفَرِّقٌ.

وَمُرَادُهُ: أَنَّهُ ﷺ لَمْ يَكُنْ فِي شَعَرِهِ مَا يَحْتَاجُ إِلَى الخِضَابِ. وَقَدْ صَرَّحَ بِهِ فِي رِوَايَةٍ عِنْدَهُ أَيْضًا: قَالَ: «لَمْ يَبْلُغِ الخِضَابَ، كَانَ فِي لِحْيَتِهِ شَعَرَاتٌ بِيضٌ». وَعِنْدَهُ أَيْضًا: «لَوْ شِئْتُ أَنْ أَعُدَّ شَمَطَاتٍ كُنَّ فِي رَأْسِهِ فَعَلْتُ».

وَقَالَ أَبُو رِمْثَةَ: أَتَيْتُ النَّبِيَّ ﷺ وَمَعِي ابْنٌ لِي، قَالَ: فَأَرَيْتُهُ، فَقُلْتُ لَمَّا رَأَيْتُهُ: «هَذَا نَبِيُّ اللهِ ﷺ، وَعَلَيْهِ ثَوْبَانِ أَخْضَرَانِ، وَلَهُ شَعْرٌ قَدْ عَلَاهُ الشَّيْبُ، وَشَيْبُهُ أَحْمَرُ». أَخْرَجَهُ أَصْحَابُ السُّنَنِ.

أَيْ: أَنَّ الشَّيْبَ قَدْ ظَهَرَ فِيهِ، وَلَيْسَ المُرَادُ أَنَّهُ شَابَ غَالِبُهُ. وَلِذَا قَالَ التِّرْمِذِيُّ: (هَذَا أَحْسَنُ شَيْءٍ رُوِيَ فِي هَذَا البَابِ وَأَفْسَرُهُ؛ لِأَنَّ الرِّوَايَاتِ الصَّحِيحَةَ أَنَّ النَّبِيَّ ﷺ لَمْ يَبْلُغِ الشَّيْبَ).

فَيُحْمَلُ نَفْيُ أَنَسٍ عَلَى غَلَبَةِ الشَّيْبِ حَتَّى يَحْتَاجَ إِلَى خِضَابِهِ، وَلَمْ يَتَّفِقْ أَنَّهُ رَآهُ وَهُوَ مُخَضَّبٌ، وَيُحْمَلُ إِثْبَاتُ مَنْ أَثْبَتَ الخَضْبَ عَلَى أَنَّهُ فَعَلَهُ لِإِرَادَةِ بَيَانِ الجَوَازِ وَلَمْ يُوَاظِبْ عَلَيْهِ. وَأَمَّا مَا فِي صَحِيحِ مُسْلِمٍ: عَنْ أَنَسٍ قَالَ: «مَا شَانَهُ اللهُ بِبَيْضَاءَ»، فَمَحْمُولٌ عَلَى أَنَّ تِلْكَ الشَّعَرَاتِ البِيضَ لَمْ يَتَغَيَّرْ بِهَا شَيْءٌ مِنْ حُسْنِهِ ﷺ.

كَثِيفَةٌ أَيْ لِحْيَتُـــهُ   دَقِيقَـــةٌ مَـــسْرُبَتُـهْ

لَا أَجْــرَدُ، وَلَكِـــنْ   الشَّـــعْرُ فِي أَمَـــاكِنْ

صَحَّ عَنْ عَلِيِّ بْنِ أَبِي طَالِبٍ، «أَنَّ النَّبِيَّ ﷺ كَانَ كَثَّ اللِّحْيَةِ».

أَرَادَ: كَثْرَةَ أُصُولِهَا وَشَعَرِهَا، وَأَنَّهَا لَيْسَتْ بِدَقِيقَةٍ وَلَا طَوِيلَةٍ، وَفِيهَا كَثَافَةٌ. وَفِي صَحِيحِ مُسْلِمٍ: عَنْ جَابِرِ بْنِ سَمُرَةَ قَالَ: «كَانَ رَسُولُ اللهِ ﷺ كَثِيرَ شَعْرِ اللِّحْيَةِ».

وَفِي البُخَارِيِّ: عَنِ البَرَاءِ قَالَ: «لَمَّا كَانَ يَوْمُ الأَحْزَابِ، وَخَنْدَقَ رَسُولُ اللهِ ﷺ، رَأَيْتُهُ يَنْقُلُ مِنْ تُرَابِ الخَنْدَقِ، حَتَّى وَارَى عَنِّي الغُبَارُ جِلْدَةَ بَطْنِهِ، وَكَانَ كَثِيرَ الشَّعَرِ». وَفِي أُخْرَى عِنْدَهُ: «حَتَّى وَارَى التُّرَابُ شَعَرَ صَدْرِهِ، وَكَانَ رَجُلًا كَثِيرَ الشَّعَرِ».

وَظَاهِرُ هَذَا: أَنَّهُ كَانَ كَثِيرَ شَعْرِ الصَّدْرِ، وَلَيْسَ كَذَلِكَ؛ فَإِنَّ فِي صِفَتِهِ ﷺ أَنَّهُ كَانَ «دَقِيقَ المَسْرُبَةِ» أَيْ: الشَّعْرِ الدَّقِيقِ الَّذِي كَأَنَّهُ قَضِيبٌ مِنَ الصَّدْرِ إِلَى السُّرَّةِ؛ فَيُمْكِنُ أَنْ يُجْمَعَ بِأَنَّهُ كَانَ مَعَ دِقَّتِهِ كَثِيرًا، أَيْ: لَمْ يَكُنْ مُنْتَشِرًا، بَلْ كَانَ مُسْتَطِيلًا. وَاللهُ أَعْلَمُ.

وَمَا جَاءَ فِي حَدِيثِ عَلِيٍّ، يَصِفُ النَّبِيَّ ﷺ: «أَنَّهُ أَجْرَدُ ذُو مَسْرُبَةٍ»، فَالأَجْرَدُ الَّذِي لَيْسَ عَلَى بَدَنِهِ شَعْرٌ، وَلَمْ يَكُنْ ﷺ كَذَلِكَ، وَإِنَّمَا أَرَادَ بِهِ أَنَّ الشَّعَرَ كَانَ فِي أَمَاكِنَ مِنْ بَدَنِهِ دُونَ أَمَاكِنَ، فَإِنَّ ضِدَّ الأَجْرَدِ الأَشْعَرُ، وَهُوَ الَّذِي عَلَى جَمِيعِ بَدَنِهِ شَعْرٌ.

وَفِي حَدِيثِ هِنْدِ بْنِ أَبِي هَالَةَ: «أَنْوَرُ المُتَجَرِّدِ، مَوْصُولُ مَا بَيْنَ اللَّبَّةِ وَالسُّرَّةِ بِشَعَرٍ يَجْرِي كَالخَطِّ، عَارِي الثَّدْيَيْنِ وَالبَطْنِ- مِمَّا سِوَى ذَلِكَ-، أَشْعَرُ الذِّرَاعَيْنِ وَالمَنْكِبَيْنِ وَأَعَالِي الصَّدْرِ».

وَالكَفُّ شَثْنٌ- مَعْ عَدَمْ   خُشْنٍ- غَلِيظٌ، وَالقَدَمْ

فِي صَحِيحِ البُخَارِيِّ: عَنْ أَنَسٍ: «كَانَ النَّبِيُّ ﷺ شَثْنَ القَدَمَيْنِ وَالكَفَّيْنِ» وَفِي رِوَايَةٍ: «ضَخْمَ الكَفَّيْنِ وَالقَدَمَيْنِ» وَفِي رِوَايَةٍ: «كَانَ بَسِطَ الكَفَّيْنِ».

(شَثْنَ) بِفَتْحِ المُعْجَمَةِ وَسُكُونِ المُثَلَّثَةِ وَبِكَسْرِهَا بَعْدَهَا نُونٌ، أَيْ: غَلِيظَ الأَصَابِعِ وَالرَّاحَةِ. أَيْ: كَانَتْ كَفُّهُ ﷺ مُمْتَلِئَةً لَحْمًا.

غَيْرَ أَنَّهَا مَعَ ضَخَامَتِهَا كَانَتْ لَيِّنَةً، كَمَا فِي حَدِيثِ أَنَسٍ: «مَا مَسِسْتُ حَرِيرًا وَلَا دِيبَاجًا أَلْيَنَ مِنْ كَفِّ النَّبِيِّ ﷺ».

وَفَسَّرَ البَعْضُ (الشَّثْنَ) بِالغِلَظِ مَعَ القِصَرِ. وَتُعُقِّبَ بِأَنَّهُ ثَبَتَ فِي وَصْفِهِ ﷺ أَنَّهُ «كَانَ سَابِلَ الأَطْرَافِ»، وَيُؤَيِّدُهُ رِوَايَةُ: (كَانَ بَسِطَ الكَفَّيْنِ). وَالتَّحْقِيقُ فِي (الشَّثْنِ) أَنَّهُ الغِلَظُ مِنْ غَيْرِ قَيْدِ قِصَرٍ وَلَا خُشُونَةٍ. وَاللهُ أَعْلَمُ.

عَرَقُهُ مِنْ طِيبِهِ   يُطَيَّبُ الطِّيبُ بِهِ

وَبِالجُمَانِ وُصِفَا   مِنَ البَيَاضِ وَالصَّفَا

وَكَانَ طِيبُ عَرَقِهِ ﷺ مِمَّا أَكْرَمَهُ اللهُ سُبْحَانَهُ، حَتَّى كَانَ بَعْضُ النِّسَاءِ يَأْخُذْنَهُ وَيَتَعَطَّرْنَ بِهِ، وَيَخْلِطْنَهُ بِالطِّيبِ، يُطَيِّبْنَ الطِّيبَ بِهِ، وَكَانَ مِنْ أَطْيَبِ طِيبِهِنَّ.

فَعَنْ أَنَسِ بْنِ مَالِكٍ قَالَ: دَخَلَ عَلَيْنَا النَّبِيُّ ﷺ فَقَالَ عِنْدَنَا، فَعَرِقَ، وَجَاءَتْ أُمِّي بِقَارُورَةٍ، فَجَعَلَتْ تَسْلِتُ العَرَقَ فِيهَا، فَاسْتَيْقَظَ النَّبِيُّ ﷺ فَقَالَ: «يَا أُمَّ سُلَيْمٍ مَا هَذَا الَّذِي تَصْنَعِينَ؟» قَالَتْ: هَذَا عَرَقُكَ نَجْعَلُهُ فِي طِيبِنَا، وَهُوَ مِنْ أَطْيَبِ الطِّيبِ. أَخْرَجَاهُ وَاللَّفْظُ لِمُسْلِمٍ. وَفِي رِوَايَةٍ لَهُ: فَقَالَ: «مَا تَصْنَعِينَ يَا أُمَّ سُلَيْمٍ؟» فَقَالَتْ: يَا رَسُولَ اللهِ نَرْجُو بَرَكَتَهُ لِصِبْيَانِنَا، قَالَ: «أَصَبْتِ». وَفِي أُخْرَى لَهُ: وَكَانَ كَثِيرَ العَرَقِ، فَكَانَتْ تَجْمَعُ عَرَقَهُ فَتَجْعَلُهُ فِي الطِّيبِ وَالقَوَارِيرِ، فَقَالَ النَّبِيُّ ﷺ: «يَا أُمَّ سُلَيْمٍ مَا هَذَا؟» قَالَتْ: عَرَقُكَ أَدُوفُ بِهِ طِيبِي.

وَمَعْنَى (أَدُوفُ بِهِ طِيبِي) أَيْ: أَخْلِطُهُ بِهِ.

وَيُسْتَفَادُ مِنْ هَذِهِ الرِّوَايَاتِ: اطِّلَاعُ النَّبِيِّ ﷺ عَلَى فِعْلِ أُمِّ سُلَيْمٍ وَتَصْوِيبُهُ، وَلَا مُعَارَضَةَ بَيْنَ قَوْلِهَا: (إِنَّهَا كَانَتْ تَجْمَعُهُ لِأَجْلِ طِيبِهِ) وَبَيْنَ قَوْلِهَا: (لِلْبَرَكَةِ)، بَلْ يُحْمَلُ عَلَى أَنَّهَا كَانَتْ تَفْعَلُ ذَلِكَ لِلْأَمْرَيْنِ مَعًا. وَاللهُ أَعْلَمُ.

وَفِي صَحِيحِ مُسْلِمٍ: عَنْ أَنَسٍ قَالَ: «كَانَ رَسُولُ اللهِ ﷺ أَزْهَرَ اللَّوْنِ، كَأَنَّ عَرَقَهُ اللُّؤْلُؤُ». أَيْ: فِي الصَّفَاءِ وَالبَيَاضِ.

وَفِي حَدِيثِ الإِفْكِ فِي الصَّحِيحَيْنِ: مِنْ قَوْلِ عَائِشَةَ: «حَتَّى إِنَّهُ لَيَتَحَدَّرُ مِنْهُ مِثْلُ الجُمَانِ مِنَ العَرَقِ فِي يَوْمٍ شَاتٍ».

وَ(الجُمَانُ) حَبَّاتُ اللُّؤْلُؤِ. فَشَبَّهَتْ قَطَرَاتِ عَرَقِهِ ﷺ بِالجُمَانِ لِمُشَابَهَتِهَا فِي الصَّفَاءِ وَالحُسْنِ.

قَالَ العُلَمَاءُ: وَمَعَ كَوْنِ هَذِهِ الرِّيحِ الطَّيِّبَةِ صِفَتَهُ ﷺ وَإِنْ لَمْ يَمَسَّ طِيبًا، كَانَ يَسْتَعْمِلُ الطِّيبَ فِي كَثِيرٍ مِنَ الأَوْقَاتِ مُبَالَغَةً فِي طِيبِ رِيحِهِ؛ لِمُلَاقَاةِ المَلَائِكَةِ، وَأَخْذِ الوَحْيِ الكَرِيمِ، وَمُجَالَسَةِ المُسْلِمِينَ، وَلِفَوَائِدَ أُخْرَى مِنَ الاقْتِدَاءِ وَغَيْرِهِ، وَفِي الحَدِيثِ الصَّحِيحِ: «حُبِّبَ إِلَيَّ مِنْ دُنْيَاكُمْ: النِّسَاءُ وَالطِّيبُ، وَجُعِلَتْ قُرَّةُ عَيْنِي فِي الصَّلَاةِ».

سُـــبْحَانَ مَـــنْ جَمَّلَـــهُ　　سُـــبْحَانَ مَـــنْ كَمَّلَـــهُ

وَقَدْ كَانَ النَّبِيُّ ﷺ فِي الذِّرْوَةِ العُلْيَا مِنَ الحُسْنِ وَالجَمَالِ، فَسُبْحَانَ مَنْ حَبَاهُ بِأَجْمَلِ صُورَةٍ وَأَحْسَنِهَا، وَكَمَّلَهُ خَلْقًا وَخُلُقًا.

أَخْلَاقُهُ ﷺ

خُلُقُــــهُ قَــــدْ كَانَــــا   عَظِيمًـــا؛ القُرْآنَـــا

(الخُلُقُ) جِمَاعُ الدِّينِ الَّذِي بَعَثَ اللهُ بِهِ مُحَمَّدًا ﷺ، قَالَ اللهُ تَعَالَى: ﴿ وَإِنَّكَ لَعَلَىٰ خُلُقٍ عَظِيمٍ ﴾ [القلم:٤] قَالَ ابْنُ عَبَّاسٍ: (عَلَىٰ دِينٍ عَظِيمٍ). وَقَالَهُ ابْنُ عُيَيْنَةَ، وَأَخَذَهُ أَحْمَدُ عَنِ ابْنِ عُيَيْنَةَ.

فَإِنَّ الدِّينَ وَالعَادَةَ وَالخُلُقَ أَلْفَاظٌ مُتَقَارِبَةُ المَعْنَى فِي الذَّاتِ وَإِنْ تَنَوَّعَت فِي الصِّفَاتِ، كَمَا قِيلَ فِي لَفْظِ الدِّينِ: (فَهَذَا دِينُهُ أَبَدًا وَدِينِي)، وَالمَعْنَى: إِنَّكَ لَعَلَى الخُلُقِ الَّذِي آثَرَكَ اللهُ بِهِ فِي القُرْآنِ.

وَفِي صَحِيحِ مُسْلِمٍ: عَنْ سَعْدِ بْنِ هِشَامٍ، أَنَّهُ دَخَلَ عَلَى عَائِشَةَ فَقَالَ: يَا أُمَّ المُؤْمِنِينَ؛ أَنْبِئِينِي عَنْ خُلُقِ رَسُولِ اللهِ ﷺ، قَالَتْ: «أَلَسْتَ تَقْرَأُ القُرْآنَ؟» قُلْتُ: بَلَى، قَالَتْ: «فَإِنَّ خُلُقَ نَبِيِّ اللهِ ﷺ كَانَ القُرْآنَ». وَرُوِيَ نَحْوُهُ عَنْ عَائِشَةَ مِنْ غَيْرِ وَجْهٍ.

كَلَامُ رَبِّ العَـــــــــــالَمِينْ   وَهْــــوَ حَبْلُــهُ المَتِينْ

وَهْــــوَ الــصِّرَاطُ المُسْــتَقِيمْ   والفَـــصْلُ والذِّكْـــرُ الحَكِيمْ

وَقَدْ رُوِيَ عَنْ عَلِيِّ بْنِ أَبِي طَالِبٍ مَرْفُوعًا- وَالأَشْبَهُ أَنَّهُ مَوْقُوفٌ-: «كِتَابُ اللهِ، فِيهِ نَبَأُ مَا قَبْلَكُمْ، وَخَبَرُ مَا بَعْدَكُمْ، وحُكْم

مَا بَيْنَكُمْ، هُوَ الفَصْلُ لَيْسَ بِالهَزْلِ، مَنْ تَرَكَهُ مِنْ جَبَّارٍ قَصَمَهُ اللهُ، وَمَنِ ابْتَغَى الهُدَى فِي غَيْرِهِ أَضَلَّهُ اللهُ، هُوَ حَبْلُ اللهِ المَتِينُ، وَهُوَ الذِّكْرُ الحَكِيمُ، وَهُوَ الصِّرَاطُ المُسْتَقِيمُ، هُوَ الَّذِي لَا تَزِيغُ بِهِ الأَهْوَاءُ، وَلَا تَلْتَبِسُ بِهِ الأَلْسِنَةُ، وَلَا يَشْبَعُ مِنْهُ العُلَمَاءُ، وَلَا يَخْلَقُ عَنْ كَثْرَةِ الرَّدِّ، وَلَا تَنْقَضِي عَجَائِبُهُ، هُوَ الَّذِي لَمْ تَنْتَهِ الجِنُّ إِذْ سَمِعَتْهُ حَتَّى قَالُوا: ﴿إِنَّا سَمِعْنَا قُرْآنًا عَجَبًا ۝ يَهْدِي إِلَى ٱلرُّشْدِ فَآمَنَّا بِهِ﴾ [الجن:١، ٢]، مَنْ قَالَ بِهِ صَدَقَ، وَمَنْ عَمِلَ بِهِ أُجِرَ، وَمَنْ حَكَمَ بِهِ عَدَلَ، وَمَنْ دَعَا إِلَيْهِ هُدِيَ إِلَى صِرَاطٍ مُسْتَقِيمٍ».

قَالَ ابْنُ القَيِّمِ: «فَهُوَ كِتَابُ اللهِ الدَّالُّ عَلَيْهِ لِمَنْ أَرَادَ مَعْرِفَتَهُ، وَطَرِيقُهُ المُوَصِّلَةُ لِسَالِكِهَا إِلَيْهِ، وَنُورُهُ المُبِينُ الَّذِي أَشْرَقَتْ لَهُ الظُّلُمَاتُ، وَرَحْمَتُهُ المُهْدَاةُ الَّتِي بِهَا صَلَاحُ جَمِيعِ المَخْلُوقَاتِ، وَالسَّبَبُ الوَاصِلُ بَيْنَهُ وَبَيْنَ عِبَادِهِ إِذَا انْقَطَعَتِ الأَسْبَابُ، وَبَابُهُ الأَعْظَمُ الَّذِي مِنْهُ الدُّخُولُ، فَلَا يُغْلَقُ إِذَا غُلِّقَتِ الأَبْوَابُ، وَهُوَ الصِّرَاطُ المُسْتَقِيمُ الَّذِي لَا تَمِيلُ بِهِ الآرَاءُ، وَالذِّكْرُ الحَكِيمُ الَّذِي لَا تَزِيغُ بِهِ الأَهْوَاءُ، وَالنُّزُلُ الكَرِيمُ الَّذِي لَا يَشْبَعُ مِنْهُ العُلَمَاءُ، لَا تَفْنَى عَجَائِبُهُ، وَلَا تُقْلِعُ سَحَائِبُهُ، وَلَا تَنْقَضِي آيَاتُهُ، وَلَا تَخْتَلِفُ دِلَالَاتُهُ، كُلَّمَا ازْدَادَتِ البَصَائِرُ فِيهِ تَأَمُّلًا وَتَفْكِيرًا زَادَهَا هِدَايَةً وَتَبْصِيرًا، وَكُلَّمَا بَجَسَتْ مَعِينَهُ فَجَّرَ لَهَا يَنَابِيعَ الحِكْمَةِ تَفْجِيرًا».

يَـرْضَى الَّذِي يَرْضَاهُ   يَـأْبَى الَّذِي يَأْبَاهُ

وَقَدْ صَارَ امْتِثَالُ الْقُرْآنِ، أَمْرًا وَنَهْيًا، سَجِيَّةً لَهُ، وَخُلُقًا تَطَبَّعَهُ، وَتَرَكَ طَبْعَهُ الجِبِلِّيَّ، فَمَهْمَا أَمَرَهُ الْقُرْآنُ فَعَلَهُ، وَمَهْمَا نَهَاهُ عَنْهُ تَرَكَهُ. وَقَدْ قَالَ اللهُ تَعَالَى: ﴿إِنَّ هَٰذَا ٱلْقُرْءَانَ يَهْدِى لِلَّتِى هِىَ أَقْوَمُ﴾ [الإسراء:٩]، فَكَانَتْ أَخْلَاقُهُ ﷺ أَشْرَفَ الأَخْلَاقِ وَأَكْرَمَهَا وَأَبَرَّهَا وَأَعْظَمَهَا، هَذَا مَعَ مَا جَبَلَهُ اللهُ عَلَيْهِ مِنَ الخُلُقِ العَظِيمِ، مِنَ الحَيَاءِ وَالكَرَمِ وَالشَّجَاعَةِ، وَالصَّفْحِ وَالحِلْمِ، وَكُلِّ خُلُقٍ جَمِيلٍ.

وَقَدْ جَمَعَ اللهُ لَهُ مَكَارِمَ الأَخْلَاقِ فِي قَوْلِهِ تَعَالَى: ﴿خُذِ ٱلْعَفْوَ وَأْمُرْ بِٱلْعُرْفِ وَأَعْرِضْ عَنِ ٱلْجَٰهِلِينَ ۝ وَإِمَّا يَنزَغَنَّكَ مِنَ ٱلشَّيْطَٰنِ نَزْغٌ فَٱسْتَعِذْ بِٱللَّهِ إِنَّهُ سَمِيعٌ عَلِيمٌ﴾ [الأعراف:١٩٩ - ٢٠٠].

قَالَ جَعْفَرُ بْنُ مُحَمَّدٍ: (أَمَرَ اللهُ نَبِيَّهُ ﷺ بِمَكَارِمِ الأَخْلَاقِ). وَلَيْسَ فِي القُرْآنِ آيَةٌ أَجْمَعُ لِمَكَارِمِ الأَخْلَاقِ مِنْ هَذِهِ الآيَةِ.

فَأَمَرَهُ رَبُّهُ سُبْحَانَهُ بِاتِّقَاءِ شَرِّ الجَاهِلِينَ بِالإِعْرَاضِ عَنْهُمْ، وَبِاتِّقَاءِ شَرِّ الشَّيْطَانِ بِالاسْتِعَاذَةِ مِنْهُ، وَجَمَعَ لَهُ فِي هَذِهِ الآيَةِ مَكَارِمَ الأَخْلَاقِ وَالشِّيَمَ كُلَّهَا:

فَإِنَّ وَلِيَّ الأَمْرِ لَهُ مَعَ الرَّعِيَّةِ ثَلَاثَةُ أَحْوَالٍ: فَإِنَّهُ لَا بُدَّ لَهُ مِنْ حَقٍّ عَلَيْهِمْ يَلْزَمُهُمُ القِيَامُ بِهِ، وَأَمْرٍ يَأْمُرُهُمْ بِهِ، وَلَا بُدَّ مِنْ تَفْرِيطٍ

وَعُدْوَانٍ يَقَعُ مِنْهُمْ فِي حَقِّهِ:

فَأَمَرَهُ بِأَنْ يَأْخُذَ مِنَ الحَقِّ الَّذِي عَلَيْهِمْ مَا طَوَّعَتْ بِهِ أَنْفُسُهُمْ، وَسَمَحَتْ بِهِ، وَسَهُلَ عَلَيْهِمْ، وَلَمْ يَشُقَّ، وَهُوَ العَفْوُ الَّذِي لَا يَلْحَقُهُمْ بِبَذْلِهِ ضَرَرٌ وَلَا مَشَقَّةٌ.

وَأَمَرَهُ أَنْ يَأْمُرَهُمْ بِالعُرْفِ، وَهُوَ المَعْرُوفُ الَّذِي تَعْرِفُهُ العُقُولُ السَّلِيمَةُ، وَالفِطَرُ المُسْتَقِيمَةُ، وَتُقِرُّ بِحُسْنِهِ وَنَفْعِهِ، وَإِذَا أَمَرَ بِهِ يَأْمُرُ بِالمَعْرُوفِ أَيْضًا لَا بِالعُنْفِ وَالغِلْظَةِ.

وَأَمَرَهُ أَنْ يُقَابِلَ جَهْلَ الجَاهِلِينَ مِنْهُمْ بِالإِعْرَاضِ عَنْهُ دُونَ أَنْ يُقَابِلَهُ بِمِثْلِهِ، فَبِذَلِكَ يَكْتَفِي شَرَّهُمْ.

مُبَيَّنٌ بِقَوْلِهِ   مُرَادَهُ، وَفِعْلِهِ

إِنَّ اللهَ تَعَالَى اصْطَفَى مُحَمَّدًا ﷺ بِنُبُوَّتِهِ، وَاخْتَصَّهُ بِرِسَالَتِهِ، فَأَنْزَلَ عَلَيْهِ كِتَابَهُ القُرْآنَ الكَرِيمَ، وَأَمَرَهُ فِيهِ فِي جُمْلَةِ مَا أَمَرَهُ بِهِ أَنْ يُبَيِّنَهُ لِلنَّاسِ، فَقَالَ تَعَالَى: ﴿ وَأَنزَلْنَآ إِلَيْكَ ٱلذِّكْرَ لِتُبَيِّنَ لِلنَّاسِ مَا نُزِّلَ إِلَيْهِمْ ﴾ [النحل:٤٤]، فَبَيَّنَ لَهُمْ رَسُولُ اللهِ ﷺ القُرْآنَ بَيَانًا شَافِيًا كَافِيًا، وَكُلُّ مَا بَيَّنَهُ فَعَنْ رَبِّهِ سُبْحَانَهُ بَيَّنَهُ، بِأَمْرِهِ وَإِذْنِهِ.

وَالبَيَانُ المَذْكُورُ فِي هَذِهِ الآيَةِ الكَرِيمَةِ يَشْتَمِلُ عَلَى نَوْعَيْنِ:

الأَوَّلُ: بَيَانُ اللَّفْظِ وَنَظْمِهِ، وَهُوَ تَبْلِيغُ القُرْآنِ، وَعَدَمُ كِتْمَانِهِ،

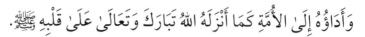

وَأَدَاؤُهُ إِلَى الْأُمَّةِ كَمَا أَنْزَلَهُ اللهُ تَبَارَكَ وَتَعَالَى عَلَى قَلْبِهِ ﷺ.

الْآخَرُ: بَيَانُ مَعْنَى اللَّفْظِ، فَالسُّنَّةُ تُبَيِّنُ الْمُجْمَلَ، وَتُخَصِّصُ الْعَامَّ، وَتُقَيِّدُ الْمُطْلَقَ. وَذَلِكَ يَكُونُ بِقَوْلِهِ ﷺ وَبِفِعْلِهِ وَإِقْرَارِهِ.

وَكَانَ إِذَا أَشْكَلَ عَلَى أَحَدٍ مِنْ أَصْحَابِهِ مَعْنًى سَأَلَهُ عَنْهُ فَأَوْضَحَهُ لَهُ، كَمَا سَأَلَهُ الصِّدِّيقُ عَنْ قَوْلِهِ تَعَالَى: ﴿مَن يَعْمَلْ سُوٓءًا يُجْزَ بِهِۦ﴾ [النساء:١٢٣] فَبَيَّنَ لَهُ الْمُرَادَ، وَكَمَا سَأَلَهُ الصَّحَابَةُ عَنْ قَوْلِهِ تَعَالَى: ﴿ٱلَّذِينَ ءَامَنُوا۟ وَلَمْ يَلْبِسُوٓا۟ إِيمَـٰنَهُم بِظُلْمٍ﴾ [الأنعام:٨٢] فَبَيَّنَ لَهُمْ مَعْنَاهَا، وَكَمَا سَأَلَتْهُ أُمُّ سَلَمَةَ عَنْ قَوْلِهِ تَعَالَى: ﴿فَسَوْفَ يُحَاسَبُ حِسَابًا يَسِيرًا﴾ [الانشقاق:٨] فَبَيَّنَ لَهَا أَنَّهُ الْعَرْضُ، وَكَمَا سَأَلَهُ عُمَرُ عَنِ الْكَلَالَةِ فَأَحَالَهُ عَلَى آيَةِ الصَّيْفِ الَّتِي فِي آخِرِ السُّورَةِ، وَهَذَا كَثِيرٌ جِدًّا.

وَكُلُّ مَا جَاءَ بِهِ أَصْـلُهُ فِي كِتَابِـهِ

وَكُلُّ حُكْمٍ حَكَمَ بِهِ ﷺ فِي سُنَّتِهِ الْمُشَرَّفَةِ، وَإِنْ كَانَ مِمَّا لَيْسَ فِيهِ نَصُّ كِتَابٍ، فَهُوَ أَيْضًا بِوَحْيٍ مِنَ اللهِ تَعَالَى، وَهُوَ أَيْضًا بَيَانٌ لِمَا فِي الْقُرْآنِ، وَمَهْمَا وُجِدَ مِنْ ذَلِكَ فَإِنَّ لَهُ أَصْلًا فِي الْقُرْآنِ، عَلِمَهُ مَنْ عَلِمَهُ، وَجَهِلَهُ مَنْ جَهِلَهُ.

فَإِنَّ اللهَ تَعَالَى- جَعَلَهُ بِمَا افْتَرَضَ مِنْ طَاعَتِهِ، وَسَبَقَ فِي عِلْمِهِ

مِنْ تَوْفِيقِهِ لِرِضَاهُ- أَنْ يَسُنَّ فِيمَا لَيْسَ فِيهِ نَصُّ كِتَابٍ، فَلَمْ يَسُنَّ سُنَّةً قَطُّ إِلَّا وَلَهَا أَصْلٌ فِي الكِتَابِ كَمَا كَانَتْ سُنَّتُهُ، كَتَبْيِينِ عَدَدِ الصَّلَاةِ وَعَمَلِهَا عَلَى أَصْلِ جُمْلَةِ فَرْضِ الصَّلَاةِ، وَكَذَلِكَ مَا سَنَّ فِي البُيُوعِ وَغَيْرِهَا مِنَ الشَّرَائِعِ؛ لِأَنَّ اللهَ تَعَالَى قَالَ: ﴿يَٰٓأَيُّهَا ٱلَّذِينَ ءَامَنُواْ لَا تَأۡكُلُوٓاْ أَمۡوَٰلَكُم بَيۡنَكُم بِٱلۡبَٰطِلِ إِلَّآ أَن تَكُونَ تِجَٰرَةً عَن تَرَاضٖ مِّنكُمۡ﴾ [النساء:٢٩]، وَقَالَ: ﴿وَأَحَلَّ ٱللَّهُ ٱلۡبَيۡعَ وَحَرَّمَ ٱلرِّبَوٰاْ﴾ [البقرة:٢٧٥]، فَمَا أَحَلَّ وَحَرَّمَ فَإِنَّمَا بَيَّنَ فِيهِ عَنِ اللهِ، كَمَا بَيَّنَ فِي الصَّلَاةِ.

وَفِي الصَّحِيحَيْنِ: عَنِ ابْنِ مَسْعُودٍ قَالَ: «لَعَنَ اللهُ الوَاشِمَاتِ وَالمُسْتَوْشِمَاتِ، وَالنَّامِصَاتِ وَالمُتَنَمِّصَاتِ، وَالمُتَفَلِّجَاتِ لِلْحُسْنِ المُغَيِّرَاتِ خَلْقَ اللهِ». فَبَلَغَ ذَلِكَ امْرَأَةً مِنْ بَنِي أَسَدٍ، يُقَالُ لَهَا: أُمُّ يَعْقُوبَ، وَكَانَتْ تَقْرَأُ القُرْآنَ، فَأَتَتْهُ فَقَالَتْ: مَا حَدِيثٌ بَلَغَنِي عَنْكَ أَنَّكَ لَعَنْتَ الوَاشِمَاتِ وَالمُسْتَوْشِمَاتِ وَالمُتَنَمِّصَاتِ وَالمُتَفَلِّجَاتِ لِلْحُسْنِ المُغَيِّرَاتِ خَلْقَ اللهِ؟! فَقَالَ عَبْدُ اللهِ: «وَمَا لِي لَا أَلْعَنُ مَنْ لَعَنَ رَسُولُ اللهِ ﷺ، وَهُوَ فِي كِتَابِ اللهِ؟!» فَقَالَتِ المَرْأَةُ: لَقَدْ قَرَأْتُ مَا بَيْنَ لَوْحَيِ المُصْحَفِ فَمَا وَجَدْتُهُ! فَقَالَ: «لَئِنْ كُنْتِ قَرَأْتِيهِ لَقَدْ وَجَدْتِيهِ، قَالَ اللهُ عَزَّ وَجَلَّ: ﴿وَمَآ ءَاتَىٰكُمُ ٱلرَّسُولُ فَخُذُوهُ وَمَا نَهَىٰكُمۡ عَنۡهُ فَٱنتَهُواْ﴾ [الحشر:٧]».

وَقَالَ سَعِيدُ بْنُ جُبَيْرٍ: (كُنْتُ لَا أَسْمَعُ بِحَدِيثٍ عَنْ رَسُولِ اللهِ

عَلَى وَجْهِهِ إِلَّا وَجَدْتُ مِصْدَاقَهُ فِي الْقُرْآنِ، فَبَلَغَنِي أَنَّهُ ﷺ
قَالَ: «لَا يَسْمَعُ بِي أَحَدٌ مِنْ هَذِهِ الْأُمَّةِ، وَلَا يَهُودِيٌّ وَلَا نَصْرَانِيٌّ،
فَلَا يُؤْمِنُ بِي إِلَّا دَخَلَ النَّارَ». فَجَعَلْتُ أَقُولُ: أَيْنَ مِصْدَاقُهُ فِي كِتَابِ
اللهِ؟ قَالَ: وَقَلَّمَا سَمِعْتُ عَنْ رَسُولِ اللهِ ﷺ إِلَّا وَجَدْتُ لَهُ تَصْدِيقًا
فِي الْقُرْآنِ، حَتَّى وَجَدْتُ هَذِهِ الْآيَةَ: ﴿وَمَن يَكْفُرْ بِهِۦ مِنَ ٱلْأَحْزَابِ
فَٱلنَّارُ مَوْعِدُهُۥ﴾ [هود:١٧] قَالَ: مِنَ الْمِلَلِ كُلِّهَا).

مَكَارِمُ الْأَخْلَاقِ بِهِ   تَمَّتْ، فَلَا كَأَدَبِهِ

رَوَى الْإِمَامُ أَحْمَدُ: عَنْ أَبِي هُرَيْرَةَ قَالَ: قَالَ رَسُولُ اللهِ ﷺ:
«إِنَّمَا بُعِثْتُ لِأُتَمِّمَ صَالِحَ الْأَخْلَاقِ». وَصَحَّحَهُ الْحَاكِمُ. وَفِي رِوَايَةٍ
بِلَفْظِ: «مَكَارِمَ الْأَخْلَاقِ».

وَتَقَدَّمَ حَدِيثُ: «إِنَّ مَثَلِي وَمَثَلَ الْأَنْبِيَاءِ مِنْ قَبْلِي، كَمَثَلِ رَجُلٍ
بَنَى بَيْتًا فَأَحْسَنَهُ وَأَجْمَلَهُ، إِلَّا مَوْضِعَ لَبِنَةٍ مِنْ زَاوِيَةٍ، فَجَعَلَ النَّاسُ
يَطُوفُونَ بِهِ، وَيَعْجَبُونَ لَهُ، وَيَقُولُونَ هَلَّا وُضِعَتْ هَذِهِ اللَّبِنَةُ؟
قَالَ: فَأَنَا اللَّبِنَةُ وَأَنَا خَاتِمُ النَّبِيِّينَ».

فِيهِ ﷺ أَكْمَلَ اللهُ تَعَالَى الدِّينَ الْمُتَضَمِّنَ لِلْأَمْرِ بِكُلِّ مَعْرُوفٍ،
وَالنَّهْيِ عَنْ كُلِّ مُنْكَرٍ، وَإِحْلَالِ كُلِّ طَيِّبٍ، وَتَحْرِيمِ كُلِّ خَبِيثٍ.

وَهَذِهِ صِفَةُ مُحَمَّدٍ ﷺ فِي كُتُبِ الْأَنْبِيَاءِ، قَالَ تَعَالَى:

﴿ ٱلَّذِينَ يَتَّبِعُونَ ٱلرَّسُولَ ٱلنَّبِيَّ ٱلْأُمِّيَّ ٱلَّذِي يَجِدُونَهُ مَكْتُوبًا عِندَهُمْ فِي ٱلتَّوْرَىٰةِ وَٱلْإِنجِيلِ يَأْمُرُهُم بِٱلْمَعْرُوفِ وَيَنْهَىٰهُمْ عَنِ ٱلْمُنكَرِ وَيُحِلُّ لَهُمُ ٱلطَّيِّبَـٰتِ وَيُحَرِّمُ عَلَيْهِمُ ٱلْخَبَـٰٓئِثَ وَيَضَعُ عَنْهُمْ إِصْرَهُمْ وَٱلْأَغْلَـٰلَ ٱلَّتِي كَانَتْ عَلَيْهِمْ ﴾ [الأعراف:١٥٧].

أَعْلَى وَأَكْمَلَ الرِّجَـــالِ	فَكَانَ فِي كُلِّ الخِـصَــالِ
أَنْفَعُهُـــمْ، أَحْلَمَهُــمْ	أَصْبَرَهُمْ، أَعْلَمَهُـــمْ
وَلِلْأَذَى احْتِمَـــالَا	أَشَـدَّهُمْ إِقْــضَالَا
أَوْفَــاهُمْ فِي ذِمَّتِـــهْ	أَصْدَقَهُمْ فِي لَهْجَتِـــهْ

وَمِمَّا يُحْمَدُ عَلَيْهِ ﷺ مَا جَبَلَهُ اللهُ عَلَيْهِ مِنْ مَكَارِمِ الأَخْلَاقِ وَكَرَائِمِ الشِّيَمِ؛ فَإِنَّ أَخْلَاقَهُ وَشِيمَهُ خَيْرُ الأَخْلَاقِ وَأَكْرَمُ الشَّمَائِلِ.

فَإِنَّهُ ﷺ كَانَ أَعْلَمَ الخَلْقِ، وَأَعْظَمَهُمْ أَمَانَةً، وَأَصْدَقَهُمْ حَدِيثًا، وَأَحْلَمَهُمْ، وَأَجْوَدَهُمْ وَأَسْخَاهُمْ، وَأَشَدَّهُمُ احْتِمَالًا، وَأَعْظَمَهُمْ عَفْوًا وَمَغْفِرَةً، وَكَانَ لَا يَزِيدُهُ شِدَّةُ الجَهْلِ عَلَيْهِ إِلَّا حِلْمًا، وَكَانَ أَرْحَمَ الخَلْقِ وَأَرْأَفَهُمْ بِهِمْ، وَأَعْظَمَ الخَلْقِ نَفْعًا لَهُمْ فِي دِينِهِمْ وَدُنْيَاهُمْ، وَأَفْصَحَ خَلْقِ اللهِ وَأَحْسَنَهُمْ تَعْبِيرًا عَنِ المَعَانِي الكَثِيرَةِ بِالأَلْفَاظِ الوَجِيزَةِ الدَّالَّةِ عَلَى المُرَادِ، وَأَصْبَرَهُمْ فِي مَوَاطِنِ الصَّبْرِ،

وَأَصْدَقُهُمْ فِي مَوَاطِنِ اللِّقَاءِ، وَأَوْفَاهُمْ بِالْعَهْدِ وَالذِّمَّةِ، وَأَعْظَمُهُمْ مُكَافَأَةً عَلَى الْجَمِيلِ بِأَضْعَافِهِ، وَأَشَدَّهُمْ تَوَاضُعًا، وَأَعْظَمُهُمْ إِيثَارًا عَلَىٰ نَفْسِهِ، وَأَشَدَّ الْخَلْقِ ذَبًّا عَنْ أَصْحَابِهِ، وَحِمَايَةً لَهُمْ، وَدِفَاعًا عَنْهُمْ، وَأَقْوَمَ الْخَلْقِ بِمَا يَأْمُرُ بِهِ، وَأَتْرَكَهُمْ لِمَا يَنْهَىٰ عَنْهُ، وَأَوْصَلَ الْخَلْقِ لِرَحِمِهِ.

وَفِي حَدِيثِ عَلِيٍّ، يَصِفُ النَّبِيَّ ﷺ: «وَأَصْدَقُهُمْ لَهْجَةً».

وَهَذَا مِمَّا أَقَرَّ لَهُ بِهِ أَعْدَاؤُهُ الْمُحَارِبُونَ لَهُ، وَلَمْ يُجَرِّبْ عَلَيْهِ أَحَدٌ مِنْ أَعْدَائِهِ كَذِبَةً وَاحِدَةً قَطُّ؛ دَعْ شَهَادَةَ أَوْلِيَائِهِ كُلِّهِمْ لَهُ بِهِ، فَقَدْ حَارَبَهُ أَهْلُ الْأَرْضِ بِأَنْوَاعِ الْمُحَارَبَاتِ، مُشْرِكُوهُمْ وَأَهْلُ الْكِتَابِ مِنْهُمْ، وَلَيْسَ أَحَدٌ مِنْهُمْ يَوْمًا مِنَ الدَّهْرِ طَعَنَ فِيهِ بِكَذِبَةٍ وَاحِدَةٍ صَغِيرَةٍ وَلَا كَبِيرَةٍ.

فَلَـــــــمْ يَكُـــــنْ يُمَـارِي   كَلَّا وَلَا يُـــــــــدَارِي

وَرَوَىٰ أَبُو دَاوُدَ: عَنِ السَّائِبِ قَالَ: أَتَيْتُ النَّبِيَّ ﷺ فَجَعَلُوا يُثْنُونَ عَلَيَّ وَيَذْكُرُونِي، فَقَالَ رَسُولُ اللهِ ﷺ «أَنَا أَعْلَمُكُمْ» يَعْنِي: بِهِ. قُلْتُ: صَدَقْتَ بِأَبِي أَنْتَ وَأُمِّي: كُنْتَ شَرِيكِي، فَنِعْمَ الشَّرِيكُ كُنْتَ، لَا تُدَارِي وَلَا تُمَارِي.

أَيْ: لَا تُشَاغِبُ وَلَا تُخَالِفُ.

وَلَمْ يَكُنْ لَعَّانَا   كَأَشْجَعَهُمْ، وَأَجْوَدَا

وَلَمْ يَكُنْ فَحَّاشًا   وَلَا بَخِيلًا؛ حَاشَا

وَفِي صَحِيحِ الْبُخَارِيِّ: عَنْ أَنَسِ بْنِ مَالِكٍ قَالَ: لَمْ يَكُنِ النَّبِيُّ ﷺ سَبَّابًا، وَلَا فَحَّاشًا، وَلَا لَعَّانًا، كَانَ يَقُولُ لِأَحَدِنَا عِنْدَ الْمَعْتِبَةِ: «مَا لَهُ؟! تَرِبَ جَبِينُهُ!!».

وَفِي صَحِيحِ مُسْلِمٍ: عَنْ أَبِي هُرَيْرَةَ قَالَ: قِيلَ: يَا رَسُولَ اللهِ؛ ادْعُ عَلَى الْمُشْرِكِينَ قَالَ: «إِنِّي لَمْ أُبْعَثْ لَعَّانًا، وَإِنَّمَا بُعِثْتُ رَحْمَةً».

وَفِي صَحِيحِ الْبُخَارِيِّ: عَنْ جُبَيْرِ بْنِ مُطْعِمٍ، أَنَّهُ بَيْنَمَا هُوَ يَسِيرُ مَعَ رَسُولِ اللهِ ﷺ وَمَعَهُ النَّاسُ مَقْفَلَهُ مِنْ حُنَيْنٍ، فَعَلِقَهُ النَّاسُ يَسْأَلُونَهُ حَتَّى اضْطَرُّوهُ إِلَى سَمُرَةٍ، فَخَطِفَتْ رِدَاءَهُ، فَوَقَفَ النَّبِيُّ ﷺ فَقَالَ: «أَعْطُونِي رِدَائِي، لَوْ كَانَ لِي عَدَدُ هَذِهِ الْعِضَاهِ نَعَمًا لَقَسَمْتُهُ بَيْنَكُمْ، ثُمَّ لَا تَجِدُونِي بَخِيلًا، وَلَا كَذُوبًا، وَلَا جَبَانًا».

(مَقْفَلَهُ) أَيْ: زَمَانَ رُجُوعِهِ. (اضْطَرُّوهُ إِلَى سَمُرَةٍ) أَيْ: أَلْجَؤُوهُ إِلَى شَجَرَةٍ مِنْ شَجَرِ الْبَادِيَةِ ذَاتِ شَوْكٍ. (الْعِضَاهِ) شَجَرٌ ذُو شَوْكٍ.

وَفِي هَذَا الْحَدِيثِ: مَا كَانَ عَلَيْهِ النَّبِيُّ ﷺ مِنَ الْحِلْمِ وَحُسْنِ الْخُلُقِ وَسَعَةِ الْجُودِ وَالصَّبْرِ عَلَى جُفَاةِ الْأَعْرَابِ.

أَشْـــــــجَعَهُمْ، وَأَجْـــــــوَدَا   النَّـــــاسِ صَـــــدْرًا وَيَـــــدَا

وَكَانَ ﷺ أَشْجَعَ النَّاسِ، مَا ضَعُفَ فِي ذَاتِ اللهِ قَطُّ، وَلَا فِي
حَالَةِ انْفِرَادِهِ وَقِلَّةِ أَتْبَاعِهِ، وَكَثْرَةِ أَعْدَائِهِ، وَاجْتِمَاعِ أَهْلِ الْأَرْضِ عَلَىٰ
حَرْبِهِ، بَلْ هُوَ ﷺ أَقْوَىٰ الْخَلْقِ، وَأَثْبَتُهُمْ جَأْشًا، وَأَشْجَعُهُمْ قَلْبًا.

حَتَّىٰ إِنَّهُ يَوْمَ أُحُدٍ قُتِلَ أَصْحَابُهُ وَجُرِحُوا، وَمَا ضَعُفَ وَلَا
اسْتَكَانَ، بَلْ خَرَجَ مِنَ الْغَدِ فِي طَلَبِ عَدُوِّهِ عَلَىٰ شِدَّةِ الْقَرْحِ، حَتَّىٰ
أُرْعِبَ مِنْهُ الْعَدُوُّ، وَكَرَّ خَاسِئًا، عَلَىٰ كَثْرَةِ عَدَدِهِمْ وَعُدَدِهِمْ،
وَضَعْفِ أَصْحَابِهِ.

وَكَذَلِكَ يَوْمَ حُنَيْنٍ، أُفْرِدَ عَنِ النَّاسِ فِي نَفَرٍ يَسِيرٍ دُونَ الْعَشَرَةِ،
وَالْعَدُوُّ قَدْ أَحَاطُوا بِهِ، وَهُمْ أُلُوفٌ مُؤَلَّفَةٌ، فَجَعَلَ يَثِبُ فِي الْعَدُوِّ
وَيَقُولُ: «أَنَا النَّبِيُّ لَا كَذِبْ، أَنَا ابْنُ عَبْدِ الْمُطَّلِبْ»، وَيَتَقَدَّمُ إِلَيْهِمْ،
وَأَخَذَ حَفْنَةً مِنَ التُّرَابِ فَرَمَىٰ بِهَا وُجُوهَهُمْ، فَوَلَّوْا مُنْهَزِمِينَ.

وَمَنْ تَأَمَّلَ سِيرَتَهُ وَحُرُوبَهُ عَلِمَ أَنَّهُ لَمْ يَطْرُقِ الْعَالَمَ أَشْجَعُ مِنْهُ،
وَلَا أَثْبَتُ وَلَا أَصْبَرُ، وَكَانَ أَصْحَابُهُ- مَعَ أَنَّهُمْ أَشْجَعُ الْأُمَمِ- إِذَا
احْمَرَّ الْبَأْسُ، وَاشْتَدَّ الْحَرْبُ، اتَّقَوْا بِهِ، وَتَتَرَّسُوا بِهِ، فَكَانَ ﷺ
أَقْرَبَهُمْ إِلَى الْعَدُوِّ، وَكَانَ أَشْجَعُهُمْ هُوَ الَّذِي يَكُونُ قَرِيبًا مِنْهُ ﷺ.

وَفِي حَدِيثِ عَلِيٍّ: «كَانَ رَسُولُ اللهِ ﷺ أَجْوَدَ النَّاسِ صَدْرًا».

أَرَادَ بِهِ: بِرَّ الصَّدْرِ، وَكَثْرَةَ خَيْرِهِ، وَأَنَّ الخَيْرَ يَتَفَجَّرُ مِنْهُ تَفْجِيرًا، وَأَنَّهُ مُنْطَوٍ عَلَى كُلِّ خُلُقٍ جَمِيلٍ، وَكُلِّ خَيْرٍ، كَمَا قَالَ بَعْضُ العُلَمَاءِ: لَيْسَ فِي الدُّنْيَا كُلِّهَا مَحَلٌّ كَانَ أَكْثَرَ خَيْرًا مِنْ صَدْرِ رَسُولِ الله ﷺ، قَدْ جُمِعَ الخَيْرُ بِحَذَافِيرِهِ، وَأُودِعَ فِي صَدْرِهِ ﷺ.

وَفِي الصَّحِيحَيْنِ: عَنِ ابْنِ عَبَّاسٍ قَالَ: «كَانَ رَسُولُ الله ﷺ أَجْوَدَ النَّاسِ، وَكَانَ أَجْوَدَ مَا يَكُونُ فِي رَمَضَانَ حِينَ يَلْقَاهُ جِبْرِيلُ، وَكَانَ يَلْقَاهُ فِي كُلِّ لَيْلَةٍ مِنْ رَمَضَانَ فَيُدَارِسُهُ القُرْآنَ، فَلَرَسُولُ الله ﷺ أَجْوَدُ بِالخَيْرِ مِنَ الرِّيحِ المُرْسَلَةِ».

وَهَذَا يَدُلُّ عَلَى عَظِيمِ جُودِهِ وَبَرَكَتِهِ ﷺ، وَأَنَّهُ يَعُمُّ النَّاسَ جَمِيعًا؛ لِأَنَّ ابْنَ عَبَّاسٍ وَصَفَ الخَيْرَ الَّذِي يَأْتِي مِنْهُ بِأَكْثَرَ مِنَ الخَيْرِ الَّذِي تَأْتِي بِهِ الرِّيحُ المُرْسَلَةُ، وَلَا يُعْرَفُ شَيْءٌ أَكْثَرَ خَيْرًا مِنَ الرِّيحِ، الَّتِي تَأْتِي بِالمَاءِ، فَيُحْيِي بِهِ الله الأَرْضَ، وَبِدُونِ الرِّيحِ يَمُوتُ كُلُّ شَيْءٍ؛ فَجُودُهُ ﷺ أَكْثَرُ خَيْرًا مِنَ الرِّيحِ مِنْ كُلِّ الوُجُوهِ.

وَكَانَ جُودُهُ ﷺ عَنْ كَرَمٍ فِي الطَّبْعِ، وَسَمَاحَةٍ فِي النَّفْسِ، وَثِقَةٍ فِي سَعَةِ خَزَائِنِ الله تَعَالَى، فَفِي صَحِيحِ مُسْلِمٍ: عَنْ أَنَسٍ «أَنَّ رَجُلًا سَأَلَ النَّبِيَّ ﷺ غَنَمًا بَيْنَ جَبَلَيْنِ، فَأَعْطَاهُ إِيَّاهُ، فَأَتَى قَوْمَهُ فَقَالَ: أَيْ قَوْمِ؛ أَسْلِمُوا، فَوَالله إِنَّ مُحَمَّدًا لَيُعْطِي عَطَاءً مَا يَخَافُ الفَقْرَ».

فَقَالَ أَنَسٌ: «إِنْ كَانَ الرَّجُلُ لَيُسْلِمُ مَا يُرِيدُ إِلَّا الدُّنْيَا، فَمَا يُسْلِمُ حَتَّى يَكُونَ الْإِسْلَامُ أَحَبَّ إِلَيْهِ مِنَ الدُّنْيَا وَمَا عَلَيْهَا».

وَفِي صَحِيحِ مُسْلِمٍ أَيْضًا: أَنَّ رَسُولَ اللهِ ﷺ أَعْطَى يَوْمَ حُنَيْنٍ صَفْوَانَ بْنَ أُمَيَّةَ مِائَةً مِنَ النَّعَمِ، ثُمَّ مِائَةً، ثُمَّ مِائَةً. قَالَ صَفْوَانُ: «وَاللهِ لَقَدْ أَعْطَانِي رَسُولُ اللهِ ﷺ مَا أَعْطَانِي، وَإِنَّهُ لَأَبْغَضُ النَّاسِ إِلَيَّ، فَمَا بَرِحَ يُعْطِينِي حَتَّى إِنَّهُ لَأَحَبُّ النَّاسِ إِلَيَّ».

مِــنْ جُودِهِ لَــمْ يُسْأَلَا   شَيْئًا فَقَالَ- قَــطُّ-: (لَا)

وَفِي الصَّحِيحَيْنِ: عَنْ جَابِرٍ قَالَ: «مَا سُئِلَ رَسُولُ اللهِ ﷺ شَيْئًا قَطُّ فَقَالَ: لَا».

وَمَعْنَاهُ: مَا طُلِبَ مِنْهُ شَيْءٌ مِنْ أَمْرِ الدُّنْيَا فَمَنَعَهُ، وَفِي هَذَا كُلِّهِ بَيَانُ عَظِيمِ سَخَائِهِ، وَغَزَارَةِ جُودِهِ ﷺ، حَتَّى قَالَ الْفَرَزْدَقُ:

مَا قَالَ (لَا) قَطُّ إِلَّا فِي تَشَهُّدِهِ   لَوْلَا التَّشَهُّدُ كَانَتْ لَاؤُهُ (نَعَمْ)

وَرَوَى التِّرْمِذِيُّ فِي «الشَّمَائِلِ»: عَنْ عُمَرَ بْنِ الخَطَّابِ، أَنَّ رَجُلًا جَاءَ إِلَى النَّبِيِّ ﷺ فَسَأَلَهُ أَنْ يُعْطِيَهُ، فَقَالَ النَّبِيُّ ﷺ: «مَا عِنْدِي شَيْءٌ، وَلَكِنِ ابْتَعْ عَلَيَّ، فَإِذَا جَاءَنِي شَيْءٌ قَضَيْتُهُ». فَقَالَ عُمَرُ: يَا رَسُولَ اللهِ؛ قَدْ أَعْطَيْتَهُ، فَمَا كَلَّفَكَ اللهُ مَا لَا تَقْدِرُ عَلَيْهِ. فَكَرِهَ النَّبِيُّ ﷺ قَوْلَ عُمَرَ، فَقَالَ رَجُلٌ مِنَ الْأَنْصَارِ: يَا رَسُولَ اللهِ؛

أَنْفِقْ وَلَا تَخَفْ مِنْ ذِي العَرْشِ إِقْلَالًا. فَتَبَسَّمَ رَسُولُ اللهِ ﷺ، وَعُرِفَ فِي وَجْهِهِ البِشْرُ لِقَوْلِ الأَنْصَارِيِّ، ثُمَّ قَالَ: «بِهَذَا أُمِرْتُ».

وَالــصَّحْبُ يَخْتَمُونَـــا بِـــهِ وَيَتَّقُونَـــا

وَعِنْـــدَ الِالْتِحَـــامِ يَكُـــونُ فِي الأَمَـــامِ

إِنَّ الــشُّجَاعَ لَــلَّذِي بِـــهِ هُنَاكَ يَحْتَـــذِي

رَوَى الإِمَامُ أَحْمَدُ: عَنْ عَلِيٍّ قَالَ: «كُنَّا إِذَا احْمَرَّ البَأْسُ، وَلَقِيَ القَوْمُ القَوْمَ، اتَّقَيْنَا بِرَسُولِ اللهِ ﷺ، فَمَا يَكُونُ مِنَّا أَحَدٌ أَدْنَى إِلَى القَوْمِ مِنْهُ». وَفِي صَحِيحِ مُسْلِمٍ: عَنِ البَرَاءِ قَالَ: «كُنَّا وَاللهِ إِذَا احْمَرَّ البَأْسُ نَتَّقِي بِهِ، وَإِنَّ الشُّجَاعَ مِنَّا لَلَّذِي يُحَاذِي بِهِ». يَعْنِي النَّبِيَّ ﷺ.

(احْمَرَّ البَأْسُ) كِنَايَةٌ عَنْ شِدَّةِ الحَرْبِ بِحُمْرَةِ الدِّمَاءِ الحَاصِلَةِ فِيهَا، أَوْ لِاسْتِعَارِ الحَرْبِ وَاشْتِعَالِهَا كَاحْمِرَارِ الجَمْرِ. وَ(البَأْسُ) الشِّدَّةُ وَالخَوْفُ. (نَتَّقِي بِهِ) أَيْ: نَتَّخِذُهُ جُنَّةً، نَدْفَعُ بِهِ الأَذَى.

وَهُـــوَ فِي الحَـــقِّ أَشَـــدُّ بَأْسًـــا عَلَى مَــنْ عَنْـهُ نَـدْ

لِلَّـــهِ لَا لِنَفْـــسِهِ ....

فِي الصَّحِيحَيْنِ: عَنْ عَائِشَةَ رَضِيَ اللهُ عَنْهَا قَالَتْ: «مَا انْتَقَمَ رَسُولُ اللهِ ﷺ لِنَفْسِهِ، إِلَّا أَنْ تُنْتَهَكَ حُرْمَةُ اللهِ، فَيَنْتَقِمَ للهِ بِهَا».

النَّاسُ أَرْبَعَةٌ: مِنْهُمْ مَنْ يَنْتَصِرُ لِنَفْسِهِ وَلِرَبِّهِ، وَهُوَ الَّذِي فِيهِ دِينٌ وَغَضَبٌ للهِ. وَمِنْهُمْ مَنْ لَا يَنْتَصِرُ لِنَفْسِهِ وَلَا لِرَبِّهِ، وَهُوَ الَّذِي فِيهِ جُبْنٌ وَضَعْفُ دِينٍ. وَمِنْهُمْ مَنْ يَنْتَقِمُ لِنَفْسِهِ لَا لِرَبِّهِ، وَهُوَ شَرُّ الْأَقْسَامِ، وَأَمَّا الْكَامِلُ فَهُوَ الَّذِي يَنْتَصِرُ لِحَقِّ اللهِ وَيَعْفُو عَنْ حَقِّ نَفْسِهِ عِنْدَ الْمَقْدِرَةِ، وَهَكَذَا كَانَ شَأْنُ رَسُولِ اللهِ ﷺ.

لَكِنَّــهُ مَـعْ بَأْسِـهِ	....
أَشَـدُّ مِـنْ عَـذْرَاءَا	فِي خِـدْرِهَا؛ حَيَـــاءَا
يُعْـرَفُ مَـا يَكْرَهُــهُ	إِنْ يَتَغَيَّـرْ وَجْهُـهُ

وَمَعَ كَوْنِهِ ﷺ كَانَ شَدِيدَ الْبَأْسِ فِي أَمْرِ اللهِ، إِلَّا أَنَّهُ مَعَ ذَلِكَ كَانَ شَدِيدَ الْحَيَاءِ، وَهَذَا أَكْمَلُ مِمَّنْ نُعِتَ بِالشِّدَّةِ وَالْبَأْسِ غَالِبًا، أَوْ بِاللِّينِ غَالِبًا، وَهَكَذَا مَدَحَ اللهُ عَزَّ وَجَلَّ أَصْحَابَهُ حَيْثُ قَالَ: ﴿مُّحَمَّدٌ رَّسُولُ ٱللَّهِ وَٱلَّذِينَ مَعَهُۥٓ أَشِدَّآءُ عَلَى ٱلْكُفَّارِ رُحَمَآءُ بَيْنَهُمْ ﴾ [الفتح:٢٩]، وَقَالَ: ﴿أَذِلَّةٍ عَلَى ٱلْمُؤْمِنِينَ أَعِزَّةٍ عَلَى ٱلْكَٰفِرِينَ ﴾ [المائدة:٥٤].

فَإِنَّ اللهَ بَعَثَ مُحَمَّدًا ﷺ بِالشَّرِيعَةِ الْكَامِلَةِ الْعَادِلَةِ، وَجَعَلَ أُمَّتَهُ عَدْلًا خِيَارًا، لَا يَنْحَرِفُونَ إِلَى هَذَا الطَّرَفِ وَلَا إِلَى هَذَا الطَّرَفِ، بَلْ يَشْتَدُّونَ عَلَى أَعْدَاءِ اللهِ، وَيَلِينُونَ لِأَوْلِيَاءِ اللهِ، وَيَسْتَعْمِلُونَ الْعَفْوَ وَالصَّفْحَ فِيمَا كَانَ لِنُفُوسِهِمْ، وَيَسْتَعْمِلُونَ الِانْتِصَارَ وَالْعُقُوبَةَ فِيمَا

كَانَ حَقًّا لله عَزَّ وَجَلَّ. وَهَذَا كَانَ خُلُقَ نَبِيِّهِمْ ﷺ:

فَفِي الصَّحِيحَيْنِ: عَنْ أَبِي سَعِيدٍ: «كَانَ النَّبِيُّ ﷺ أَشَدَّ حَيَاءً مِنَ العَذْرَاءِ فِي خِدْرِهَا، فَإِذَا رَأَىٰ شَيْئًا يَكْرَهُهُ عَرَفْنَاهُ فِي وَجْهِهِ».

(العَذْرَاءِ) أَيِ: البِكْرِ. (فِي خِدْرِهَا) أَيْ: فِي سِتْرِهَا.

وَقَوْلُهُ: (عَرَفْنَاهُ فِي وَجْهِهِ) إِشَارَةٌ إِلَىٰ أَنَّهُ لَمْ يَكُنْ يُوَاجِهُ أَحَدًا بِمَا يَكْرَهُهُ، بَلْ يَتَغَيَّرُ وَجْهُهُ، فَيَفْهَمُ أَصْحَابُهُ كَرَاهِيَتَهُ لِذَلِكَ.

وَرَوَىٰ أَبُو دَاوُدَ: عَنْ أَنَسٍ، أَنَّ رَجُلًا دَخَلَ عَلَىٰ رَسُولِ الله ﷺ وَعَلَيْهِ أَثَرُ صُفْرَةٍ، وَكَانَ النَّبِيُّ ﷺ قَلَّمَا يُوَاجِهُ رَجُلًا فِي وَجْهِهِ بِشَيْءٍ يَكْرَهُهُ، فَلَمَّا خَرَجَ قَالَ: «لَوْ أَمَرْتُمْ هَذَا أَنْ يَغْسِلَ هَذَا عَنْهُ».

أَرْحَــمُ شَــخْصٍ بِالعِيَـــالِ   وَبِالنِّـــسَـــاءِ وَالرِّجَـــالِ

فِي صَحِيحِ مُسْلِمٍ: عَنْ أَنَسٍ قَالَ: «مَا رَأَيْتُ أَرْحَمَ بِالعِيَالِ مِنْ رَسُولِ الله ﷺ». وَفِي صَحِيحِ البُخَارِيِّ: عَنْهُ قَالَ: «مَرَّ رَسُولُ الله ﷺ عَلَىٰ صِبْيَانٍ، فَسَلَّمَ عَلَيْهِمْ».

وَفِي صَحِيحِ مُسْلِمٍ: عَنْهُ قَالَ: كَانَ غُلَامٌ يَهُودِيٌّ يَخْدُمُ النَّبِيَّ ﷺ، فَمَرِضَ، فَأَتَاهُ النَّبِيُّ ﷺ فَقَالَ: «أَتَشْهَدُ أَنْ لَا إِلَهَ إِلَّا اللهُ؟» فَنَظَرَ الغُلَامُ إِلَىٰ أَبِيهِ، فَقَالَ لَهُ أَبُوهُ: «أَطِعْ أَبَا القَاسِمِ»، فَأَسْلَمَ، فَقَالَ النَّبِيُّ ﷺ: «الحَمْدُ لِلَّهِ الَّذِي أَنْقَذَهُ بِي مِنَ النَّارِ».

وَفِي صَحِيحِ مُسْلِمٍ: عَنْهُ، أَنَّ امْرَأَةً كَانَ فِي عَقْلِهَا شَيْءٌ، فَقَالَتْ: يَا رَسُولَ اللهِ إِنَّ لِي إِلَيْكَ حَاجَةً، فَقَالَ: «يَا أُمَّ فُلَانٍ انْظُرِي أَيَّ السِّكَكِ شِئْتِ، حَتَّىٰ أَقْضِيَ لَكِ حَاجَتَكِ» فَخَلَا مَعَهَا فِي بَعْضِ الطُّرُقِ، حَتَّىٰ فَرَغَتْ مِنْ حَاجَتِهَا.

قَالَ النَّوَوِيُّ: «أَيْ: وَقَفَ مَعَهَا فِي طَرِيقٍ مَسْلُوكٍ لِيَقْضِيَ حَاجَتَهَا وَيُفْتِيَهَا فِي الْخَلْوَةِ. وَلَمْ يَكُنْ ذَلِكَ مِنَ الْخَلْوَةِ بِالْأَجْنَبِيَّةِ؛ فَإِنَّ هَذَا كَانَ فِي مَمَرِّ النَّاسِ وَمُشَاهَدَتِهِمْ إِيَّاهُ وَإِيَّاهَا، لَكِنْ لَا يَسْمَعُونَ كَلَامَهَا؛ لِأَنَّ مَسْأَلَتَهَا مِمَّا لَا يُظْهِرُهُ».

وَكَــــمْ أَذَاهُ قَوْمُـــهُ   حَـــتَّىٰ أُسِـــيَلَ دَمُـــهُ

وَهُـــوَ يَـــدْعُو: إِنَّهُـــمْ   لَا يَعْلَمُــونَ، اغْفِــرْ لَهُـــمْ

فِي الصَّحِيحَيْنِ: عَنْ عَبْدِ اللهِ بْنِ مَسْعُودٍ قَالَ: «كَأَنِّي أَنْظُرُ إِلَىٰ النَّبِيِّ ﷺ، يَحْكِي نَبِيًّا مِنَ الْأَنْبِيَاءِ، ضَرَبَهُ قَوْمُهُ فَأَدْمَوْهُ، وَهُوَ يَمْسَحُ الدَّمَ عَنْ وَجْهِهِ وَيَقُولُ: اللَّهُمَّ اغْفِرْ لِقَوْمِي فَإِنَّهُمْ لَا يَعْلَمُونَ».

هَذَا النَّبِيُّ مِنَ الْأَنْبِيَاءِ الْمُتَقَدِّمِينَ. فَتَأَمَّلْ حَالَ هَذَا النَّبِيِّ الَّذِي حَكَىٰ عَنْهُ نَبِيُّنَا ﷺ، كَيْفَ جَمَعَ فِي هَذِهِ الْكَلِمَاتِ أَرْبَعَ مَقَامَاتٍ مِنَ الْإِحْسَانِ، قَابَلَ بِهَا إِسَاءَتَهُمُ الْعَظِيمَةَ إِلَيْهِ: أَحَدُهَا: عَفْوُهُ عَنْهُمْ. الثَّانِي: اسْتِغْفَارُهُ لَهُمْ. الثَّالِثُ: اعْتِذَارُهُ عَنْهُمْ بِأَنَّهُمْ لَا يَعْلَمُونَ.

الرَّابِعُ: اسْتِعْطَافُهُ لَهُمْ بِإِضَافَتِهِمْ إِلَيْهِ فَقَالَ: (اغْفِرْ لِقَوْمِي).

وَلَا يَصْبِرُ عَلَىٰ هَذَا النَّوْعِ إِلَّا الْأَنْبِيَاءُ وَالصِّدِّيقُونَ، وَكَانَ نَبِيُّنَا ﷺ إِذَا أُوذِيَ يَقُولُ: «يَرْحَمُ اللهُ مُوسَىٰ؛ لَقَدْ أُوذِيَ بِأَكْثَرَ مِنْ هَذَا فَصَبَرَ». وَهَذَا النَّوْعُ مِنَ الصَّبْرِ عَاقِبَتُهُ النَّصْرُ وَالْعِزُّ وَالسُّرُورُ وَالْأَمْنُ وَالْقُوَّةُ فِي ذَاتِ اللهِ، وَزِيَادَةُ مَحَبَّةِ اللهِ وَمَحَبَّةِ النَّاسِ لَهُ، وَزِيَادَةُ الْعِلْمِ، وَلِهَذَا قَالَ اللهُ تَعَالَىٰ: ﴿ وَجَعَلْنَا مِنْهُمْ أَئِمَّةً يَهْدُونَ بِأَمْرِنَا لَمَّا صَبَرُوا۟ وَكَانُوا۟ بِـَٔايَـٰتِنَا يُوقِنُونَ ﴾ [السجدة:٢٤]، فَبِالصَّبْرِ وَالْيَقِينِ تُنَالُ الْإِمَامَةُ فِي الدِّينِ.

وَقَدْ جَرَىٰ لِنَبِيِّنَا نَحْوُ ذَلِكَ يَوْمَ أُحُدٍ، فَجَعَلَ يَقُولُ مِثْلَ ذَلِكَ. فَفِي صَحِيحِ مُسْلِمٍ: عَنْ أَنَسٍ، أَنَّ رَسُولَ اللهِ ﷺ كُسِرَتْ رَبَاعِيَتُهُ يَوْمَ أُحُدٍ، وَشُجَّ فِي رَأْسِهِ، فَجَعَلَ يَسْلُتُ الدَّمَ عَنْهُ، وَيَقُولُ: «كَيْفَ يُفْلِحُ قَوْمٌ شَجُّوا نَبِيَّهُمْ، وَكَسَرُوا رَبَاعِيَتَهُ، وَهُوَ يَدْعُوهُمْ إِلَى اللهِ؟» فَأَنْزَلَ اللهُ عَزَّ وَجَلَّ: ﴿ لَيْسَ لَكَ مِنَ ٱلْأَمْرِ شَىْءٌ ﴾ [آل عمران:١٢٨].

وَرَوَىٰ الطَّبَرَانِيُّ بِإِسْنَادٍ حَسَنٍ: عَنْ سَهْلِ بْنِ سَعْدٍ، أَنَّ النَّبِيَّ ﷺ قَالَ يَوْمَئِذٍ: «اشْتَدَّ غَضَبُ اللهِ عَلَىٰ قَوْمٍ كَلَمُوا وَجْهَ رَسُولِ اللهِ ﷺ»، ثُمَّ مَكَثَ سَاعَةً، ثُمَّ قَالَ: «اللهُمَّ اغْفِرْ لِقَوْمِي؛ فَإِنَّهُمْ لَا يَعْلَمُونَ».

يَــدْفَـعُ بِالأَحْـسَـنِ كُلَّ   سَــيِّئَةٍ، لَا بِالمُثُــلْ

قَالَ تَعَالَى: ﴿ادْفَعْ بِالَّتِي هِيَ أَحْسَنُ السَّيِّئَةَ نَحْنُ أَعْلَمُ بِمَا يَصِفُونَ﴾ [المؤمنون:٩٦] وَقَالَ تَعَالَى: ﴿ادْفَعْ بِالَّتِي هِيَ أَحْسَنُ فَإِذَا الَّذِي بَيْنَكَ وَبَيْنَهُ عَدَاوَةٌ كَأَنَّهُ وَلِيٌّ حَمِيمٌ﴾ [فصلت:٣٤].

يُرْشِدُ اللهُ تَعَالَى إِلَى مُعَامَلَةِ العَاصِي مِنَ الإِنْسِ بِالمَعْرُوفِ وَالَّتِي هِيَ أَحْسَنُ، فَإِنَّ ذَلِكَ يَكُفُّهُ عَمَّا هُوَ فِيهِ مِنَ التَّمَرُّدِ بِإِذْنِهِ تَعَالَى، ثُمَّ يُرْشِدُ تَعَالَى إِلَى الاسْتِعَاذَةِ بِهِ مِنْ شَيْطَانِ الجَانِّ، فَقَالَ: ﴿وَإِمَّا يَنْزَغَنَّكَ مِنَ الشَّيْطَانِ نَزْغٌ فَاسْتَعِذْ بِاللهِ إِنَّهُ هُوَ السَّمِيعُ الْعَلِيمُ﴾ [فصلت:٣٦]؛ فَإِنَّهُ لَا يَكُفُّهُ عَنْكَ الإِحْسَانُ، وَإِنَّمَا يُرِيدُ هَلَاكَكَ وَدَمَارَكَ بِالكُلِّيَّةِ، فَإِنَّهُ عَدُوٌّ مُبِينٌ لَكَ وَلِأَبِيكَ مِنْ قَبْلِكَ.

وَفِي صَحِيحِ البُخَارِيِّ: عَنْ عَبْدِ اللهِ بْنِ عَمْرٍو، أَنَّهُ ذَكَرَ صِفَةَ رَسُولِ اللهِ ﷺ فِي التَّوْرَاةِ، فَقَالَ: «وَاللهِ؛ إِنَّهُ لَمَوْصُوفٌ فِي التَّوْرَاةِ بِبَعْضِ صِفَتِهِ فِي القُرْآنِ: ﴿يَا أَيُّهَا النَّبِيُّ إِنَّا أَرْسَلْنَاكَ شَاهِدًا وَمُبَشِّرًا وَنَذِيرًا﴾ [الأحزاب:٤٥]، وَحِرْزًا لِلْأُمِّيِّينَ، أَنْتَ عَبْدِي وَرَسُولِي، سَمَّيْتُكَ المُتَوَكِّلَ، لَيْسَ بِفَظٍّ وَلَا غَلِيظٍ، وَلَا سَخَّابٍ فِي الأَسْوَاقِ، وَلَا يَدْفَعُ بِالسَّيِّئَةِ السَّيِّئَةَ، وَلَكِنْ يَعْفُو وَيَغْفِرُ» الحَدِيثَ.

أَكْرَمُهُمْ مُعَــاشَــرَهْ　　أَكْــثَـرُهُمْ مُـــشَاوَرَهْ

فِي حَدِيثِ عَلِيٍّ، يَصِفُ النَّبِيَّ ﷺ: «وَأَكْرَمُهُمْ عِشْرَةً».

يَعْنِي: أَنَّهُ ﷺ لَمْ يَكُنْ يُعَاشِرُ جَلِيسًا لَهُ إِلَّا أَتَمَّ عِشْرَةٍ وَأَحْسَنَهَا وَأَكْرَمَهَا، فَكَانَ لَا يَعْبَسُ فِي وَجْهِهِ، وَلَا يُغْلِظُ لَهُ فِي مَقَالِهِ، وَلَا يَطْوِي عَنْهُ بِشْرَهُ، وَلَا يُمْسِكُ عَلَيْهِ فَلَتَاتِ لِسَانِهِ، وَلَا يُؤَاخِذُهُ بِمَا يَصْدُرُ مِنْهُ مِنْ جَفْوَةٍ وَنَحْوِهَا.

بَلْ يُحْسِنُ إِلَىٰ عَشِيرِهِ غَايَةَ الْإِحْسَانِ، وَيَحْتَمِلُ غَايَةَ الِاحْتِمَالِ، فَكَانَتْ عِشْرَتُهُ لَهُمُ احْتِمَالَ أَذَاهُمْ وَجَفْوَتَهُمْ جُمْلَةً، لَا يُعَاقِبُ أَحَدًا مِنْهُمْ، وَلَا يَلُومُهُ، وَلَا يُبَادِيهِ بِمَا يَكْرَهُ.

مَنْ خَالَطَهُ يَقُولُ: أَنَا أَحَبُّ النَّاسِ إِلَيْهِ؛ لِمَا يَرَىٰ مِنْ لُطْفِهِ بِهِ، وَقُرْبِهِ مِنْهُ، وَإِقْبَالِهِ عَلَيْهِ، وَاهْتِمَامِهِ بِأَمْرِهِ، وَتَضْحِيَتِهِ لَهُ، وَبَذْلِ إِحْسَانِهِ إِلَيْهِ، وَاحْتِمَالِ جَفْوَتِهِ؛ فَأَيُّ عِشْرَةٍ كَانَتْ أَوْ تَكُونُ أَكْرَمَ مِنْ هَذِهِ العِشْرَةِ.

وَقَدْ قَالَ تَعَالَىٰ: ﴿ وَعَاشِرُوهُنَّ بِٱلْمَعْرُوفِ ﴾ [النساء:١٩]، أَيْ: طَيِّبُوا أَقْوَالَكُمْ لَهُنَّ، وَحَسِّنُوا أَفْعَالَكُمْ وَهَيْئَاتِكُمْ بِحَسَبِ قُدْرَتِكُمْ، كَمَا تُحِبُّ ذَلِكَ مِنْهَا فَافْعَلْ أَنْتَ بِهَا مِثْلَهُ. وَرَوَى التِّرْمِذِيُّ وَحَسَّنَهُ: عَنْ عَائِشَةَ قَالَتْ: قَالَ رَسُولُ اللهِ ﷺ: «خَيْرُكُمْ خَيْرُكُمْ لِأَهْلِهِ، وَأَنَا خَيْرُكُمْ لِأَهْلِي».

وَكَانَ مِنْ أَخْلَاقِهِ ﷺ أَنَّهُ جَمِيلُ العِشْرَةِ دَائِمُ البِشْرِ، يُدَاعِبُ أَهْلَهُ، وَيَتَلَطَّفُ بِهِمْ، وَيُوَسِّعُهُمْ نَفَقَتَهُ، وَيُضَاحِكُ نِسَاءَهُ، حَتَّى إِنَّهُ كَانَ يُسَابِقُ عَائِشَةَ أُمَّ المُؤْمِنِينَ، يَتَوَدَّدُ إِلَيْهَا بِذَلِكَ. قَالَتْ: سَابَقَنِي رَسُولُ اللهِ ﷺ فَسَبَقْتُهُ، وَذَلِكَ قَبْلَ أَنْ أَحْمِلَ اللَّحْمَ، ثُمَّ سَابَقْتُهُ بَعْدَ مَا حَمَلْتُ اللَّحْمَ فَسَبَقَنِي، فَقَالَ: «هذِهِ بِتِلْكَ»، وَيَجْتَمِعُ نِسَاؤُهُ كُلَّ لَيْلَةٍ فِي بَيْتِ الَّتِي يَبِيتُ عِنْدَهَا رَسُولُ اللهِ ﷺ، فَيَأْكُلُ مَعَهُنَّ العَشَاءَ فِي بَعْضِ الأَحْيَانِ، ثُمَّ تَنْصَرِفُ كُلُّ وَاحِدَةٍ إِلَى مَنْزِلِهَا. وَكَانَ يَنَامُ مَعَ المَرْأَةِ مِنْ نِسَائِهِ فِي شِعَارٍ وَاحِدٍ، يَضَعُ عَنْ كَتِفَيْهِ الرِّدَاءَ وَيَنَامُ بِالإِزَارِ، وَكَانَ إِذَا صَلَّى العِشَاءَ يَدْخُلُ مَنْزِلَهُ يَسْمُرُ مَعَ أَهْلِهِ قَلِيلًا قَبْلَ أَنْ يَنَامَ، يُؤَانِسُهُمْ بِذَلِكَ ﷺ.

وَكَانَ ﷺ يُشَاوِرُ أَصْحَابَهُ فِي أَمْرِ الجِهَادِ، وَأَمْرِ العَدُوِّ، وَتَخَيُّرِ المَنَازِلِ، وَفِي الأَمْرِ إِذَا حَدَثَ؛ تَطْيِيبًا لِقُلُوبِهِمْ، لِيَكُونُوا فِيمَا يَفْعَلُونَهُ أَنْشَطَ لَهُمْ:

كَمَا شَاوَرَهُمْ يَوْمَ بَدْرٍ فِي الذَّهَابِ إِلَى العِيرِ، فَقَالُوا: «يَا رَسُولَ اللهِ، لَوِ اسْتَعْرَضْتَ بِنَا عُرْضَ البَحْرِ لَقَطَعْنَاهُ مَعَكَ، وَلَوْ سِرْتَ بِنَا إِلَى بَرْكِ الغَمَادِ لَسِرْنَا مَعَكَ، وَلَا نَقُولُ لَكَ كَمَا قَالَ قَوْمُ مُوسَى لِمُوسَى: اذْهَبْ أَنْتَ وَرَبُّكَ فَقَاتِلَا إِنَّا هَاهُنَا قَاعِدُونَ،

وَلَكِنْ نَقُولُ: اذْهَبْ فَنَحْنُ مَعَكَ وَبَيْنَ يَدَيْكَ وَعَنْ يَمِينِكَ وَعَنْ شِمَالِكَ مُقَاتِلُونَ».

وَشَاوَرَهُمْ أَيْضًا: أَيْنَ يَكُونُ المَنْزِلُ؟ حَتَّىٰ أَشَارَ المُنْذِرُ بْنُ عَمْرٍو بِالتَّقَدُّمِ إِلَى أَمَامِ القَوْمِ.

وَشَاوَرَهُمْ فِي أُحُدٍ فِي أَنْ يَقْعُدَ فِي المَدِينَةِ أَوْ يَخْرُجَ إِلَى العَدُوِّ، فَأَشَارَ جُمْهُورُهم بِالخُرُوجِ إِلَيْهِمْ، فَخَرَجَ إِلَيْهِمْ.

وَشَاوَرَهُمْ يَوْمَ الخَنْدَقِ فِي مُصَالَحَةِ الأَحْزَابِ بِثُلُثِ ثِمَارِ المَدِينَةِ عَامَئِذٍ، فَأَبَىٰ عَلَيْهِ ذَلِكَ السَّعْدَانِ: سعدُ بْنُ مُعَاذٍ وسعدُ بْنُ عُبَادَةَ، فَتَرَكَ ذَلِكَ.

وَشَاوَرَهُمْ يَوْمَ الحُدَيْبِيَةِ فِي أَنْ يَمِيلَ عَلَىٰ ذَرَارِيِّ المُشْرِكِينَ، فَقَالَ لَهُ الصِّدِّيقُ: «إِنَّا لَمْ نَجِئْ لِقِتَالِ أَحَدٍ، وَإِنَّمَا جِئْنَا مُعْتَمِرِينَ»، فَأَجَابَهُ إِلَىٰ مَا قَالَ.

وَقَالَ ﷺ فِي قِصَّةِ الإِفْكِ: «أَشِيرُوا عَلَيَّ فِي أُنَاسٍ أَبَنُوا أَهْلِي، وَايْمُ اللهِ مَا عَلِمْتُ عَلَىٰ أَهْلِي مِنْ سُوءٍ، وَأَبَنُوهُمْ بِمَنْ وَاللهِ مَا عَلِمْتُ عَلَيْهِ مِنْ سُوءٍ قَطُّ، وَلَا يَدْخُلُ بَيْتِي قَطُّ إِلَّا وَأَنَا حَاضِرٌ، وَلَا غِبْتُ فِي سَفَرٍ إِلَّا غَابَ مَعِي». وَاسْتَشَارَ عَلِيًّا وَأُسَامَةَ فِي فِرَاقِ عَائِشَةَ رَضِيَ اللهُ عَنْهَا.

وَرَوَى الإِمَامُ أَحْمَدُ: عَنِ الزُّهْرِيِّ قَالَ: كَانَ أَبُو هُرَيْرَةَ يَقُولُ: «مَا رَأَيْتُ أَحَدًا قَطُّ كَانَ أَكْثَرَ مَشُورَةً لِأَصْحَابِهِ مِنْ رَسُولِ الله ﷺ».

أَعْظَمُهُــــــــمْ مُكَافَـــــــأَةً مَــــنْ بِالْجَمِيلِ بَــادَأَهْ

فِي صَحِيحِ الْبُخَارِيِّ: عَنْ عَائِشَةَ رَضِيَ اللهُ عَنْهَا قَالَتْ: «كَانَ رَسُولُ الله ﷺ يَقْبَلُ الْهَدِيَّةَ، وَيُثِيبُ عَلَيْهَا».

وَرَوَى التِّرْمِذِيُّ وَحَسَّنَهُ: عَنْ أَبِي هُرَيْرَةَ قَالَ: قَالَ رَسُولُ الله ﷺ: «مَا لِأَحَدٍ عِنْدَنَا يَدٌ إِلَّا وَقَدْ كَافَيْنَاهُ، مَا خَلَا أَبَا بَكْرٍ؛ فَإِنَّ لَهُ عِنْدَنَا يَدًا يُكَافِئُهُ اللهُ بِهِ يَوْمَ الْقِيَامَةِ» الْحَدِيثَ.

قَالَ الْخَطَّابِيُّ: «كَانَ رَسُولُ الله ﷺ يَقْبَلُ الْهَدِيَّةَ، وَلَا يَأْخُذُ الصَّدَقَةَ لِنَفْسِهِ، وَكَأَنَّ الْمَعْنَى فِي ذَلِكَ أَنَّ الْهَدِيَّةَ إِنَّمَا يُرَادُ بِهَا ثَوَابُ الدُّنْيَا، فَكَانَ النَّبِيُّ ﷺ يَقْبَلُهَا، وَيُثِيبُ عَلَيْهَا فَتَزُولُ الْمِنَّةُ. وَأَمَّا الصَّدَقَةُ يُرَادُ بِهَا ثَوَابُ الْآخِرَةِ، فَلَمْ يَجُزْ أَنْ تَكُونَ يَدٌ أَعْلَى مِنْ يَدِهِ فِي ذَاتِ اللهِ وَفِي أَمْرِ الْآخِرَةِ، وَلِأَنَّ الصَّدَقَةَ أَوْسَاخُ النَّاسِ، فَصَانَهُ اللهُ سُبْحَانَهُ وَتَعَالَى عَنْهَا، وَأَبْدَلَهَا بِخُمْسِ الْغَنِيمَةِ وَالْفَيْءِ».

وَفِي صَحِيحِ الْبُخَارِيِّ: عَنْ جَابِرِ بْنِ عَبْدِ الله قَالَ: «لَمَّا كَانَ يَوْمَ بَدْرٍ أُتِيَ بِأُسَارَى، وَأُتِيَ بِالْعَبَّاسِ، وَلَمْ يَكُنْ عَلَيْهِ ثَوْبٌ، فَنَظَرَ النَّبِيُّ ﷺ لَهُ قَمِيصًا، فَوَجَدُوا قَمِيصَ عَبْدِ الله بْنِ أُبَيٍّ يَقْدُرُ عَلَيْهِ،

فَكَسَاهُ النَّبِيُّ ﷺ إِيَّاهُ، فَلِذَلِكَ نَزَعَ النَّبِيُّ ﷺ قَمِيصَهُ الَّذِي أَلْبَسَهُ».

قَالَ ابْنُ عُيَيْنَةَ: «كَانَتْ لَهُ عِنْدَ النَّبِيِّ ﷺ يَدٌ، فَأَحَبَّ أَنْ يُكَافِئَهُ».

وَفِي الصَّحِيحَيْنِ: عَنْهُ قَالَ: «أَتَى رَسُولُ اللهِ ﷺ عَبْدَ اللهِ بْنَ أُبَيٍّ بَعْدَ مَا أُدْخِلَ حُفْرَتَهُ، فَأَمَرَ بِهِ فَأُخْرِجَ، فَوَضَعَهُ عَلَى رُكْبَتَيْهِ، وَنَفَثَ عَلَيْهِ مِنْ رِيقِهِ، وَأَلْبَسَهُ قَمِيصَهُ»، فَاللهُ أَعْلَمُ، وَكَانَ كَسَا عَبَّاسًا قَمِيصًا.

قَالَ سُفْيَانُ بْنُ عُيَيْنَةَ: وَقَالَ أَبُو هَارُونَ: «وَكَانَ عَلَى رَسُولِ اللهِ ﷺ قَمِيصَانِ، فَقَالَ لَهُ ابْنُ عَبْدِ اللهِ: يَا رَسُولَ اللهِ، أَلْبِسْ أَبِي قَمِيصَكَ الَّذِي يَلِي جِلْدَكَ». قَالَ سُفْيَانُ: «فَيَرَوْنَ أَنَّ النَّبِيَّ ﷺ أَلْبَسَ عَبْدَ اللهِ قَمِيصَهُ؛ مُكَافَأَةً لِمَا صَنَعَ».

أَصْبَرُهُمْ تَفْهِيمَا	أَحْـــــــسَنُهُمْ تَعْلِيمَا
بَــلْ كَانَ دَوْمًا قَائِلًا:	فَلَـمْ يُعَنِّـفْ جَـاهِلًا
لَـيْسَ مُعَـسِّـرِينَا	كُونُـــوا مُيَــسِّــرِينَا

فِي الصَّحِيحَيْنِ: عَنْ أَنَسِ بْنِ مَالِكٍ قَالَ: «جَاءَ أَعْرَابِيٌّ فَبَالَ فِي طَائِفَةِ الْمَسْجِدِ، فَزَجَرَهُ النَّاسُ، فَنَهَاهُمُ النَّبِيُّ ﷺ، فَلَمَّا قَضَى بَوْلَهُ أَمَرَ النَّبِيُّ ﷺ بِذَنُوبٍ مِنْ مَاءٍ فَأُهْرِيقَ عَلَيْهِ».

وَفِي صَحِيحِ البُخَارِيِّ: نَحْوُهُ عَنْ أَبِي هُرَيْرَةَ، وَزَادَ: فَقَالَ لَهُمْ رَسُولُ اللهِ ﷺ: «فَإِنَّمَا بُعِثْتُمْ مُيَسِّرِينَ، وَلَمْ تُبْعَثُوا مُعَسِّرِينَ».

وَفِي صَحِيحِ مُسْلِمٍ: عَنْ مُعَاوِيَةَ بْنِ الحَكَمِ السُّلَمِيِّ قَالَ: بَيْنَا أَنَا أُصَلِّي مَعَ رَسُولِ اللهِ ﷺ، إِذْ عَطَسَ رَجُلٌ مِنَ القَوْمِ، فَقُلْتُ: يَرْحَمُكَ اللهُ. فَرَمَانِي القَوْمُ بِأَبْصَارِهِمْ، فَقُلْتُ: وَاثُكْلَ أُمِّيَاهْ، مَا شَأْنُكُمْ! تَنْظُرُونَ إِلَيَّ! فَجَعَلُوا يَضْرِبُونَ بِأَيْدِيهِمْ عَلَى أَفْخَاذِهِمْ، فَلَمَّا رَأَيْتُهُمْ يُصَمِّتُونَنِي، لَكِنِّي سَكَتُّ، فَلَمَّا صَلَّى رَسُولُ اللهِ ﷺ، فَبِأَبِي هُوَ وَأُمِّي، مَا رَأَيْتُ مُعَلِّمًا قَبْلَهُ وَلَا بَعْدَهُ أَحْسَنَ تَعْلِيمًا مِنْهُ، فَوَاللهِ، مَا كَهَرَنِي وَلَا ضَرَبَنِي وَلَا شَتَمَنِي، قَالَ: «إِنَّ هَذِهِ الصَّلَاةَ لَا يَصْلُحُ فِيهَا شَيْءٌ مِنْ كَلَامِ النَّاسِ، إِنَّمَا هُوَ التَّسْبِيحُ وَالتَّكْبِيرُ وَقِرَاءَةُ القُرْآنِ» أَوْ كَمَا قَالَ رَسُولُ اللهِ ﷺ.

وَرَوَى الإِمَامُ أَحْمَدُ: عَنْ أَبِي أُمَامَةَ قَالَ: إِنَّ فَتًى شَابًّا أَتَى النَّبِيَّ ﷺ فَقَالَ: يَا رَسُولَ اللهِ، ائْذَنْ لِي بِالزِّنَا! فَأَقْبَلَ القَوْمُ عَلَيْهِ فَزَجَرُوهُ وَقَالُوا: مَهْ، مَهْ! فَقَالَ: «ادْنُهْ»، فَدَنَا مِنْهُ قَرِيبًا. قَالَ: فَجَلَسَ. قَالَ: «أَتُحِبُّهُ لِأُمِّكَ؟» قَالَ: لَا وَاللهِ، جَعَلَنِي اللهُ فِدَاءَكَ. قَالَ: «وَلَا النَّاسُ يُحِبُّونَهُ لِأُمَّهَاتِهِمْ». قَالَ: «أَفَتُحِبُّهُ لِابْنَتِكَ؟» قَالَ: لَا وَاللهِ يَا رَسُولَ اللهِ، جَعَلَنِي اللهُ فِدَاءَكَ. قَالَ: «وَلَا النَّاسُ يُحِبُّونَهُ لِبَنَاتِهِمْ». قَالَ: «أَفَتُحِبُّهُ لِأُخْتِكَ؟» قَالَ: لَا وَاللهِ، جَعَلَنِي اللهُ فِدَاءَكَ. قَالَ: «وَلَا

النَّاسُ يُحِبُّونَهُ لِأَخَوَاتِهِمْ». قَالَ: «أَفَتُحِبُّهُ لِعَمَّتِكَ؟» قَالَ: لَا وَاللهِ، جَعَلَنِي اللهُ فِدَاءَكَ. قَالَ: «وَلَا النَّاسُ يُحِبُّونَهُ لِعَمَّاتِهِمْ». قَالَ: «أَفَتُحِبُّهُ لِخَالَتِكَ؟» قَالَ: لَا وَاللهِ، جَعَلَنِي اللهُ فِدَاءَكَ. قَالَ: «وَلَا النَّاسُ يُحِبُّونَهُ لِخَالَاتِهِمْ». قَالَ: فَوَضَعَ يَدَهُ عَلَيْهِ وَقَالَ: «اللَّهُمَّ اغْفِرْ ذَنْبَهُ، وَطَهِّرْ قَلْبَهُ، وَحَصِّنْ فَرْجَهُ». قَالَ: فَلَمْ يَكُنْ بَعْدَ ذَلِكَ الْفَتَى يَلْتَفِتُ إِلَى شَيْءٍ.

وَعِنْــدَهُ الـــضَّـــعِيفُ   فِي الْحَــقِّ كَالشَّـــرِيفِ

فِي الصَّحِيحَيْنِ: عَنْ عَائِشَةَ، أَنَّ قُرَيْشًا أَهَمَّهُمْ شَأْنُ الْمَرْأَةِ الْمَخْزُومِيَّةِ الَّتِي سَرَقَتْ، فَقَالُوا: وَمَنْ يُكَلِّمُ فِيهَا رَسُولَ اللهِ ﷺ؟ فَقَالُوا: وَمَنْ يَجْتَرِئُ عَلَيْهِ إِلَّا أُسَامَةُ بْنُ زَيْدٍ، حِبُّ رَسُولِ اللهِ ﷺ، فَكَلَّمَهُ أُسَامَةُ، فَقَالَ رَسُولُ اللهِ ﷺ: «أَتَشْفَعُ فِي حَدٍّ مِنْ حُدُودِ اللهِ؟!» ثُمَّ قَامَ فَاخْتَطَبَ، ثُمَّ قَالَ: «إِنَّمَا أَهْلَكَ الَّذِينَ قَبْلَكُمْ، أَنَّهُمْ كَانُوا إِذَا سَرَقَ فِيهِمُ الشَّرِيفُ تَرَكُوهُ، وَإِذَا سَرَقَ فِيهِمُ الضَّعِيفُ أَقَامُوا عَلَيْهِ الْحَدَّ، وَايْمُ اللهِ لَوْ أَنَّ فَاطِمَةَ بِنْتَ مُحَمَّدٍ سَرَقَتْ لَقَطَعْتُ يَدَهَا».

كَانَ بَنُو مَخْزُومٍ مِنْ أَشْرَفِ بُطُونِ قُرَيْشٍ، وَاشْتَدَّ عَلَيْهِمْ أَنْ تُقْطَعَ يَدُ امْرَأَةٍ مِنْهُمْ؛ فَبَيَّنَ النَّبِيُّ ﷺ أَنَّ هَلَاكَ بَنِي إِسْرَائِيلَ إِنَّمَا كَانَ فِي تَخْصِيصِ رُؤَسَاءِ النَّاسِ بِالْعَفْوِ عَنِ الْعُقُوبَاتِ، وَأَخْبَرَ أَنَّ فَاطِمَةَ ابْنَتَهُ- الَّتِي هِيَ أَشْرَفُ النِّسَاءِ- لَوْ سَرَقَتْ- وَقَدْ أَعَاذَهَا اللهُ مِنْ

ذَلِكَ - لَقَطَعَ هُوَ ﷺ يَدَهَا؛ لِيُبَيِّنَ: أَنَّ وُجُوبَ العَدْلِ وَالتَّعْمِيمِ فِي الحُدُودِ، لَا يُسْتَثْنَى مِنْهُ بِنْتُ الرَّسُولِ، فَضْلًا عَنْ بِنْتِ غَيْرِهِ.

وَفِي المُسْنَدِ: عَنْ أَبِي هُرَيْرَةَ قَالَ: عَطَسَ رَجُلَانِ عِنْدَ النَّبِيِّ ﷺ، أَحَدُهُمَا أَشْرَفُ مِنَ الآخِرِ، فَعَطَسَ الشَّرِيفُ، فَلَمْ يَحْمَدِ اللهَ، فَلَمْ يُشَمِّتْهُ النَّبِيُّ ﷺ، وَعَطَسَ الآخِرُ، فَحَمِدَ اللهَ، فَشَمَّتَهُ النَّبِيُّ ﷺ، قَالَ: فَقَالَ الشَّرِيفُ: عَطَسْتُ عِنْدَكَ فَلَمْ تُشَمِّتْنِي، وَعَطَسَ هَذَا عِنْدَكَ فَشَمَّتَّهُ، فَقَالَ: «إِنَّ هَذَا ذَكَرَ اللهَ فَذَكَرْتُهُ، وَإِنَّكَ نَسِيتَ اللهَ فَنَسِيتُكَ».

وَكُلُّ مَــا بِـــهِ نَطَـــقْ   وَحْيٌ مِــنَ اللهِ وَحَـــقْ

مَازِحًـــا اوْ مُوَرِّيَـــا   أَوْ غَاضِبًـــا أَوْ رَاضِيَـــا

وَهُوَ ﷺ لَا يَنْطِقُ عَنِ الهَوَى، بَلْ هُوَ الصَّادِقُ المَصْدُوقُ فِي كُلِّ مَا يُخْبِرُ بِهِ، قَالَ تَعَالَى: ﴿ وَمَا يَنطِقُ عَنِ ٱلهَوَىٰ ۝ إِنْ هُوَ إِلَّا وَحْيٌ يُوحَىٰ ﴾ [النجم: ٣-٤].

وَكَانَ ﷺ يُمَازِحُ، وَيَقُولُ فِي مِزَاحِهِ الحَقَّ، لَا يَتَعَدَّاهُ؛ فَعَنْ أَبِي هُرَيْرَةَ قَالَ: قَالُوا: يَا رَسُولَ اللهِ، إِنَّكَ تُدَاعِبُنَا، قَالَ: «إِنِّي لَا أَقُولُ إِلَّا حَقًّا». رَوَاهُ التِّرْمِذِيُّ وَحَسَّنَهُ.

وَمِنْ ذَلِكَ: مَا رَوَاهُ أَبُو دَاوُدَ وَالتِّرْمِذِيُّ وَصَحَّحَهُ: عَنْ أَنَسٍ، أَنَّ رَجُلًا أَتَى النَّبِيَّ ﷺ، فَقَالَ: يَا رَسُولَ اللهِ، احْمِلْنِي، قَالَ النَّبِيُّ

ﷺ: «إِنَّا حَامِلُوكَ عَلَىٰ وَلَدِ نَاقَةٍ» قَالَ: وَمَا أَصْنَعُ بِوَلَدِ النَّاقَةِ؟ فَقَالَ النَّبِيُّ ﷺ: «وَهَلْ تَلِدُ الإِبِلَ إِلَّا النُّوقُ».

وَكَانَ ﷺ يُوَرِّي، وَلَا يَقُولُ فِي تَوْرِيَتِهِ إِلَّا الحَقَّ؛ وَفِي الصَّحِيحَيْنِ: عَنْ كَعْبِ بْنِ مَالِكٍ قَالَ: «كَانَ رَسُولُ اللهِ ﷺ قَلَّمَا يُرِيدُ غَزْوَةً إِلَّا وَرَّىٰ بِغَيْرِهَا».

وَذَلِكَ؛ مِثْلُ أَنْ يُرِيدَ جِهَةً يَقْصِدُهَا، فَيَسْأَلُ عَنْ غَيْرِهَا: كَيْفَ طَرِيقُهَا؟ وَكَيْفَ مِيَاهُهَا وَمَسَالِكُهَا؟ أَوْ نَحْوُ ذَلِكَ.

وَهُوَ ﷺ يَرْضَىٰ وَيَغْضَبُ، وَيَفْرَحُ وَيَحْزَنُ؛ لَكِنَّهُ لَا يَقُولُ فِي كُلِّ الأَحْوَالِ إِلَّا الحَقَّ.

رَوَىٰ أَبُو دَاوُدَ: عَنْ عَبْدِ اللهِ بْنِ عَمْرٍو، قَالَ: كُنْتُ أَكْتُبُ كُلَّ شَيْءٍ أَسْمَعُهُ مِنْ رَسُولِ اللهِ ﷺ أُرِيدُ حِفْظَهُ، فَنَهَتْنِي قُرَيْشٌ وَقَالُوا: أَتَكْتُبُ كُلَّ شَيْءٍ تَسْمَعُهُ وَرَسُولُ اللهِ ﷺ بَشَرٌ يَتَكَلَّمُ فِي الغَضَبِ وَالرِّضَا، فَأَمْسَكْتُ عَنِ الكِتَابِ، فَذَكَرْتُ ذَلِكَ لِرَسُولِ اللهِ ﷺ، فَأَوْمَأَ بِأُصْبُعِهِ إِلَىٰ فِيهِ، فَقَالَ: «اكْتُبْ؛ فَوَالَّذِي نَفْسِي بِيَدِهِ؛ مَا يَخْرُجُ مِنْهُ إِلَّا حَقٌّ».

وَفِي الصَّحِيحَيْنِ: عَنْ أَنَسِ بْنِ مَالِكٍ- فِي قِصَّةِ مَوْتِ إِبْرَاهِيمَ ابْنِ النَّبِيِّ ﷺ- قَالَ: فَجَعَلَتْ عَيْنَا رَسُولِ اللهِ ﷺ تَذْرِفَانِ، فَقَالَ لَهُ

عَبْدُ الرَّحْمَنِ بْنُ عَوْفٍ: وَأَنْتَ يَا رَسُولَ اللهِ؟! فَقَالَ: «يَا ابْنَ عَوْفٍ، إِنَّهَا رَحْمَةٌ»، ثُمَّ أَتْبَعَهَا بِأُخْرَى، فَقَالَ ﷺ: «إِنَّ العَيْنَ تَدْمَعُ، وَالقَلْبَ يَحْزَنُ، وَلَا نَقُولُ إِلَّا مَا يَرْضَى رَبَّنَا، وَإِنَّا بِفِرَاقِكَ يَا إِبْرَاهِيمُ لَمَحْزُونُونَ».

قَالَ ابْنُ تَيْمِيَّةَ: «نَعَمْ؛ هُوَ ﷺ يُرَغِّبُ فِي الشَّيْءِ بِذِكْرِ أَحْسَنِ صِفَاتِهِ مِنْ غَيْرِ مُجَاوَزَةٍ حَدَّهِ، وَيَذُمُّ الفِعْلَ القَبِيحَ بِبَيَانِ أَقْبَحِ صِفَاتِهِ مِنْ غَيْرِ مُجَاوَزَةٍ أَيْضًا».

دَاعِيَـــــــهُ يُجِيـــــبُ   بَعِيـــــــدٌ اوْ قَرِيـــــبُ
مِنْ عَبْدٍ اوْ مِنْ حُــرِّ   أَوْ ذِي غِـــنًى أَوْ فَقْــرِ

فِي حَدِيثِ عَلِيٍّ، يَصِفُ النَّبِيَّ ﷺ: «وَأَلْيَنُهُمْ عَرِيكَةً».

يَعْنِي: أَنَّهُ سَهْلٌ لَيِّنٌ قَرِيبٌ مِنَ النَّاسِ، مُجِيبٌ لِدَعْوَةِ مَنْ دَعَاهُ، قَاضٍ لِحَاجَةِ مَنِ اسْتَقْضَاهُ، جَابِرٌ لِقَلْبِ مَنْ قَصَدَهُ، لَا يَحْرِمُهُ وَلَا يَرُدُّهُ خَائِبًا، مَهْمَا كَانَ قَرِيبًا أَوْ بَعِيدًا، غَنِيًّا أَوْ فَقِيرًا، عَبْدًا أَوْ حُرًّا.

وَفِي صَحِيحِ البُخَارِيِّ: عَنْ أَبِي هُرَيْرَةَ عَنِ النَّبِيِّ ﷺ قَالَ: «لَوْ دُعِيتُ إِلَى كُرَاعٍ لَأَجَبْتُ، وَلَوْ أُهْدِيَ إِلَيَّ كُرَاعٌ لَقَبِلْتُ».

(الكُرَاعُ) كُرَاعُ الشَّاةِ، وَهُوَ مَا دُونَ الرُّكْبَةِ مِنَ السَّاقِ، وَهُوَ

شَيْءٌ حَقِيرٌ؛ فَأَشَارَ ﷺ بِالكُرَاعِ إِلَى إِجَابَةِ الدَّعْوَةِ وَلَوْ عَلَى شَيْءٍ قَلِيلٍ، وَقَبُولِ الهَدِيَّةِ وَإِنْ قَلَّتْ.

وَرَوَى الطَّبَرَانِيُّ: عَنِ ابْنِ عَبَّاسٍ قَالَ: «كَانَ رَسُولُ الله ﷺ يُجِيبُ دَعْوَةَ المَمْلُوكِ عَلَى خُبْزِ الشَّعِيرِ».

وَيَخْتَـــبِي تَوَاضُـــعَا   كَالقُرْفُـــصَاءِ خَاضِـــعَا

وَكَانَ ﷺ يَجْلِسُ عَلَى الأَرْضِ وَعَلَى الحَصِيرِ وَالبِسَاطِ.

وَفِي سُنَنِ أَبِي دَاوُدَ: عَنْ قَيْلَةَ بِنْتِ مَخْرَمَةَ قَالَتْ: «رَأَيْتُ النَّبِيَّ ﷺ قَاعِدًا القُرْفُصَاءَ، فَلَمَّا رَأَيْتُ النَّبِيَّ المُتَخَشِّعَ فِي الجِلْسَةِ أُرْعِدْتُ مِنَ الفَرَقِ».

(القُرْفُصَاءُ) هِيَ جِلْسَةُ المُحْتَبِي بِيَدَيْهِ، يَضَعُهُمَا عَلَى سَاقَيْهِ، وَلَيْسَ هُوَ الَّذِي يَحْتَبِي بِثَوْبِهِ. (المُتَخَشِّعُ) الخَاضِعُ المُغْتَمُّ الوَجِلُ. (الفَرَقُ) الخَوْفُ وَالفَزَعُ.

وَلَمَّا قَدِمَ عَلَيْهِ عَدِيُّ بْنُ حَاتِمٍ دَعَاهُ إِلَى مَنْزِلِهِ، فَأَلْقَتْ إِلَيْهِ الجَارِيَةُ وِسَادَةً يَجْلِسُ عَلَيْهَا، فَجَعَلَهَا بَيْنَهُ وَبَيْنَ عَدِيٍّ وَجَلَسَ عَلَى الأَرْضِ. قَالَ عَدِيٌّ: (فَعَرَفْتُ أَنَّهُ لَيْسَ بِمَلِكٍ). أَخْرَجَهُ أَحْمَدُ بِمَعْنَاهُ، وَالتِّرْمِذِيُّ وَحَسَّنَهُ.

وَكَانَ ﷺ يَسْتَلْقِي أَحْيَانًا، وَرُبَّمَا وَضَعَ إِحْدَى رِجْلَيْهِ عَلَى

الأُخْرَى، وَكَانَ يَتَّكِئُ عَلَى الوِسَادَةِ، وَرُبَّمَا اتَّكَأَ عَلَى يَسَارِهِ، وَرُبَّمَا اتَّكَأَ عَلَى يَمِينِهِ. وَكَانَ إِذَا احْتَاجَ فِي خُرُوجِهِ تَوَكَّأ.

يَهَابُــــــهُ الغَرِيــــــبُ   يُحِبُّــــــهُ القَرِيـــــبُ

قَالَ عَلِيٌّ فِي وَصْفِهِ لِلنَّبِيِّ ﷺ: «مَنْ رَآهُ بَدِيهَةً هَابَهُ، وَمَنْ خَالَطَهُ مَعْرِفَةً أَحَبَّهُ».

وَصَفَهُ بِصِفَتَيْنِ خَصَّ اللهُ بِهِمَا أَهْلَ الصِّدْقِ وَالإِخْلَاصِ، وَهُمَا الإِجْلَالُ وَالمَحَبَّةُ، وَكَانَ قَدْ أَلْقَى عَلَيْهِ هَيْبَةً مِنْهُ وَمَحَبَّةً، فَكَانَ كُلُّ مَنْ يَرَاهُ يَهَابُهُ وَيُجِلُّهُ وَيَمْلَأُ قَلْبَهُ تَعْظِيمًا وَإِجْلَالًا، وَإِنْ كَانَ عَدُوًّا لَهُ، فَإِذَا خَالَطَهُ وَعَاشَرَهُ كَانَ أَحَبَّ إِلَيْهِ مِنْ كُلِّ مَخْلُوقٍ، فَهُوَ المُجَلُّ المُعَظَّمُ، المَحْبُوبُ المُكَرَّمُ.

وَهَذَا كَمَالُ المَحَبَّةِ: أَنْ تُقْرَنَ بِالتَّعْظِيمِ وَالهَيْبَةِ؛ فَالمَحَبَّةُ بِلَا هَيْبَةٍ وَلَا تَعْظِيمٍ نَاقِصَةٌ، وَالهَيْبَةُ وَالتَّعْظِيمُ مِنْ غَيْرِ مَحَبَّةٍ- كَمَا تَكُونُ لِلْغَادِرِ الظَّالِمِ- نَقْصٌ أَيْضًا، وَالكَمَالُ أَنْ تَجْتَمِعَ المَحَبَّةُ وَالوُدُّ وَالتَّعْظِيمُ وَالإِجْلَالُ، وَهَذَا لَا يُوجَدُ إِلَّا إِذَا كَانَ فِي المَحْبُوبِ صِفَاتُ الكَمَالِ الَّتِي يَسْتَحِقُّ أَنْ يُعَظَّمَ لِأَجْلِهَا وَيُحَبَّ لِأَجْلِهَا.

يَمْشِــــــي مَعَ المِـــــسْكِينِ، لَهُ   مَـــــصْلَحَةٌ، وَالأَرْمَلَـــــهْ

وَكَانَ ﷺ- مِنْ تَوَاضُعِهِ وَرَأْفَتِهِ بِأُمَّتِهِ وَصَبْرِهِ عَلَى المَشَقَّةِ فِي

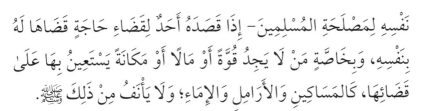
نَفْسِهِ لِمَصْلَحَةِ المُسْلِمِينَ - إِذَا قَصَدَهُ أَحَدٌ لِقَضَاءِ حَاجَةٍ قَضَاهَا لَهُ بِنَفْسِهِ، وَبِخَاصَّةٍ مَنْ لَا يَجِدُ قُوَّةً أَوْ مَالًا أَوْ مَكَانَةً يَسْتَعِينُ بِهَا عَلَى قَضَائِهَا، كَالمَسَاكِينِ وَالأَرَامِلِ وَالإِمَاءِ؛ وَلَا يَأْنَفُ مِنْ ذَلِكَ ﷺ.

فَعَنْ عَبْدِ اللهِ بْنِ أَبِي أَوْفَى قَالَ: «كَانَ رَسُولُ اللهِ ﷺ لَا يَأْنَفُ أَنْ يَمْشِيَ مَعَ الأَرْمَلَةِ، وَالمِسْكِينِ، فَيَقْضِيَ لَهُ الحَاجَةَ». أَخْرَجَهُ النَّسَائِيُّ وَالدَّارِمِيُّ، وَصَحَّحَهُ الحَاكِمُ.

وَفِي صَحِيحِ مُسْلِمٍ: عَنْ أَنَسٍ، أَنَّ امْرَأَةً كَانَ فِي عَقْلِهَا شَيْءٌ، فَقَالَتْ: يَا رَسُولَ اللهِ إِنَّ لِي إِلَيْكَ حَاجَةً، فَقَالَ: «يَا أُمَّ فُلَانٍ انْظُرِي أَيَّ السِّكَكِ شِئْتِ، حَتَّى أَقْضِيَ لَكِ حَاجَتَكِ» فَخَلَا مَعَهَا فِي بَعْضِ الطُّرُقِ، حَتَّى فَرَغَتْ مِنْ حَاجَتِهَا.

وَفِي البُخَارِيِّ مُعَلَّقًا: عَنْ أَنَسِ بْنِ مَالِكٍ قَالَ: «إِنْ كَانَتِ الأَمَةُ مِنْ إِمَاءِ أَهْلِ المَدِينَةِ، لَتَأْخُذُ بِيَدِ رَسُولِ اللهِ ﷺ فَتَنْطَلِقُ بِهِ حَيْثُ شَاءَتْ». وَفِي رِوَايَةٍ لِأَحْمَدَ: «فَلَا يَنْزِعُ يَدَهُ مِنْ يَدِهَا حَتَّى تَذْهَبَ بِهِ حَيْثُ شَاءَتْ». وَفِي أُخْرَى لَهُ: «فَتَنْطَلِقُ بِهِ فِي حَاجَتِهَا». وَفِي رِوَايَةٍ: «فَيَدُورُ بِهَا فِي حَوَائِجِهَا حَتَّى تَفْرَغَ، ثُمَّ تَرْجِعُ».

قَالَ ابْنُ حَجَرٍ: «وَالمَقْصُودُ مِنَ (الأَخْذِ بِاليَدِ) لَازِمُهُ، وَهُوَ الرِّفْقُ وَالِانْقِيَادُ، وَقَدِ اشْتَمَلَ عَلَى أَنْوَاعٍ مِنَ المُبَالَغَةِ فِي التَّوَاضُعِ؛

لِذِكْرِهِ (المَرْأَةَ) دُونَ الرَّجُلِ وَ(الأَمَةَ) دُونَ الحُرَّةِ، وَحَيْثُ عَمَّمَ بِلَفْظِ (الإِمَاءِ) أَيَّ أَمَةٍ كَانَتْ، وَبِقَوْلِهِ: (حَيْثُ شَاءَتْ) أَيْ: مِنَ الأَمْكِنَةِ، وَالتَّعْبِيرُ بِـ(الأَخْذِ بِاليَدِ) إِشَارَةٌ إِلَى غَايَةِ التَّصَرُّفِ، حَتَّى لَوْ كَانَتْ حَاجَتُهَا خَارِجَ المَدِينَةِ وَالْتَمَسَتْ مِنْهُ مُسَاعَدَتَهَا فِي تِلْكَ الحَاجَةِ لَسَاعَدَ عَلَى ذَلِكَ؛ وَهَذَا دَالٌّ عَلَى مَزِيدِ تَوَاضُعِهِ وَبَرَاءَتِهِ مِنْ جَمِيعِ أَنْوَاعِ الكِبْرِ ﷺ).

يُجَـالِسُ الفَقِـيـرَ وَالْــ مِـسْكِيـنَ؛ دُونَمَا خَجَـلْ

قَالَ تَعَالَى: ﴿وَٱصْبِرْ نَفْسَكَ مَعَ ٱلَّذِينَ يَدْعُونَ رَبَّهُم بِٱلْغَدَوٰةِ وَٱلْعَشِيِّ يُرِيدُونَ وَجْهَهُ﴾ [الكهف:٢٨].

أَيِ: اجْلِسْ- أَيُّهَا النَّبِيُّ- مَعَ الَّذِينَ يَذْكُرُونَ اللهَ وَيُهَلِّلُونَهُ، وَيَحْمَدُونَهُ وَيُسَبِّحُونَهُ وَيُكَبِّرُونَهُ، وَيَسْأَلُونَهُ بُكْرَةً وَعَشِيًّا مِنْ عِبَادِ اللهِ، سَوَاءً كَانُوا فُقَرَاءَ أَوْ أَغْنِيَاءَ، أَوْ أَقْوِيَاءَ أَوْ ضُعَفَاءَ.

يُقَالُ: إِنَّهَا نَزَلَتْ فِي أَشْرَافِ قُرَيْشٍ، حِينَ طَلَبُوا مِنَ النَّبِيِّ ﷺ أَنْ يَجْلِسَ مَعَهُمْ وَحْدَهُ وَلَا يُجَالِسَهُمْ بِضُعَفَاءِ أَصْحَابِهِ، كَبِلَالٍ وَعَمَّارٍ وَصُهَيْبٍ وَخَبَّابٍ وَابْنِ مَسْعُودٍ، وَلْيُفْرِدْ أُولَئِكَ بِمَجْلِسٍ عَلَى حِدَةٍ. فَنَهَاهُ اللهُ عَنْ ذَلِكَ، فَقَالَ: ﴿وَلَا تَطْرُدِ ٱلَّذِينَ يَدْعُونَ رَبَّهُم بِٱلْغَدَوٰةِ وَٱلْعَشِيِّ يُرِيدُونَ وَجْهَهُ﴾ [الأنعام:٥٢] أَيْ: لَا تُبْعِدْ هَؤُلَاءِ

الْمُتَّصِفِينَ بِهَذِهِ الصِّفَةِ عَنْكَ، بَلِ اجْعَلْهُمْ جُلَسَاءَكَ وَأَخِصَّاءَكَ، وَأَمَرَهُ أَنْ يُصَبِّرَ نَفْسَهُ فِي الجُلُوسِ مَعَ هَؤُلَاءِ.

وَجَاعَ حَتَّى إِنَّــــهُ   عَصَّبَ يَوْمًا بَطْنَــــهُ

فِي صَحِيحِ مُسْلِمٍ: عَنْ أَنَسِ بْنِ مَالِكٍ قَالَ: «جِئْتُ رَسُولَ اللهِ ﷺ يَوْمًا فَوَجَدْتُهُ جَالِسًا مَعَ أَصْحَابِهِ يُحَدِّثُهُمْ، وَقَدْ عَصَّبَ بَطْنَهُ بِعِصَابَةٍ، فَقُلْتُ لِبَعْضِ أَصْحَابِهِ: لِمَ عَصَّبَ رَسُولُ اللهِ ﷺ بَطْنَهُ؟ فَقَالُوا: مِنَ الجُوعِ، فَذَهَبْتُ إِلَى أَبِي طَلْحَةَ- وَهُوَ زَوْجُ أُمِّ سُلَيْمٍ بِنْتِ مِلْحَانَ- فَقُلْتُ: يَا أَبَتَاهُ، قَدْ رَأَيْتُ رَسُولَ اللهِ عَصَّبَ بَطْنَهُ بِعِصَابَةٍ، فَسَأَلْتُ بَعْضَ أَصْحَابِهِ، فَقَالُوا: مِنَ الجُوعِ، فَدَخَلَ أَبُو طَلْحَةَ عَلَى أُمِّي، فَقَالَ: هَلْ مِنْ شَيْءٍ؟ فَقَالَتْ: نَعَمْ، عِنْدِي كِسَرٌ مِنْ خُبْزٍ وَتَمَرَاتٌ، فَإِنْ جَاءَنَا رَسُولُ اللهِ ﷺ وَحْدَهُ أَشْبَعْنَاهُ، وَإِنْ جَاءَ آخَرُ مَعَهُ قَلَّ عَنْهُمْ»، ثُمَّ ذَكَرَ سَائِرَ الحَدِيثِ بِقِصَّتِهِ فِي زِيَادَةِ الطَّعَامِ بِبَرَكَةِ دُعَاءِ النَّبِيِّ ﷺ حَتَّى أَشْبَعَ القَوْمَ، وَكَانُوا سَبْعِينَ رَجُلًا أَوْ ثَمَانِينَ.

وَيَرْكَبُ البَعِـــيرَا   وَالبَغْـــلَ وَالحَمِــيرَا
وَعَبْــدَهُ أَرْدَفَــــهُ   عَلَى الحِمَارِ خَلْفَهُ

وَكَانَ ﷺ يَرْكَبُ البَعِيرَ وَالبَغْلَ وَالحِمَارَ، وَيُرْدِفُ وَرَاءَهُ غَيْرَهُ، وَلَا يَقْبَلُ أَنْ يَسِيرَ أَحَدٌ وَرَاءَهُ وَهُوَ رَاكِبٌ، وَحَجَّ عَلَى رَحْلٍ رَثٍّ،

وَعَلَيْهِ قَطِيفَةٌ لَا تُسَاوِي أَرْبَعَةَ دَرَاهِمَ، وَقَالَ: «اللَّهُمَّ اجْعَلْهُ حَجًّا لَا رِيَاءَ فِيهِ وَلَا سُمْعَةَ».

وَفِي الصَّحِيحَيْنِ: عَنْ عُرْوَةَ، أَنَّ أُسَامَةَ بْنَ زَيْدٍ أَخْبَرَهُ «أَنَّ النَّبِيَّ ﷺ رَكِبَ عَلَىٰ حِمَارٍ، عَلَىٰ إِكَافٍ عَلَىٰ قَطِيفَةٍ فَدَكِيَّةٍ، وَأَرْدَفَ أُسَامَةَ وَرَاءَهُ، يَعُودُ سَعْدَ بْنَ عُبَادَةَ».

(الْإِكَافُ) لِلْحِمَارِ كَالسَّرْجِ لِلْفَرَسِ. (قَطِيفَةٍ فَدَكِيَّةٍ) أَيْ: كِسَاءٍ غَلِيظٍ، مَنْسُوبٍ إِلَىٰ فَدَكَ، بَلَدٌ مَشْهُورٌ عَلَىٰ مَرْحَلَتَيْنِ مِنَ الْمَدِينَةِ.

يَكْـرَهُ الْإِطْـرَاءَ، يَقُـولُ: قُولُـوا: أَنَـا عَبْـدٌ رَسُولْ

وَفِي صَحِيحِ الْبُخَارِيِّ: عَنْ عُمَرَ أَنَّهُ قَالَ عَلَىٰ الْمِنْبَرِ: سَمِعْتُ النَّبِيَّ ﷺ يَقُولُ: «لَا تُطْرُونِي، كَمَا أَطْرَتِ النَّصَارَىٰ ابْنَ مَرْيَمَ، فَإِنَّمَا أَنَا عَبْدُهُ، فَقُولُوا: عَبْدُ اللهِ وَرَسُولُهُ».

(لَا تُطْرُونِي) مِنَ الْإِطْرَاءِ، وَهُوَ الْإِفْرَاطُ فِي الْمَدِيحِ وَمُجَاوَزَةُ الْحَدِّ فِيهِ، أَوِ الْمَدِيحُ بِالْبَاطِلِ وَالْكَذِبِ. (كَمَا أَطْرَتِ النَّصَارَىٰ ابْنَ مَرْيَمَ) أَيْ: بِدَعْوَاهُمْ فِيهِ الْأُلُوهِيَّةَ وَغَيْرَ ذَلِكَ.

وَذَلِكَ؛ أَنَّ النَّصَارَىٰ عَظَّمُوا الْأَنْبِيَاءَ حَتَّىٰ عَبَدُوهُمْ، وَعَبَدُوا تَمَاثِيلَهُمُ الَّتِي صَنَعُوهَا لَهُمْ، وَالْيَهُودُ اسْتَخَفُّوا بِهِمْ حَتَّىٰ قَتَلُوهُمْ،

وَالأُمَّةُ الوَسَطُ عَرَفُوا مَقَادِيرَهُمْ؛ فَلَمْ يَغْلُوا فِيهِمْ غُلُوَّ النَّصَارَى، وَلَمْ يَجْفُوا عَنْهُمْ جَفَاءَ اليَهُودِ.

وَلَا شَكَّ أَنَّ مَقَامَ العُبُودِيَّةِ للهِ عَزَّ وَجَلَّ أَشْرَفُ المَقَامَاتِ وَأَسْمَاهَا، وَقَدْ ذَكَرَهُ اللهُ سُبْحَانَهُ بِسِمَةِ العُبُودِيَّةِ فِي أَشْرَفِ مَقَامَاتِهِ: مَقَامِ الإِسْرَاءِ، وَمَقَامِ الدَّعْوَةِ، وَمَقَامِ التَّحَدِّي، فَقَالَ: ﴿سُبْحَٰنَ ٱلَّذِىٓ أَسْرَىٰ بِعَبْدِهِۦ لَيْلًا﴾ [الإسراء:١]، وَقَالَ: ﴿وَأَنَّهُۥ لَمَّا قَامَ عَبْدُ ٱللَّهِ يَدْعُوهُ﴾ [الجن:١٩]، وَقَالَ: ﴿وَإِن كُنتُمْ فِى رَيْبٍ مِّمَّا نَزَّلْنَا عَلَىٰ عَبْدِنَا﴾ [البقرة:٢٣]. وَبِذَلِكَ اسْتَحَقَّ التَّقْدِيمَ عَلَى الخَلَائِقِ فِي الدُّنْيَا وَالآخِرَةِ.

وَكَذَلِكَ يَقُولُ المَسِيحُ عَلَيْهِ السَّلَامُ لَهُمْ إِذَا طَلَبُوا مِنْهُ الشَّفَاعَةَ بَعْدَ الأَنْبِيَاءِ عَلَيْهِمُ السَّلَامُ: «ائْتُوا مُحَمَّدًا، عَبْدٌ غَفَرَ اللهُ لَهُ مَا تقدَّمَ مِنْ ذَنْبِهِ وَمَا تَأَخَّرَ». فَنَالَ ذَلِكَ المَقَامَ بِكَمَالِ عُبُودِيَّتِهِ للهِ عَزَّ وَجَلَّ، وَبِكَمَالِ مَغْفِرَةِ اللهِ لَهُ.

وَرَوَى ابْنُ مَاجَهْ: عَنْ أَبِي مَسْعُودٍ قَالَ: أَتَى النَّبِيَّ ﷺ رَجُلٌ، فَكَلَّمَهُ، فَجَعَلَ تُرْعَدُ فَرَائِصُهُ، فَقَالَ لَهُ: «هَوِّنْ عَلَيْكَ، فَإِنِّي لَسْتُ بِمَلِكٍ، إِنَّمَا أَنَا ابْنُ امْرَأَةٍ تَأْكُلُ القَدِيدَ». وَصَحَّحَهُ الحَاكِمُ، وَالصَّوَابُ إِرْسَالُهُ.

(القَدِيدُ) اللَّحْمُ المُشَقَّقُ المُجَفَّفُ.

أَعَفُّهُـــمْ؛ لَا يُمْـــسِكُ   أَيْـدِي مَـنْ لَا يَمْلِكُ

وَكَانَتْ حَيَاةُ رَسُولِ اللهِ ﷺ حَيَاةَ الشَّرَفِ وَالكَرَامَةِ وَالعِفَّةِ وَالتَّرَفُّعِ عَنِ الدَّنَايَا، قَبْلَ نُبُوَّتِهِ وَبَعْدَهَا، مَا عَرَفَتِ الدُّنْيَا أَطْهَرَ ذَيْلًا مِنْهُ، وَلَا أَعَفَّ مِنْهُ، وَلَا لَمَسَتْ يَدُهُ الشَّرِيفَةُ قَطُّ يَدَ امْرَأَةٍ لَا تَحِلُّ لَهُ.

وَلَمَّا بَايَعَ ﷺ النِّسَاءَ عَلَى الإِيمَانِ وَالطَّاعَةِ، وَنَبْذِ المَعَاصِي وَالفُجُورِ، بَايَعَهُنَّ بِدُونِ مُصَافَحَةٍ، مَعَ أَنَّ المُصَافَحَةَ كَانَتْ مِنْ مُلَازَمَاتِ البَيْعَةِ وَالمُعَاهَدَةِ فِي الجَاهِلِيَّةِ وَالإِسْلَامِ.

وَفِي الصَّحِيحَيْنِ: عَنْ عَائِشَةَ: «كَانَ النَّبِيُّ ﷺ يُبَايِعُ النِّسَاءَ بِالكَلَامِ بِهَذِهِ الآيَةِ: ﴿لَا يُشْرِكْنَ بِاللهِ شَيْئًا﴾ [الممتحنة:١٢]»، قَالَتْ: «وَمَا مَسَّتْ يَدُ رَسُولِ اللهِ ﷺ يَدَ امْرَأَةٍ، إِلَّا امْرَأَةً يَمْلِكُهَا».

وَأَخْرَجَ الإِمَامُ مَالِكٌ وَالنَّسَائِيُّ وَالتِّرْمِذِيُّ وَصَحَّحَهُ: عَنْ أُمَيْمَةَ بِنْتِ رُقَيْقَةَ قَالَتْ: أَتَيْتُ النَّبِيَّ ﷺ فِي نِسْوَةٍ مِنَ الأَنْصَارِ نُبَايِعُهُ، فَقُلْنَا: يَا رَسُولَ اللهِ؛ نُبَايِعُكَ عَلَى أَنْ لَا نُشْرِكَ بِاللهِ شَيْئًا، وَلَا نَسْرِقَ، وَلَا نَزْنِيَ، وَلَا نَأْتِي بِبُهْتَانٍ نَفْتَرِيهِ بَيْنَ أَيْدِينَا وَأَرْجُلِنَا، وَلَا نَعْصِيكَ فِي مَعْرُوفٍ، قَالَ: «فِيمَا اسْتَطَعْتُنَّ وَأَطَقْتُنَّ». قَالَتْ: قُلْنَا اللهُ وَرَسُولُهُ أَرْحَمُ بِنَا، هَلُمَّ نُبَايِعُكَ يَا رَسُولَ اللهِ، فَقَالَ رَسُولُ اللهِ ﷺ: «إِنِّي لَا

أُصَافِحُ النِّسَاءَ، إِنَّمَا قَوْلِي لِمِائَةِ امْرَأَةٍ كَقَوْلِي لِامْرَأَةٍ وَاحِدَةٍ، أَوْ مِثْلُ قَوْلِي لِامْرَأَةٍ وَاحِدَةٍ».

يَخْـــدُمُ فِي مَـــنْزِلِهِ كَرَجُـــلٍ مَــعْ أَهْلِـــهِ

وَكَانَ ﷺ يَخِيطُ ثَوْبَهُ، وَيَخْصِفُ نَعْلَهُ، وَيَحْلُبُ شَاتَهُ، وَيَعْمَلُ مَا يَعْمَلُ الرِّجَالُ فِي بُيُوتِهِمْ مِنَ الِاشْتِغَالِ بِمِهْنَةِ الأَهْلِ وَالنَّفْسِ؛ إِرْشَادًا لِلتَّوَاضُعِ وَتَرْكِ التَّكَبُّرِ؛ لِأَنَّهُ مُشْرِفٌ بِالوَحْيِ وَالنُّبُوَّةِ، وَمُكَرَّمٌ بِالمُعْجِزَاتِ وَالرِّسَالَةِ، وَفِي ذَلِكَ: أَنَّ الإِمَامَ الأَعْظَمَ يَتَوَلَّى أُمُورَهُ بِنَفْسِهِ، وَأَنَّهُ مِنْ دَأْبِ الصَّالِحِينَ.

وَفِي صَحِيحِ البُخَارِيِّ: عَنْ عَائِشَةَ أَنَّهَا سُئِلَتْ: مَا كَانَ النَّبِيُّ ﷺ يَصْنَعُ فِي بَيْتِهِ؟ قَالَتْ: «كَانَ يَكُونُ فِي مِهْنَةِ أَهْلِهِ- تَعْنِي: خِدْمَةَ أَهْلِهِ-، فَإِذَا حَضَرَتِ الصَّلَاةُ خَرَجَ إِلَى الصَّلَاةِ». وَفِي رِوَايَةٍ عِنْدَ أَحْمَدَ: قَالَتْ: «كَانَ يَخِيطُ ثَوْبَهُ، وَيَخْصِفُ نَعْلَهُ، وَكَانَ يَعْمَلُ مَا يَعْمَلُ الرِّجَالُ فِي بُيُوتِهِمْ».

بِالْيَـــدِ لَـــيْسَ ضَـــارِبَا مَـــا لَـــمْ يَكُـــنْ مُحَارِبَا

مِنْ أَعْظَمِ مَقَامَاتِ المُتَّقِينَ: مَقَامُ الصَّبْرِ وَالحِلْمِ عَلَى أَذَى الخَلْقِ، وَكَانَ الكَمَالُ فِي هَذَا حَالَ نَبِيِّنَا ﷺ؛ فَإِنَّ ضَرْبَ الزَّوْجَةِ وَالخَادِمِ وَالدَّابَّةِ، وَإِنْ كَانَ مُبَاحًا لِلْأَدَبِ، لَكِنَّ نَبِيَّنَا ﷺ كَانَ مُتَّبِعًا

مَا أُمِرَ بِهِ مِنَ الصَّبْرِ، فَآثَرَهُ آخِذًا بِالأَفْضَلِ اللَّائِقِ بِهِ وَبِكَمَالِهِ ﷺ.

وَفِي صَحِيحِ مُسْلِمٍ: عَنْ عَائِشَةَ قَالَتْ: «مَا ضَرَبَ رَسُولُ اللهِ ﷺ شَيْئًا قَطُّ بِيَدِهِ، وَلَا امْرَأَةً، وَلَا خَادِمًا؛ إِلَّا أَنْ يُجَاهِدَ فِي سَبِيلِ اللهِ».

وَأَمَّا ضَرْبُهُ لِأَعْدَائِهِ فِي سَاحَاتِ القِتَالِ، فَهُوَ جِهَادٌ فِي سَبِيلِ اللهِ عَزَّ وَجَلَّ، لَيْسَ لِنَفْسِهِ وَلَا لِإِشْبَاعِ رَغَبَاتِهَا؛ فَإِنَّ الكَمَالَ كُلَّ الكَمَالِ الشِّدَّةُ عَلَى أَعْدَاءِ اللهِ وَاللِّينُ لِأَوْلِيَاءِ اللهِ، وَاسْتِعْمَالُ العَفْوِ وَالصَّفْحِ فِيمَا كَانَ لِلنَّفْسِ، وَاسْتِعْمَالُ الِانْتِصَارِ وَالعُقُوبَةِ فِيمَا كَانَ حَقًّا لِلهِ عَزَّ وَجَلَّ. وَهَذَا كَانَ خُلُقَهُ ﷺ.

وَلَــمْ يُعَنِّــفْ خَادِمًــا   وَلَــوْ بِقَــوْلِهِ: (لِمَـــا)

وَمِنْ هَذَا البَابِ: مَا فِي الصَّحِيحَيْنِ: عَنْ أَنَسِ بْنِ مَالِكٍ قَالَ: «خَدَمْتُ رَسُولَ اللهِ ﷺ عَشْرَ سِنِينَ، وَاللهِ مَا قَالَ لِي: أُفًّا قَطُّ، وَلَا قَالَ لِي لِشَيْءٍ: لِمَ فَعَلْتَ كَذَا؟ وَهَلَّا فَعَلْتَ كَذَا؟».

وَفِي رِوَايَةٍ عِنْدَ أَحْمَدَ وَأَبِي الشَّيْخِ فِي «أَخْلَاقِ النَّبِيِّ ﷺ» - وَاللَّفْظُ لَهُ -: قَالَ: خَدَمْتُ رَسُولَ اللهِ ﷺ سِنِينَ، فَمَا سَبَّنِي سَبَّةً قَطُّ، وَلَا ضَرَبَنِي ضَرْبَةً، وَلَا انْتَهَرَنِي، وَلَا عَبَسَ فِي وَجْهِي، وَلَا أَمَرَنِي بِأَمْرٍ فَتَوَانَيْتُ فِيهِ فَعَاتَبَنِي عَلَيْهِ، فَإِنْ عَاتَبَنِي عَلَيْهِ أَحَدٌ مِنْ أَهْلِهِ قَالَ: «دَعُوهُ؛ فَلَوْ قُدِّرَ شَيْءٌ كَانَ».

يَخْتَارُ- إِنْ يُخَيَّرَا   بَيْنَ الحَلَالِ- الأَيْسَرَا

فِي الصَّحِيحَيْنِ: عَنْ عَائِشَةَ قَالَتْ: «مَا خُيِّرَ رَسُولُ اللهِ ﷺ بَيْنَ أَمْرَيْنِ إِلَّا أَخَذَ أَيْسَرَهُمَا، مَا لَمْ يَكُنْ إِثْمًا، فَإِنْ كَانَ إِثْمًا كَانَ أَبْعَدَ النَّاسِ مِنْهُ».

قَوْلُهُ: (بَيْنَ أَمْرَيْنِ) أَيْ: مِنْ أُمُورِ الدُّنْيَا، يَدُلُّ عَلَيْهِ قَوْلُهُ: (مَا لَمْ يَكُنْ إِثْمًا)؛ لِأَنَّ أُمُورَ الدِّينِ لَا إِثْمَ فِيهَا. وَقَوْلُهُ: (إِلَّا أَخَذَ أَيْسَرَهُمَا) أَيْ: أَسْهَلَهُمَا. وَقَوْلُهُ: (مَا لَمْ يَكُنْ إِثْمًا) أَيْ: مَا لَمْ يَكُنِ الأَسْهَلُ مُقْتَضِيًا لِلْإِثْمِ؛ فَإِنَّهُ حِينَئِذٍ يَخْتَارُ الأَشَدَّ.

وَقَالَ إِبْرَاهِيمُ: (إِذَا بَلَغَكَ فِي الإِسْلَامِ أَمْرَانِ، فَخُذَا أَيْسَرَهُمَا). وَقَالَ الشَّعْبِيُّ: (إِذَا اخْتُلِفَ عَلَيْكَ فِي أَمْرَيْنِ، فَخُذْ أَيْسَرَهُمَا؛ فَإِنَّ أَيْسَرَهُمَا أَقْرَبُهُمَا مِنَ الحَقِّ؛ لِأَنَّ اللهَ تَعَالَى يَقُولُ: ﴿يُرِيدُ ٱللَّهُ بِكُمُ ٱلۡيُسۡرَ وَلَا يُرِيدُ بِكُمُ ٱلۡعُسۡرَ﴾ [البَقَرَة:١٨٥]).

يَبْـدَأُ بِالسَّـلَامِ   يُصْغِي إِلَى الـكَلَامِ

فِي حَدِيثِ هِنْدِ بْنِ أَبِي هَالَةَ: «يَبْدَأُ مَنْ لَقِيَ بِالسَّلَامِ».

وَفِي الصَّحِيحَيْنِ: عَنْ أَنَسِ بْنِ مَالِكٍ، «أَنَّ رَسُولَ اللهِ ﷺ مَرَّ عَلَىٰ صِبْيَانٍ، فَسَلَّمَ عَلَيْهِمْ». وَفِي سُنَنِ النَّسَائِيِّ وَصَحِيحِ ابْنِ حِبَّانَ:

عَنْ أَنَسٍ قَالَ: «كَانَ رَسُولُ اللهِ ﷺ يَزُورُ الْأَنْصَارَ، فَيُسَلِّمُ عَلَى صِبْيَانِهِمْ، وَيَمْسَحُ بِرُءُوسِهِمْ، وَيَدْعُو لَهُمْ».

وَفِي حَدِيثِ عَلِيِّ بْنِ أَبِي طَالِبٍ، يَصِفُ النَّبِيَّ ﷺ: «وَلَا يَقْطَعُ عَلَى أَحَدٍ حَدِيثَهُ حَتَّىٰ يَجُوزَ، فَيَقْطَعُهُ بِنَهْيٍ أَوْ قِيَامٍ».

مَجْلِسُهُ- بِلَا رِيَا-   حِلْمٌ وَصَبْرٌ وَحَيَا

فِي حَدِيثِ عَلِيِّ بْنِ أَبِي طَالِبٍ: «مَجْلِسُهُ مَجْلِسُ حِلْمٍ وَحَيَاءٍ وَصَبْرٍ وَأَمَانَةٍ، لَا تُرْفَعُ فِيهِ الْأَصْوَاتُ، وَلَا تُؤْبَنُ فِيهِ الْحُرَمُ، يَتَعَاطَوْنَ فِيهِ بِالتَّقْوَىٰ مُتَوَاضِعِينَ، يُوَقِّرُونَ فِيهِ الْكَبِيرَ، وَيَرْحَمُونَ فِيهِ الصَّغِيرَ، وَيُؤْثِرُونَ ذَا الْحَاجَةِ، وَيَحْفَظُونَ الْغَرِيبَ».

جَلِيسُهُ لَا يَحْسَبُ   أَنَّ سِوَاهُ أَقْرَبُ

فِي حَدِيثِ عَلِيٍّ: «كَانَ رَسُولُ اللهِ ﷺ يُعْطِي كُلَّ جُلَسَائِهِ بِنَصِيبِهِ، لَا يَحْسَبُ جَلِيسُهُ أَنَّ أَحَدًا أَكْرَمُ عَلَيْهِ مِمَّنْ جَالَسَهُ».

وَرَوَىٰ التِّرْمِذِيُّ فِي «الشَّمَائِلِ» بِإِسْنَادٍ حَسَنٍ: عَنْ عَمْرِو بْنِ الْعَاصِ قَالَ: كَانَ رَسُولُ اللهِ ﷺ يُقْبِلُ بِوَجْهِهِ وَحَدِيثِهِ عَلَى أَشَرِّ الْقَوْمِ، يَتَأَلَّفُهُمْ بِذَلِكَ، فَكَانَ يُقْبِلُ بِوَجْهِهِ وَحَدِيثِهِ عَلَيَّ، حَتَّىٰ ظَنَنْتُ أَنِّي خَيْرُ الْقَوْمِ، فَقُلْتُ: يَا رَسُولَ اللهِ؛ أَنَا خَيْرٌ أَوْ أَبُو بَكْرٍ؟ قَالَ: «أَبُو بَكْرٍ». فَقُلْتُ: يَا رَسُولَ اللهِ؛ أَنَا خَيْرٌ أَوْ عُمَرُ؟ فَقَالَ: «عُمَرُ». فَقُلْتُ:

يَا رَسُولَ اللهِ؛ أَنَا خَيْرٌ أَوْ عُثْمَانُ؟ قَالَ: «عُثْمَانُ». فَلَمَّا سَأَلْتُ رَسُولَ اللهِ ﷺ فَصَدَقَنِي، فَلَوَدِدْتُ أَنِّي لَمْ أَكُنْ سَأَلْتُهُ.

(يَتَأَلَّفُهُمْ بِذَلِكَ) أَيْ: يُؤَانِسُهُمْ بِذَلِكَ الإِقْبَالِ، وَيَتَعَطَّفُهُمْ بِتِلْكَ المُوَاجَهَةِ.

وَلَــــمْ يَكُـــــنْ يُوَاجِهُـــــهْ   قَـــطُّ بِشَيْءٍ يَكْرَهُـــهْ

وَكَانَ ﷺ - مِنْ شِدَّةِ حَيَائِهِ وَرِفْقِهِ بِأُمَّتِهِ - لَا يُوَاجِهُ أَحَدًا بِالعِتَابِ، وَإِنَّمَا يُعَمِّمُ؛ سَتْرًا لِمَنْ قَصَدَهُ بِالمُعَاتَبَةِ.

فَفِي الصَّحِيحَيْنِ: عَنْ عَائِشَةَ قَالَتْ: صَنَعَ النَّبِيُّ ﷺ شَيْئًا فَرَخَّصَ فِيهِ، فَتَنَزَّهَ عَنْهُ قَوْمٌ، فَبَلَغَ ذَلِكَ النَّبِيَّ ﷺ، فَخَطَبَ فَحَمِدَ اللهَ ثُمَّ قَالَ: «مَا بَالُ أَقْوَامٍ يَتَنَزَّهُونَ عَنِ الشَّيْءِ أَصْنَعُهُ، فَوَاللهِ إِنِّي لَأَعْلَمُهُمْ بِاللهِ، وَأَشَدُّهُمْ لَهُ خَشْيَةً».

فَقَدْ حَصَلَتِ المُعَاتَبَةُ مِنْهُ لَهُمْ، وَإِنَّمَا لَمْ يُمَيِّزِ الَّذِي صَدَرَ مِنْهُ ذَلِكَ سَتْرًا عَلَيْهِ، فَحَصَلَ مِنْهُ الرِّفْقُ مِنْ هَذِهِ الحَيْثِيَّةِ، لَا بِتَرْكِ العِتَابِ أَصْلًا؛ وَهَذَا أَجْمَعُ لِلمَصْلَحَةِ، وَأَنْفَى لِلمَفْسَدَةِ.

وَرَوَى أَبُو دَاوُدَ: عَنْ أَنَسٍ، أَنَّ رَجُلًا دَخَلَ عَلَى رَسُولِ اللهِ ﷺ وَعَلَيْهِ أَثَرُ صُفْرَةٍ، وَكَانَ النَّبِيُّ ﷺ قَلَّمَا يُوَاجِهُ رَجُلًا فِي وَجْهِهِ بِشَيْءٍ يَكْرَهُهُ، فَلَمَّا خَرَجَ قَالَ: «لَوْ أَمَرْتُمْ هَذَا أَنْ يَغْسِلَ هَذَا عَنْهُ».

يَعْجَبُ مِمَّا يَعْجَبُونْ   يَضْحَكُ مِمَّا يَضْحَكُونْ

وَكَانَ ﷺ يَضْحَكُ مِمَّا يُضْحَكُ مِنْهُ، وَيَتَعَجَّبُ مِمَّا يُتَعَجَّبُ
مِنْ مِثْلِهِ، وَيُسْتَغْرَبُ وُقُوعُهُ وَيُسْتَنْدَرُ.

وَفِي صَحِيحِ مُسْلِمٍ: عَنْ جَابِرِ بْنِ سَمُرَةَ، وَقِيلَ لَهُ: أَكُنْتَ
تُجَالِسُ رَسُولَ اللهِ ﷺ؟ قَالَ: «نَعَمْ كَثِيرًا»، قَالَ: «وَكَانُوا يَتَحَدَّثُونَ
فَيَأْخُذُونَ فِي أَمْرِ الجَاهِلِيَّةِ، فَيَضْحَكُونَ وَيَتَبَسَّمُ».

وَفِي رِوَايَةٍ أُخْرَى عِنْدَ أَحْمَدَ بِإِسْنَادٍ حَسَنٍ: «كَانَ طَوِيلَ
الصَّمْتِ، قَلِيلَ الضَّحِكِ، وَكَانَ أَصْحَابُهُ يَذْكُرُونَ عِنْدَهُ الشِّعْرَ،
وَأَشْيَاءَ مِنْ أُمُورِهِمْ، فَيَضْحَكُونَ، وَرُبَّمَا تَبَسَّمَ».

وَرَوَى التِّرْمِذِيُّ فِي «الشَّمَائِلِ»: عَنْ زَيْدِ بْنِ ثَابِتٍ قَالَ: «كُنْتُ
جَارَهُ ﷺ، فَكُنَّا إِذَا ذَكَرْنَا الدُّنْيَا ذَكَرَهَا مَعَنَا، وَإِذَا ذَكَرْنَا الآخِرَةَ
ذَكَرَهَا مَعَنَا، وَإِذَا ذَكَرْنَا الطَّعَامَ ذَكَرَهُ مَعَنَا».

لَـيْـسَ بِـمِـلْـءٍ فِـيـهِ   تَـبَـسُّـمٌ يُـبْـدِيـهِ

وَلَمْ يَكُنْ ﷺ يَضْحَكُ بِمِلْءِ فِيهِ، بَلْ كَانَ ﷺ يَتَبَسَّمُ تَبَسُّمًا،
كَمَا ذَكَرَ جَابِرُ بْنُ سَمُرَةَ، فَكَانَ جُلُّ ضَحِكِهِ التَّبَسُّمَ، بَلْ كُلُّهُ التَّبَسُّمُ،
فَكَانَ نِهَايَةُ ضَحِكِهِ أَنْ تَبْدُوَ نَوَاجِذُهُ ﷺ.

وَفِي الصَّحِيحَيْنِ: عَنْ عَائِشَةَ قَالَتْ: «مَا رَأَيْتُ النَّبِيَّ ﷺ مُسْتَجْمِعًا قَطُّ ضَاحِكًا، حَتَّى أَرَى مِنْهُ لَهَوَاتِهِ؛ إِنَّمَا كَانَ يَتَبَسَّمُ».

قَالَ ابْنُ القَيِّمِ: «وَهَذَا لِأَنَّ كَثْرَةَ الضَّحِكِ مِنْ خِفَّةِ الرُّوحِ وَنُقْصَانِ العَقْلِ؛ بِخِلَافِ التَّبَسُّمِ فَإِنَّهُ مِنْ حُسْنِ الخُلُقِ وَكَمَالِ الإِدْرَاكِ».

فِي وَعْظِهِ يُحَذِّرُ بِرَفْعِ صَوْتٍ يُنْذِرُ

فِي صَحِيحِ مُسْلِمٍ: عَنْ جَابِرِ بْنِ عَبْدِ اللهِ قَالَ: كَانَ رَسُولُ اللهِ ﷺ إِذَا خَطَبَ احْمَرَّتْ عَيْنَاهُ، وَعَلَا صَوْتُهُ، وَاشْتَدَّ غَضَبُهُ، حَتَّى كَأَنَّهُ مُنْذِرُ جَيْشٍ، يَقُولُ: «صَبَّحَكُمْ وَمَسَّاكُمْ»، وَيَقُولُ: «بُعِثْتُ أَنَا وَالسَّاعَةُ كَهَاتَيْنِ»، وَيَقْرُنُ بَيْنَ إِصْبَعَيْهِ السَّبَّابَةِ وَالوُسْطَى، وَيَقُولُ: «أَمَّا بَعْدُ، فَإِنَّ خَيْرَ الحَدِيثِ كِتَابُ اللهِ، وَخَيْرَ الهُدَى هُدَى مُحَمَّدٍ، وَشَرُّ الأُمُورِ مُحْدَثَاتُهَا، وَكُلُّ بِدْعَةٍ ضَلَالَةٌ».

وَكَانَ مَدَارُ خُطَبِهِ ﷺ عَلَى حَمْدِ اللهِ تَعَالَى وَالثَّنَاءِ عَلَيْهِ بِآلَائِهِ وَأَوْصَافِ كَمَالِهِ وَمَحَامِدِهِ، وَتَعْلِيمِ قَوَاعِدِ الإِسْلَامِ، وَذِكْرِ الجَنَّةِ وَالنَّارِ وَالمَعَادِ، وَالأَمْرِ بِتَقْوَى اللهِ، وَتَبْيِينِ مَوَارِدِ غَضَبِهِ وَمَوَاقِعِ رِضَاهُ؛ فَعَلَى هَذَا كَانَ مَدَارُ خُطَبِهِ ﷺ.

فِي الصَّمْتِ يَعْلُوهُ الجَلَالْ وَإِنْ تَكَلَّمَ الجَمَالْ

فِي حَدِيثِ أُمِّ مَعْبَدٍ: «إِنْ صَمتَ فَعلَيْهِ الوَقَارُ، وَإِنْ تَكلَّمَ سَمَا وَعلَاهُ البَهَاءُ».

كَلَامُهُ فَصْلٌ يُعَدّْ يَحْفَظُهُ كُلُّ أَحَدْ

يُعِيدُهُ لِيُفْهَمَا كَذَا إِذَا مَا سَلَّمَا

فِي حَدِيثِ هِنْدِ بْنِ أَبِي هَالَةَ: «يتكلَّم بِجَوَامِعِ الكَلِمِ، فَصْلٌ لَا فُضُولَ وَلَا تَقْصِيرَ». وَفِي حَدِيثِ أَمِّ مَعْبَدٍ: «رَأَيْتُ رَجُلًا ظَاهِرَ الوَضَاءَةِ، حُلْوَ المَنْطِقِ، فَصْلٌ لَا نَزْرٌ وَلَا هَذْرٌ، كَأَنَّ مَنْطِقَهُ خَرَزَاتُ نَظْمٍ يَتَحَدَّرْنَ».

(فَصْلٌ) أَيْ: وَسَطٌ، لَيْسَ بِقَلِيلٍ وَلَا كَثِيرٍ، بَيِّنٌ ظَاهِرٌ يَفْصِلُ بَيْنَ الحَقِّ وَالبَاطِلِ؛ وَمِنْهُ قَوْلُهُ تَعَالَىٰ: ﴿إِنَّهُۥ لَقَوۡلٞ فَصۡلٞ﴾ [الطارق:١٣]. وَ(النَّزْرُ) القَلِيلُ، وَ(الهَذْرُ) الكَثِيرُ.

وَكَانَ ﷺ كَثِيرًا مَا يُعِيدُ الكَلَامَ ثَلَاثًا لِيُعْقَلَ وَلِيُفْهَمَ عَنْهُ، وَكَانَ ﷺ إِذَا سَلَّمَ سَلَّمَ ثَلَاثًا.

وَفِي صَحِيحِ البُخَارِيِّ: عَنْ أَنَسِ بْنِ مَالِكٍ عَنِ النَّبِيِّ ﷺ «أَنَّهُ كَانَ إِذَا تَكلَّمَ بِكَلِمَةٍ أَعَادَهَا ثَلَاثًا، حَتَّىٰ تُفْهَمَ عَنْهُ، وَإِذَا أَتَىٰ عَلَىٰ قَوْمٍ فَسَلَّمَ عَلَيْهِمْ، سَلَّمَ عَلَيْهِمْ ثَلَاثًا».

وَفِي الصَّحِيحَيْنِ: عَنْ عَائِشَةَ: «إِنَّ رَسُولَ اللهِ ﷺ لَمْ يَكُنْ يَسْرُدُ الحَدِيثَ كَسَرْدِكُمْ». وَفِيهِمَا عَنْهَا: «إِنَّمَا كَانَ يُحَدِّثُ حَدِيثًا، لَوْ عَدَّهُ العَادُّ لَأَحْصَاهُ». وَفِي المُسْنَدِ عَنْهَا: «يَتَكَلَّمُ بِكَلَامٍ يُبَيِّنُهُ، فَصْلًا، يَحْفَظُهُ مَنْ سَمِعَهُ».

تَخَـــــالُهُ إِنْ سُرَّا   مِـــنَ السُّـــرُورِ بَـــدْرَا

وَفِي الصَّحِيحَيْنِ: عَنْ كَعْبِ بْنِ مَالِكٍ قَالَ: «فَلَمَّا سَلَّمْتُ عَلَىٰ رَسُولِ اللهِ ﷺ وَهُوَ يَبْرُقُ وَجْهُهُ مِنَ السُّرُورِ، وَكَانَ رَسُولُ اللهِ ﷺ إِذَا سُرَّ اسْتَنَارَ وَجْهُهُ، حَتَّىٰ كَأَنَّهُ قِطْعَةُ قَمَرٍ، وَكُنَّا نَعْرِفُ ذَلِكَ مِنْهُ».

وَفِي الصَّحِيحَيْنِ: عَنْ عَائِشَةَ قَالَتْ: «إِنَّ رَسُولَ اللهِ ﷺ دَخَلَ عَلَيَّ مَسْرُورًا، تَبْرُقُ أَسَارِيرُ وَجْهِهِ».

(تَبْرُقُ) أَيْ: تُضِيءُ وَتَسْتَنِيرُ مِنَ السُّرُورِ وَالفَرَحِ. (أَسَارِيرُ وَجْهِهِ) هِيَ الخُطُوطُ الَّتِي فِي الجَبْهَةِ.

وَفِي البُكَـــاءِ يَخْـــــشَعُ   فَصَوْتُهُ لَا يَرْفَـــعُ
أَزِيـــزُ صَدْرٍ يُسْمَــعُ   كَالقِـــدْرِ، عَيْنٌ تَـــدْمَعُ

وَأَمَّا بُكَاؤُهُ ﷺ فَكَانَ مِنْ جِنْسِ ضَحِكِهِ؛ لَمْ يَكُنْ بِشَهِيقٍ وَرَفْعِ صَوْتٍ، كَمَا لَمْ يَكُنْ ضَحِكُهُ بِقَهْقَهَةٍ، وَلَكِنْ كَانَ بُكَاؤُهُ بُكَاءَ الخَاشِعِ؛ كَانَتْ عَيْنَاهُ تَدْمَعَانِ حَتَّىٰ تَهْمَلَا، وَيُسْمَعُ لِصَدْرِهِ أَزِيزٌ.

وَفِي السُّنَنِ بِإِسْنَادٍ حَسَنٍ: عَنْ عَبْدِ اللهِ بْنِ الشِّخِّيرِ قَالَ: «رَأَيْتُ رَسُولَ اللهِ ﷺ يُصَلِّي وَفِي صَدْرِهِ أَزِيزٌ كَأَزِيزِ الرَّحَىٰ مِنَ البُكَاءِ». وَفِي رِوَايَةٍ: «كَأَزِيزِ المِرْجَلِ».

(أَزِيزُ الرَّحَىٰ) صَوْتُهَا وَجَرْجَرَتُهَا. وَ(أَزِيزُ المِرْجَلِ) صَوْتُ غَلَيَانِ القِدْرِ. وَ(المِرْجَلُ) قِدْرٌ مِنْ نُحَاسٍ. وَالمُرَادُ: مَا كَانَ يَعْرِضُ لَهُ ﷺ فِي الصَّلَاةِ مِنَ الخَوْفِ الَّذِي يُوجِبُ ذَلِكَ الصَّوْتَ.

وَفِي الصَّحِيحَيْنِ: عَنْ عَبْدِ اللهِ بْنِ مَسْعُودٍ، قَالَ: قَالَ لِيَ النَّبِيُّ ﷺ: «اقْرَأْ عَلَيَّ» قُلْتُ: أَأَقْرَأُ عَلَيْكَ وَعَلَيْكَ أُنْزِلَ؟ قَالَ: «فَإِنِّي أُحِبُّ أَنْ أَسْمَعَهُ مِنْ غَيْرِي» فَقَرَأْتُ عَلَيْهِ سُورَةَ النِّسَاءِ، حَتَّىٰ بَلَغْتُ: ﴿ فَكَيْفَ إِذَا جِئْنَا مِن كُلِّ أُمَّةٍ بِشَهِيدٍ وَجِئْنَا بِكَ عَلَىٰ هَٰؤُلَاءِ شَهِيدًا ﴾ [النساء:٤١] قَالَ: «أَمْسِكْ»، فَإِذَا عَيْنَاهُ تَذْرِفَانِ.

يَقْبَـلُ عُـذْرَ المُعْتَـذِرِ   وَهُـوَ مِـنَ الحِـبِّ حَـذِرِ

وَكَانَ ﷺ يَقْبَلُ عُذْرَ مَنِ اعْتَذَرَ إِلَيْهِ:

وَفِي الصَّحِيحَيْنِ: عَنْ عَلِيٍّ، فِي قِصَّةِ حَاطِبِ بْنِ أَبِي بَلْتَعَةَ لَمَّا كَاتَبَ المُشْرِكِينَ بِأَخْبَارِ النَّبِيِّ ﷺ عَامَ الفَتْحِ، يُخْبِرُهُمْ فِيهِ بِعَزْمِ رَسُولِ اللهِ ﷺ عَلَىٰ قَصْدِ مَكَّةَ، فَلَمَّا ذَكَرَ لِرَسُولِ اللهِ ﷺ عُذْرَهُ، وَقَالَ: وَمَا فَعَلْتُ كُفْرًا وَلَا ارْتِدَادًا، وَلَا رِضًا بِالكُفْرِ بَعْدَ الإِسْلَامِ؛

قَبِلَ رَسُولُ اللهِ ﷺ عُذْرَهُ، وقَالَ: «لَقَدْ صَدَقَكُمْ».

لَكِنَّهُ مَعَ ذَلِكَ كَانَ حَذِرًا أَشَدَّ الحَذَرِ مِنَ الخِبِّ المُخَادِعِ:

وَفِي الصَّحِيحَيْنِ: فِي قِصَّةِ كَعْبِ بْنِ مَالِكٍ وَصَاحِبَيْهِ، لَمَّا تَخَلَّفُوا وَآخَرُونَ عَنْ غَزْوَةِ تَبُوكٍ، فَلَمَّا جَاءَهُ المُخَلَّفُونَ، فَجَعَلُوا يَحْلِفُونَ وَيَعْتَذِرُونَ، كَانَ يَقْبَلُ عَلَانِيَتَهُمْ، وَيَكِلُ سَرَائِرَهُمْ إِلَى اللهِ، لَا يُصَدِّقُ أَحَدًا مِنْهُمْ، فَلَمَّا جَاءَ كَعْبٌ وَأَخْبَرَهُ بِحَقِيقَةِ أَمْرِهِ قَالَ ﷺ: «أَمَّا هَذَا فَقَدْ صَدَقَ».

يَعْنِي: وَالبَاقُونَ يَكْذِبُونَ، وَهُمُ اللَّذِينَ حَلَفُوا وَاعْتَذَرُوا، لَا مَنِ اعْتَرَفَ بِحَقِيقَةِ الأَمْرِ- كَعْبُ بْنُ مَالِكٍ وَصَاحِبَاهُ-، وَلِهَذَا عَاقَبَ مَنْ صَدَقَ بِالتَّأْدِيبِ الَّذِي ظَهَرَتْ فَائِدَتُهُ عَنْ قُرْبٍ، وَأَخَّرَ مَنْ كَذَبَ لِلْعِقَابِ الطَّوِيلِ.

عِبَادَتُهُ ﷺ لِرَبِّهِ عَزَّ وَجَلَّ

أَجَلُّ مَنْ عَبَدَهْ	أَكْمَلُ مَنْ وَحَّدَهْ
وَالشَّاكِرِينَ شُكْرَا	وَالذَّاكِرِينَ ذِكْرَا
أَطْوَلُهُمْ قِيَامَا	أَكْثَرُهُمْ صِيَامَا
وَهْوَ مَغْفُورٌ لَهْ	يَقُومُ يُحْيِي لَيْلَهْ

وَكَانَ ﷺ أَعْرَفَ النَّاسِ بِرَبِّهِ عَزَّ وَجَلَّ، وَأَعْلَمَهُمْ بِجَلَالِهِ وَكَمَالِهِ وَصِفَاتِهِ، فَمِنْ ثَمَّ كَانَ أَشَدَّهُمْ تَقْوَىٰ، وَأَكْثَرَهُمْ عِبَادَةً، فَكَانَ لَا يَكُونُ فِي الذَّاكِرِينَ إِلَّا كَانَ أَكْثَرَهُمْ لِلَّهِ ذِكْرًا، وَلَا فِي الشَّاكِرِينَ إِلَّا كَانَ أَكْثَرَهُمْ شُكْرًا، وَلَا فِي الْمُصَلِّينَ إِلَّا كَانَ أَكْثَرَهُمْ صَلَاةً، وَلَا فِي الصَّائِمِينَ إِلَّا كَانَ أَكْثَرَهُمْ صِيَامًا، ﷺ.

وَفِي الصَّحِيحَيْنِ: عَنْ أَنَسِ بْنِ مَالِكٍ ﷺ قَالَ: «كَانَ رَسُولُ اللهِ ﷺ يُفْطِرُ مِنَ الشَّهْرِ حَتَّى نَظُنَّ أَنْ لَا يَصُومَ مِنْهُ، وَيَصُومُ حَتَّى نَظُنَّ أَنْ لَا يُفْطِرَ مِنْهُ شَيْئًا، وَكَانَ لَا تَشَاءُ أَنْ تَرَاهُ مِنَ اللَّيْلِ مُصَلِّيًا إِلَّا رَأَيْتَهُ، وَلَا نَائِمًا إِلَّا رَأَيْتَهُ».

قَالَ ابْنُ حَجَرٍ: «يَعْنِي: أَنَّ حَالَهُ ﷺ فِي التَّطَوُّعِ الْمُطْلَقِ بِالصِّيَامِ وَالْقِيَامِ كَانَ يَخْتَلِفُ؛ فَكَانَ تَارَةً يَقُومُ مِنْ أَوَّلِ اللَّيْلِ، وَتَارَةً مِنْ

وَسَطِهِ، وَتَارَةً مِنْ آخِرِهِ؛ كَمَا كَانَ يَصُومُ تَارَةً مِنْ أَوَّلِ الشَّهْرِ، وَتَارَةً مِنْ وَسَطِهِ، وَتَارَةً مِنْ آخِرِهِ؛ فَكَانَ مَنْ أَرَادَ أَنْ يَرَاهُ فِي وَقْتٍ مِنْ أَوْقَاتِ اللَّيْلِ قَائِمًا، أَوْ فِي وَقْتٍ مِنْ أَوْقَاتِ الشَّهْرِ صَائِمًا، فَرَاقَبَهُ المَرَّةَ بَعْدَ المَرَّةِ، فَلَا بُدَّ أَنْ يُصَادِفَهُ قَامَ أَوْ صَامَ عَلَى وَفْقِ مَا أَرَادَ أَنْ يَرَاهُ؛ هَذَا مَعْنَى الخَبَرِ وَلَيْسَ المُرَادُ أَنَّهُ كَانَ يَسْرُدُ الصَّوْمَ، وَلَا أَنَّهُ كَانَ يَسْتَوْعِبُ اللَّيْلَ قِيَامًا».

وَفِي الصَّحِيحَيْنِ: عَنِ المُغِيرَةِ بْنِ شُعْبَةَ قَالَ: قَامَ النَّبِيُّ ﷺ حَتَّى وَرِمَتْ قَدَمَاهُ، قَالُوا: قَدْ غَفَرَ اللهُ لَكَ مَا تَقَدَّمَ مِنْ ذَنْبِكَ وَمَا تَأَخَّرَ، قَالَ: «أَفَلَا أَكُونُ عَبْدًا شَكُورًا».

أَيْ: إِذَا أَكْرَمَنِي مَوْلَايَ بِغُفْرَانِهِ، أَفَلَا أَكُونُ شَكُورًا لِإِحْسَانِهِ. وَالمَعْنَى: أَنَّ المَغْفِرَةَ سَبَبٌ لِكَوْنِ التَّهَجُّدِ شُكْرًا، فَكَيْفَ أَتْرُكُهُ.

قَالَ ابْنُ القَيِّمِ: «وَاقْتَصَرَ مِنْ جَوَابِهِمْ عَلَى مَا تُدْرِكُهُ عُقُولُهُمْ وَتَنَالُهُ أَفْهَامُهُمْ، وَإِلَّا فَمِنَ المَعْلُومِ أَنَّ بَاعِثَهُ عَلَى ذَلِكَ الشُّكْرِ أَمْرٌ يَجِلُّ عَنِ الوَصْفِ، وَلَا تَنَالُهُ العِبَارَةُ وَلَا الأَذْهَانُ».

مُقَطَّعَـــــــــــا، أَوْ سِـرَّا	يَقْـــرَأُ مَـــدًّا، جَهْـــــرَا
مُرَجِّعَـــــــــا أَحْيَانَـــا	يُرَتِّــــلُ القُرْآنَـــــا

وَكَانَتْ قِرَاءَتُهُ ﷺ - سَوَاءٌ جَهَرَ بِهَا أَوْ أَسَرَّ - تَرْتِيلًا، لَا هَذًّا وَلَا

عَجَلَةً، بَلْ قِرَاءَةً مُفَسَّرَةً حَرْفًا حَرْفًا. وَكَانَ يُقَطِّعُ قِرَاءَتَهُ آيَةً آيَةً؛ يَقِفُ عَلَىٰ: ﴿رَبِّ ٱلْعَٰلَمِينَ﴾ ثُمَّ يَبْتَدِئُ: ﴿ٱلرَّحْمَٰنِ ٱلرَّحِيمِ﴾، وَيَقِفُ ثُمَّ يَبْتَدِئُ: ﴿مَٰلِكِ يَوْمِ ٱلدِّينِ﴾؛ عَلَىٰ تَرَسُّلٍ وَتَمَهُّلٍ وَتَرْتِيلٍ، وَكَانَ يَمُدُّ عِنْدَ حُرُوفِ المَدِّ، فَيَمُدُّ (الرَّحْمَنَ) وَيَمُدُّ (الرَّحِيمَ).

وَكَانَ ﷺ يَتَغَنَّىٰ بِهِ، وَيُرَجِّعُ صَوْتَهُ بِهِ أَحْيَانًا، كَمَا رَجَّعَ يَوْمَ الفَتْحِ فِي قِرَاءَتِهِ: ﴿إِنَّا فَتَحْنَا لَكَ فَتْحًا مُّبِينًا﴾. وَحَكَىٰ عَبْدُ اللهِ بْنُ مُغَفَّلٍ تَرْجِيعَهُ: (آ آ آ) ثَلَاثَ مَرَّاتٍ.

يُحِبُّ مَـــا مِـــنَ الدُّعَا   وَالذِّكْـــرِ كَانَ جَامِعَـــا

إِنَّ النَّبِيَّ ﷺ قَدْ بُعِثَ بِجَوَامِعِ الكَلِمِ، فَكَانَ ﷺ يُعْجِبُهُ جَوَامِعُ الذِّكْرِ، وَيَخْتَارُهُ عَلَىٰ غَيْرِهِ مِنَ الذِّكْرِ.

فَفِي صَحِيحِ مُسْلِمٍ: عَنْ جُوَيْرِيَةَ، أَنَّ النَّبِيَّ ﷺ خَرَجَ مِنْ عِنْدِهَا بُكْرَةً حِينَ صَلَّىٰ الصُّبْحَ، وَهِيَ فِي مَسْجِدِهَا، ثُمَّ رَجَعَ بَعْدَ أَنْ أَضْحَىٰ، وَهِيَ جَالِسَةٌ، فَقَالَ: «مَا زِلْتِ عَلَى الحَالِ الَّتِي فَارَقْتُكِ عَلَيْهَا؟» قَالَتْ: نَعَمْ. قَالَ النَّبِيُّ ﷺ: «لَقَدْ قُلْتُ بَعْدَكِ أَرْبَعَ كَلِمَاتٍ، ثَلَاثَ مَرَّاتٍ، لَوْ وُزِنَتْ بِمَا قُلْتِ مُنْذُ اليَوْمِ لَوَزَنَتْهُنَّ: سُبْحَانَ اللهِ وَبِحَمْدِهِ، عَدَدَ خَلْقِهِ، وَرِضَا نَفْسِهِ، وَزِنَةَ عَرْشِهِ، وَمِدَادَ كَلِمَاتِهِ».

وَكَذَلِكَ كَانَ النَّبِيُّ ﷺ يُعْجِبُهُ مِنَ الدُّعَاءِ جَوَامِعُهُ.

فَفِي سُنَنِ أَبِي دَاوُدَ: عَنْ عَائِشَةَ قَالَتْ: «كَانَ النَّبِيُّ ﷺ يُعْجِبُهُ الجَوَامِعُ مِنَ الدُّعَاءِ، وَيَدَعُ مَا بَيْنَ ذَلِكَ».

وَفِي المُسْنَدِ: عَنِ ابْنِ مَسْعُودٍ قَالَ: إِنَّ رَسُولَ اللهِ ﷺ عُلِّمَ فَوَاتِحَ الخَيْرِ وَجَوَامِعَهُ- أَوْ جَوَامِعَ الخَيْرِ وَفَوَاتِحَهُ- وَإِنَّا كُنَّا لَا نَدْرِي مَا نَقُولُ فِي صَلَاتِنَا، حَتَّى عُلِّمْنَا، فَقَالَ: قُولُوا: «التَّحِيَّاتُ لِلَّهِ»؛ فَذَكَرَهُ إِلَى آخِرِهِ. وَاللهُ أَعْلَمُ.

عاداتُهُ ﷺ

إِذَا مَـــشَى تَقَلَّعَـــا   مُنْكَفِيًــا لِيُـــسْرِعَا

كَانَ ﷺ إِذَا مَشَىٰ تَكَفَّأَ تَكَفُّؤًا، وَكَانَ أَسْرَعَ النَّاسِ مِشْيَةً وَأَحْسَنَهَا وَأَسْكَنَهَا.

رَوَىٰ التِّرْمِذِيُّ وَابْنُ حِبَّانَ: عَنْ أَبِي هُرَيْرَةَ قَالَ: «مَا رَأَيْتُ شَيْئًا أَحْسَنَ مِنْ رَسُولِ اللهِ ﷺ، كَأَنَّ الشَّمْسَ تَجْرِي فِي وَجْهِهِ، وَمَا رَأَيْتُ أَحَدًا أَسْرَعَ فِي مَشْيِهِ مِنْ رَسُولِ اللهِ ﷺ، كَأَنَّمَا الأَرْضُ تُطْوَىٰ لَهُ، إِنَّا لَنُجْهِدُ أَنْفُسَنَا، وَإِنَّهُ لَغَيْرُ مُكْتَرِثٍ».

وَقَالَ عَلِيُّ بْنُ أَبِي طَالِبٍ: «كَانَ رَسُولُ اللهِ ﷺ إِذَا مَشَىٰ تَكَفَّأَ تَكَفُّؤًا كَأَنَّمَا يَنْحَطُّ مِنْ صَبَبٍ». وَقَالَ مَرَّةً: «إِذَا مَشَىٰ تَقَلَّعَ».

وَ(التَّقَلُّعُ) الِارْتِفَاعُ مِنَ الأَرْضِ بِجُمْلَتِهِ، كَحَالِ المُنْحَطِّ مِنَ الصَّبَبِ، وَهِيَ مِشْيَةُ أُولِي العَزْمِ وَالهِمَّةِ وَالشَّجَاعَةِ، وَهِيَ أَعْدَلُ المِشْيَاتِ وَأَرْوَحُهَا لِلْأَعْضَاءِ وَأَبْعَدُهَا مِنْ مِشْيَةِ الهَوَجِ وَالمَهَانَةِ وَالتَّمَاوُتِ.

فَإِنَّ المَاشِيَ إِمَّا أَنْ يَتَمَاوَتَ فِي مَشْيِهِ، وَإِمَّا أَنْ يَمْشِيَ بِانْزِعَاجٍ وَاضْطِرَابٍ وَكِلْتَاهُمَا مِشْيَةٌ مَذْمُومَةٌ، وَإِمَّا أَنْ يَمْشِيَ هَوْنًا، وَهِيَ

مِشْيَةُ عِبَادِ الرَّحْمَنِ، كَمَا وَصَفَهُمُ اللهُ بِهَا فِي كِتَابِهِ فَقَالَ: ﴿ وَعِبَادُ الرَّحْمَنِ الَّذِينَ يَمْشُونَ عَلَى الْأَرْضِ هَوْنًا ﴾ [الفُرْقَانِ:٦٣] قَالَ غَيْرُ وَاحِدٍ مِنَ السَّلَفِ: (بِسَكِينَةٍ وَوَقَارٍ، مِنْ غَيْرِ تَكَبُّرٍ وَلَا تَمَاوُتٍ).

نَـــــامَ عَلَى الحَـــصِيرِ	وَالأَرْضِ والــــــسَّـــــرِير
قَـــدْ أَثَّـــرَ الرِّمَـــالُ بِــــــهِ	بِظَهْـــرِهِ وَجَانِبِــــهْ
فِرَاشُـــهُ فَـــرْشٌ خَفِيـــفْ	مِــــنْ أَدَمٍ، حَــــشْوُهُ لِيــف

قَالَ ابْنُ القَيِّمِ: «كَانَ ﷺ يَنَامُ عَلَى الفِرَاشِ تَارَةً، وَعَلَى النَّطْعِ تَارَةً، وَعَلَى الحَصِيرِ تَارَةً، وَعَلَى الأَرْضِ تَارَةً، وَعَلَى السَّرِيرِ تَارَةً بَيْنَ رِمَالِهِ، وَتَارَةً عَلَى كِسَاءٍ أَسْوَدَ».

وَفِي الصَّحِيحَيْنِ: عَنْ عُمَرَ قَالَ: «دَخَلْتُ عَلَى رَسُولِ اللهِ ﷺ، فَإِذَا هُوَ مُضْطَجِعٌ عَلَى رِمَالِ حَصِيرٍ، لَيْسَ بَيْنَهُ وَبَيْنَهُ فِرَاشٌ، قَدْ أَثَّرَ الرِّمَالُ بِجَنْبِهِ، مُتَّكِئًا عَلَى وِسَادَةٍ مِنْ أَدَمٍ حَشْوُهَا لِيفٌ».

وَفِيهِمَا: عَنْ أَبِي مُوسَى: «دَخَلْتُ عَلَى النَّبِيِّ ﷺ وَهُوَ فِي بَيْتِهِ عَلَى سَرِيرٍ مُرْمَلٍ وَعَلَيْهِ فِرَاشٌ، قَدْ أَثَّرَ رِمَالُ السَّرِيرِ بِظَهْرِهِ وَجَنْبَيْهِ».

(مُرْمَلٌ) أَيْ: مَعْمُولٌ بِالرِّمَالِ، وَهِيَ حِبَالُ الحُصُرِ الَّتِي تُضَفَّرُ بِهَا الأَسِرَّةُ.

وَفِيهِمَا: عَنْ عَائِشَةَ قَالَتْ: «كَانَ فِرَاشُ رَسُولِ اللهِ ﷺ مِنْ أَدَمٍ، وَحَشْوُهُ مِنْ لِيفٍ».

وَرَوَىٰ الْبَغَوِيُّ: عَنْ أَنَسٍ قَالَ: «رَأَيْتُ رَسُولَ اللهِ ﷺ يَرْكَبُ الْحِمَارَ الْعُرْيَ، وَيُجِيبُ دَعْوَةَ الْمَمْلُوكِ، وَيَنَامُ عَلَى الْأَرْضِ، وَيَجْلِسُ عَلَى الْأَرْضِ، وَيَأْكُلُ عَلَى الْأَرْضِ». وَفِي إِسْنَادِهِ ضَعْفٌ.

كَفُّــهُ تَحْــتَ خَــدِّهِ   الْأَيْمَــنِ عِنْــدَ رَقْــدِهِ

فِي سُنَنِ النَّسَائِيِّ: عَنْ حَفْصَةَ قَالَتْ: «كَانَ رَسُولُ اللهِ ﷺ إِذَا أَخَذَ مَضْجَعَهُ جَعَلَ كَفَّهُ الْيُمْنَىٰ تَحْتَ خَدِّهِ الْأَيْمَنِ». وَفِي سُنَنِ التِّرْمِذِيِّ وَصَحَّحَهُ: عَنْ حُذَيْفَةَ بْنِ الْيَمَانِ، أَنَّ النَّبِيَّ ﷺ كَانَ إِذَا أَرَادَ أَنْ يَنَامَ وَضَعَ يَدَهُ تَحْتَ رَأْسِهِ، ثُمَّ قَالَ: «اللَّهُمَّ قِنِي عَذَابَكَ يَوْمَ تَجْمَعُ- أَوْ تَبْعَثُ- عِبَادَكَ». وَعِنْدَهُ وَحَسَّنَهُ: نَحْوُهُ عَنِ الْبَرَاءِ، وَفِيهِ: «يَتَوَسَّدُ يَمِينَهُ».

وَبَــالَ يَوْمًــا قَائِمًــا   وَمِــنْ قُعُــودٍ دَائِمًــا

وَكَانَ ﷺ يَرْتَادُ لِبَوْلِهِ الْمَوْضِعَ الدَّمِثَ- وَهُوَ اللَّيِّنُ الرَّخْوُ مِنَ الْأَرْضِ-، وَأَكْثَرُ مَا كَانَ يَبُولُ وَهُوَ قَاعِدٌ، حَتَّىٰ قَالَتْ عَائِشَةُ: «مَنْ حَدَّثَكُمْ أَنَّهُ كَانَ يَبُولُ قَائِمًا فَلَا تُصَدِّقُوهُ، مَا كَانَ يَبُولُ إِلَّا قَاعِدًا».

وَفِي صَحِيحِ مُسْلِمٍ: عَنْ حُذَيْفَةَ، ((أَنَّهُ ﷺ بَالَ قَائِمًا))، فَقِيلَ: هَذَا بَيَانٌ لِلْجَوَازِ، وَقِيلَ: إِنَّمَا فَعَلَهُ مِنْ وَجَعٍ كَانَ بِمَأْبِضَيْهِ. وَقِيلَ: فَعَلَهُ اسْتِشْفَاءً.

وَالــــشُّــرْبُ فِيـــهِ مِثْلُـــــهُ وَمِـــــنْ قُعُـــودٍ أَكْلُـــهُ

وَكَانَ أَكْثَرُ شُرْبِهِ ﷺ قَاعِدًا، بَلْ زَجَرَ عَنِ الشُّرْبِ قَائِمًا، وَشَرِبَ مَرَّةً قَائِمًا. فَقِيلَ: هَذَا نَسْخٌ لِنَهْيِهِ، وَقِيلَ: بَلْ فَعَلَهُ لِبَيَانِ جَوَازِ الْأَمْرَيْنِ.

قَالَ ابْنُ الْقَيِّمِ: ((وَالَّذِي يَظْهَرُ فِيهِ- وَاللهُ أَعْلَمُ- أَنَّهَا وَاقِعَةُ عَيْنٍ، شَرِبَ فِيهَا قَائِمًا لِعُذْرٍ، وَسِيَاقُ الْقِصَّةِ يَدُلُّ عَلَيْهِ، فَإِنَّهُ أَتَى زَمْزَمَ وَهُمْ يَسْتَقُونَ مِنْهَا فَأَخَذَ الدَّلْوَ وَشَرِبَ قَائِمًا)).

وَكَانَ ﷺ مُعْظَمُ مَطْعَمِهِ يُوضَعُ عَلَى الْأَرْضِ فِي السُّفْرَةِ، وَهِيَ كَانَتْ مَائِدَتَهُ. وَرَوَى الطَّبَرَانِيُّ: عَنِ ابْنِ عَبَّاسٍ قَالَ: ((كَانَ رَسُولُ اللهِ ﷺ يَجْلِسُ عَلَى الْأَرْضِ، وَيَأْكُلُ عَلَى الْأَرْضِ)).

لَا يَجْلِـــــسَنْ مُتَّكِيَـــــا فِي الْأَكْـــلِ، لَكِـــنْ مُقْعِيَـــا

وَكَانَ ﷺ لَا يَأْكُلُ مُتَّكِئًا، وَالِاتِّكَاءُ عَلَى ثَلَاثَةِ أَنْوَاعٍ، أَحَدُهَا: الِاتِّكَاءُ عَلَى الْجَنْبِ، وَالثَّانِي: التَّرَبُّعُ، وَالثَّالِثُ: الِاتِّكَاءُ عَلَى إِحْدَى يَدَيْهِ وَأَكْلُهُ بِالْأُخْرَى؛ وَالثَّلَاثُ مَذْمُومَةٌ.

وَرَوَى التِّرْمِذِيُّ فِي «الشَّمَائِلِ»: عَنْ أَنَسِ بْنِ مَالِكٍ قَالَ: «أُتِيَ رَسُولُ اللهِ ﷺ بِتَمْرٍ، فَرَأَيْتُهُ يَأْكُلُ وَهُوَ مُقْعٍ، مِنَ الْجُوعِ». وَرَوَاهُ مُسْلِمٌ بِلَفْظِ: «أُتِيَ رَسُولُ اللهِ ﷺ بِتَمْرٍ، فَجَعَلَ النَّبِيُّ ﷺ يَقْسِمُهُ وَهُوَ مُحْتَفِزٌ، يَأْكُلُ مِنْهُ أَكْلًا ذَرِيعًا»، وَفِي رِوَايَةٍ: «أَكْلًا حَثِيثًا».

(مُحْتَفِزٌ) أَيْ: مُسْتَعْجِلٌ مُسْتَوْفِزٌ غَيْرُ مُتَمَكِّنٍ، وَالرَّجُلُ يَتَحَفَّزُ فِي جُلُوسِهِ كَأَنَّهُ يَثُورُ إِلَى الْقِيَامِ. (مُقْعٍ) الْإِقْعَاءُ: أَنْ يَجْلِسَ عَلَىٰ وَرِكَيْهِ، وَهُوَ الِاحْتِفَازُ أَيْضًا. (حَثِيثًا) أَيْ: سَرِيعًا.

يَأْكُــــــــلُ بِالثَّلَاثَــــــــةِ	يَــــشْـــــرَبُ فِي ثَلَاثَــــــةِ
مَــصٌّ، وَالـــشُّـــرْبُ	يَلْعَقُهَــــــا، وَالشُّرْبُ فَـلَا يَعُبُّ
يُبِينُــهُ عَــنْ فِيــهِ	لَــمْ يَتَـنَـفَّسْ فِيــهِ
يَخْــتِمُ بِالْحَمْدَلَــةِ	يَبْـــدَأُ بِالْبَـــسْــمَلَةِ

فِي صَحِيحِ مُسْلِمٍ: عَنْ كَعْبِ بْنِ مَالِكٍ قَالَ: «كَانَ رَسُولُ اللهِ ﷺ يَأْكُلُ بِثَلَاثِ أَصَابِعَ، وَيَلْعَقُ يَدَهُ قَبْلَ أَنْ يَمْسَحَهَا». وَفِي الصَّحِيحَيْنِ: عَنِ ابْنِ عَبَّاسٍ، أَنَّ النَّبِيَّ ﷺ قَالَ: «إِذَا أَكَلَ أَحَدُكُمْ فَلَا يَمْسَحْ يَدَهُ حَتَّىٰ يَلْعَقَهَا أَوْ يُلْعِقَهَا».

وَفِي الصَّحِيحَيْنِ: عَنْ أَنَسٍ، «أَنَّ رَسُولَ اللهِ ﷺ كَانَ يَتَنَفَّسُ

فِي الْإِنَاءِ ثَلَاثًا». وَفِي رِوَايَةٍ لِمُسْلِمٍ: قَالَ: كَانَ رَسُولُ اللهِ ﷺ يَتَنَفَّسُ فِي الشَّرَابِ ثَلَاثًا، وَيَقُولُ: «إِنَّهُ أَرْوَىٰ وَأَبْرَأُ وَأَمْرَأُ».

وَفِي الصَّحِيحَيْنِ عَنْ أَبِي قَتَادَةَ قَالَ: قَالَ رَسُولُ اللهِ ﷺ: «إِذَا شَرِبَ أَحَدُكُمْ فَلَا يَتَنَفَّسْ فِي الْإِنَاءِ».

وَرَوَىٰ التِّرْمِذِيُّ وَصَحَّحَهُ: عَنْ أَبِي سَعِيدٍ الْخُدْرِيِّ، أَنَّ النَّبِيَّ ﷺ نَهَىٰ عَنِ النَّفْخِ فِي الشُّرْبِ، فَقَالَ رَجُلٌ: الْقَذَاةُ أَرَاهَا فِي الْإِنَاءِ؟ قَالَ: «أَهْرِقْهَا»، قَالَ: فَإِنِّي لَا أَرْوَىٰ مِنْ نَفَسٍ وَاحِدٍ؟ قَالَ: «فَأَبِنِ الْقَدَحَ إِذَنْ عَنْ فِيكَ».

وَرَوَىٰ الطَّبَرَانِيُّ فِي «الْأَوْسَطِ»: عَنْ أَبِي هُرَيْرَةَ، «أَنَّ رَسُولَ اللهِ ﷺ كَانَ يَشْرَبُ فِي ثَلَاثَةِ أَنْفَاسٍ، إِذَا أَدْنَىٰ الْإِنَاءَ إِلَىٰ فِيهِ سَمَّىٰ اللهَ، فَإِذَا أَخَّرَهُ حَمِدَ اللهَ، يَفْعَلُ بِهِ ثَلَاثَ مَرَّاتٍ». وَعَنْ نَوْفَلِ بْنِ مُعَاوِيَةَ الدَّيْلِيِّ قَالَ: «رَأَيْتُ رَسُولَ اللهِ ﷺ يَشْرَبُ بِثَلَاثَةِ أَنْفَاسٍ، يُسَمِّي اللهَ فِي أَوَّلِهَا، وَيَحْمَدُهُ فِي آخِرِهَا».

وَفِي صَحِيحِ الْبُخَارِيِّ: عَنْ أَبِي أُمَامَةَ، أَنَّ النَّبِيَّ ﷺ كَانَ إِذَا رَفَعَ مَائِدَتَهُ قَالَ: «الْحَمْدُ لِلَّهِ كَثِيرًا طَيِّبًا مُبَارَكًا فِيهِ، غَيْرَ مَكْفِيٍّ وَلَا مُوَدَّعٍ وَلَا مُسْتَغْنًى عَنْهُ، رَبَّنَا».

وَفِي سُنَنِ أَبِي دَاوُدَ: عَنْ أَبِي أَيُّوبَ الْأَنْصَارِيِّ قَالَ: كَانَ

رَسُولُ اللهِ ﷺ إِذَا أَكَلَ أَوْ شَرِبَ قَالَ: «الْحَمْدُ لِلَّهِ الَّذِي أَطْعَمَ وَسَقَىٰ وَسَوَّغَهُ وَجَعَلَ لَهُ مَخْرَجًا».

وَرَوَىٰ عَبْدُ الرَّزَّاقِ وَالْبَيْهَقِيُّ: مِنْ مُرْسَلِ ابْنِ أَبِي حُسَيْنٍ، أَنَّ النَّبِيَّ ﷺ قَالَ: «إِذَا شَرِبَ أَحَدُكُمْ فَلْيَمُصَّ مَصًّا وَلَا يَعُبَّ عَبًّا؛ فَإِنَّ الْكُبَادَ مِنَ الْعَبِّ». وَ(الْكُبَادُ) وَجَعُ الْكَبِدِ.

وَرَوَىٰ الْبَيْهَقِيُّ: مِنْ مُرْسَلِ ابْنِ شِهَابِ الزُّهْرِيِّ، أَنَّ رَسُولَ اللهِ ﷺ كَانَ إِذَا شَرِبَ تَنَفَّسَ ثَلَاثَةَ أَنْفَاسٍ، وَنَهَىٰ عَنِ الْعَبِّ نَفَسًا وَاحِدًا، وَيَقُولُ: «ذَلِكَ شُرْبُ الشَّيْطَانِ».

يَأْكُـــلُ إِنْ يُعْجِبُـــهُ   أَوْلَا؛ فَلَـــمْ يَعِبْـــهُ

وَفِي الصَّحِيحَيْنِ: عَنْ أَبِي هُرَيْرَةَ قَالَ: «مَا عَابَ النَّبِيُّ ﷺ طَعَامًا قَطُّ؛ إِنِ اشْتَهَاهُ أَكَلَهُ وَإِلَّا تَرَكَهُ».

يُعْجِبُـــهُ التَّـــيَمُّنُ   وَكُلُّ أَمْـــرِ يَحْـــسُنُ

فِي الصَّحِيحَيْنِ: عَنْ عَائِشَةَ قَالَتْ: «كَانَ النَّبِيُّ ﷺ يُعْجِبُهُ التَّيَمُّنُ، فِي تَنَعُّلِهِ، وَتَرَجُّلِهِ، وَطُهُورِهِ، وَفِي شَأْنِهِ كُلِّهِ».

(التَّيَمُّنُ) اسْتِعْمَالُ الْيَمِينِ فِي الْمُبَاشَرَةِ، وَالِابْتِدَاءِ بِالْيَمِينِ.

وَفِي الْمُسْنَدِ: عَنْ حَفْصَةَ، «أَنَّ رَسُولَ اللهِ ﷺ كَانَتْ يَمِينُهُ

لِطَعَامِهِ وَطُهُورِهِ وَصَلَاتِهِ وَثِيَابِهِ، وَكَانَتْ شِمَالُهُ لِمَا سِوَى ذَلِكَ».

وَالمَقْصُودُ: أَنَّهُ ﷺ كَانَ يُعْجِبُهُ أَنْ يُبَاشِرَ الأَفْعَالَ الَّتِي هِيَ مِنْ بَابِ الكَرَامَةِ بِاليَمِينِ كَالأَكْلِ وَالشُّرْبِ وَالأَخْذِ وَالعَطَاءِ، وَضِدَّهَا بِالشِّمَالِ كَالاسْتِنْجَاءِ وَإِمْسَاكِ الذَّكَرِ وَإِزَالَةِ النَّجَاسَةِ.

فَإِنْ كَانَ الفِعْلُ مُشْتَرَكًا بَيْنَ العُضْوَيْنِ بَدَأَ بِاليَمِينِ فِي أَفْعَالِ التَّكْرِيمِ وَأَمَاكِنِهِ كَالوُضُوءِ وَدُخُولِ المَسْجِدِ، وَبِاليَسَارِ فِي ضِدِّ ذَلِكَ كَدُخُولِ الخَلَاءِ وَالخُرُوجِ مِنَ المَسْجِدِ وَنَحْوِهِ.

وَكَانَ ﷺ يُعْجِبُهُ كُلُّ أَمْرٍ حَسَنٍ، مِثْلُ إِعْجَابِهِ بِالاسْمِ الحَسَنِ وَالفَأْلِ الحَسَنِ. وَفِي المُسْنَدِ وَصَحِيحِ ابْنِ حِبَّانَ: عَنِ ابْنِ عَبَّاسٍ قَالَ: «كَانَ رَسُولُ اللهِ ﷺ يَتَفَاءَلُ وَلَا يَتَطَيَّرُ، وَيُعْجِبُهُ الاسْمُ الحَسَنُ». وَفِي الصَّحِيحَيْنِ: عَنْ أَنَسٍ عَنِ النَّبِيِّ ﷺ قَالَ: «لَا عَدْوَى وَلَا طِيَرَةَ، وَيُعْجِبُنِي الفَأْلُ الصَّالِحُ: الكَلِمَةُ الحَسَنَةُ».

وَ(الفَأْلُ) الَّذِي يُحِبُّهُ: هُوَ أَنْ يَفْعَلَ أَمْرًا أَوْ يَعْزِمَ عَلَيْهِ مُتَوَكِّلًا عَلَى اللهِ تَعَالَى، فَيَسْمَعُ الكَلِمَةَ الحَسَنَةَ الَّتِي تَسُرُّهُ، مِثْلُ أَنْ يَسْمَعَ: يَا نَجِيحُ، يَا مُفْلِحُ، يَا سَعِيدُ، يَا مَنْصُورُ، وَنَحْوُ ذَلِكَ.

كَمَا قَالَ لَمَّا جَاءَ سُهَيْلُ بْنُ عَمْرٍو يَوْمَ الحُدَيْبِيَةِ: «سَهُلَ أَمْرُكُمْ» وَقَالَ لِبُرَيْدَةَ لَمَّا سَأَلَهُ عَنِ اسْمِهِ، فَقَالَ: بُرَيْدَةُ. قَالَ: «يَا أَبَا بَكْرٍ؛

بَرَدَ أَمْرُنَا»، ثُمَّ قَالَ: «مِمَّنْ أَنْتَ؟» قَالَ: مِنْ أَسْلَمَ. فَقَالَ لِأَبِي بَكْرٍ: «سَلِمْنَا»، ثُمَّ قَالَ: «مِمَّنْ؟» قَالَ: مِنْ سَهْمٍ. قَالَ: «خَرَجَ سَهْمُكَ».

وَكَانَ ﷺ يُحِبُّ الطِّيبَ، وَكَانَ يُحِبُّ الْحَلْوَاءَ وَالْعَسَلَ، وَكَانَ يُحِبُّ الشَّرَابَ الْبَارِدَ الْحُلْوَ، وَيُحِبُّ حُسْنَ الصَّوْتِ بِالْقُرْآنِ وَالْأَذَانِ وَيَسْتَمِعُ إِلَيْهِ، وَيُحِبُّ مَعَالِيَ الْأَخْلَاقِ وَمَكَارِمَ الشِّيَمِ؛ وَبِالْجُمْلَةِ: يُحِبُّ كُلَّ حَسَنٍ وَكَمَالٍ وَخَيْرٍ، وَمَا يُفْضِي إِلَيْهِمَا.

وَيَكْرَهُ مَا تَنْفِرُ عَنْهُ الْقُلُوبُ مِنَ الْأَسْمَاءِ، وَصَحَّ عَنْهُ أَنَّهُ سُئِلَ عَنِ الْعَقِيقَةِ فَقَالَ: «لَا أُحِبُّ الْعُقُوقَ»، وَكَأَنَّهُ كَرِهَ الِاسْمَ.

وَكَانَ رَسُولُ الله ﷺ شَدِيدَ الْكَرَاهَةِ لِذَلِكَ جِدًّا، حَتَّىٰ كَانَ يُغَيِّرُ الِاسْمَ الْقَبِيحَ بِالْحَسَنِ، وَيَتْرُكُ النُّزُولَ فِي الْأَرْضِ الْقَبِيحَةِ الِاسْمِ وَالْمُرُورَ بَيْنَ الْجَبَلَيْنِ الْقَبِيحِ اسْمُهُمَا.

وَلُبْــــسُهُ الْأَقْطَــــانْ وَالــصُّــوفُ وَالْكَتَّــــانْ

وَكَانَ غَالِبُ مَا يَلْبَسُ هُوَ ﷺ وَأَصْحَابُهُ رَضِيَ اللهُ عَنْهُمْ مَا نُسِجَ مِنَ الْقُطْنِ، وَرُبَّمَا لَبِسُوا مَا نُسِجَ مِنَ الصُّوفِ وَالْكَتَّانِ، وَهَدْيُهُ ﷺ فِي اللِّبَاسِ أَنْ يَلْبَسَ مَا تَيَسَّرَ مِنَ اللِّبَاسِ؛ مِنَ الصُّوفِ تَارَةً، وَالْقُطْنِ تَارَةً، وَالْكَتَّانِ تَارَةً.

وَأَمَّا الَّذِينَ يَرَوْنَ أَنَّ لُبْسَ الصُّوفِ دَائِمًا أَفْضَلُ مِنْ غَيْرِهِ، فَيَتَحَرَّوْنَهُ وَيَمْنَعُونَ أَنْفُسَهُمْ مِنْ غَيْرِهِ، وَكَذَلِكَ يَتَحَرَّوْنَ زِيًّا وَاحِدًا مِنَ المَلَابِسِ، وَيَتَحَرَّوْنَ رُسُومًا وَأَوْضَاعًا وَهَيْئَاتٍ يَرَوْنَ الخُرُوجَ عَنْهَا مُنْكَرًا؛ فَلَيْسَ المُنْكَرُ إِلَّا التَّقَيَّدَ بِهَا والمُحَافَظَةَ عَلَيْهَا وَتَرْكَ الخُرُوجِ عَنْهَا، وَأَحْسَنُ الهَدْيِ هَدْيُ مُحَمَّدٍ ﷺ، وَلِهَذَا قَالَ بَعْضُ السَّلَفِ: كَانُوا يَكْرَهُونَ الشُّهْرَتَيْنِ مِنَ الثِّيَابِ: العَالِي والمُنْخَفِضِ.

وَلَبِسَ ﷺ البُرُودَ اليَمَانِيَّةَ والبُرْدَ الأَخْضَرَ، وَلَبِسَ الجُبَّةَ والقَبَاءَ والقَمِيصَ والسَّرَاوِيلَ والإِزَارَ والرِّدَاءَ والخُفَّ والنَّعْلَ، وَأَرْخَى الذُّؤَابَةَ مِنْ خَلْفِهِ تَارَةً وَتَرَكَهَا تَارَةً. وَكَانَ يَتَلَحَّى بِالعِمَامَةِ تَحْتَ الحَنَكِ.

وَبَعْـــضُهُ أَحَـــبُّ لَهُ   وَلَـــمْ يَكُـــنْ لِيُـــسْبِلَهْ

وَكَانَ بَعْضُ الثِّيَابِ أَحَبَّ إِلَيْهِ ﷺ مِنْ بَعْضٍ.

وَفِي الصَّحِيحَيْنِ: عَنْ أَنَسِ بْنِ مَالِكٍ قَالَ: «كَانَ أَحَبُّ الثِّيَابِ إِلَى النَّبِيِّ ﷺ أَنْ يَلْبَسَهَا الحِبَرَةَ». وَ(الحِبَرَةُ) بُرْدٌ مِنْ بُرُودِ اليَمَنِ.

وَرَوَى أَبُو دَاوُدَ والتِّرْمِذِيُّ وَحَسَّنَهُ: عَنْ أُمِّ سَلَمَةَ قَالَتْ: «كَانَ أَحَبُّ الثِّيَابِ إِلَى رَسُولِ اللهِ ﷺ القَمِيصَ».

وَرَوَى أَبُو دَاوُدَ والتِّرْمِذِيُّ وَحَسَّنَهُ أَيْضًا: عَنْ أَسْمَاءَ بِنْتِ يَزِيدَ

قَالَتْ: «كَانَتْ يَدُ كُمَّ رَسُولِ الله ﷺ إِلَى الرُّسْغِ».

وَفِي سُنَنِ ابْنِ مَاجَهْ بِإِسْنَادٍ ضَعِيفٍ: عَنِ ابْنِ عَبَّاسٍ قَالَ: «كَانَ رَسُولُ الله ﷺ يَلْبَسُ قَمِيصًا قَصِيرَ الْيَدَيْنِ وَالطُّولِ». وَصَحَّحَهُ الْحَاكِمُ وَلَفْظُهُ: «أَنَّ النَّبِيَّ ﷺ لَبِسَ قَمِيصًا، وَكَانَ فَوْقَ الْكَعْبَيْنِ، وَكَانَ كُمُّهُ مَعَ الْأَصَابِعِ».

وَفِي صَحِيحِ مُسْلِمٍ: عَنْ أَبِي جُحَيْفَةَ قَالَ: «أَتَيْتُ النَّبِيَّ ﷺ بِمَكَّةَ وَهُوَ بِالْأَبْطَحِ فِي قُبَّةٍ لَهُ حَمْرَاءَ مِنْ أَدَمٍ»، قَالَ: «فَخَرَجَ النَّبِيُّ ﷺ عَلَيْهِ حُلَّةٌ حَمْرَاءُ كَأَنِّي أَنْظُرُ إِلَى بَيَاضِ سَاقَيْهِ».

قَالَ ابْنُ الْقَيِّمِ: «وَلَمْ يَكُنْ ﷺ يُطِيلُ أَكْمَامَ الْقَمِيصِ وَيُوَسِّعُهَا، بَلْ كَانَتْ كُمُّ قَمِيصِهِ إِلَى الرُّسْغِ، لَا يُجَاوِزُ الْيَدَ فَتَشُقُّ عَلَى لَابِسِهَا، وَتَمْنَعُهُ خِفَّةَ الْحَرَكَةِ، وَلَا تَقْصُرُ عَنْ هَذِهِ فَتَبْرُزُ لِلْحَرِّ وَالْبَرْدِ، وَكَانَ ذَيْلُ قَمِيصِهِ وَإِزَارِهِ إِلَى أَنْصَافِ السَّاقَيْنِ، لَمْ يَتَجَاوَزِ الْكَعْبَيْنِ فَيُؤْذِي الْمَاشِيَ وَيُؤُودُهُ، وَيَجْعَلُهُ كَالْمُقَيَّدِ، وَلَمْ يَقْصُرْ عَنْ عَضَلَةِ سَاقَيْهِ فَتَنْكَشِفَ وَيَتَأَذَّى بِالْحَرِّ وَالْبَرْدِ».

الأَجْمَلُ مِنْهُ الأَفْضَلُ وَهُوَ عَلَيْهِ أَجْمَلُ

وَكَانَ ﷺ أَجْمَلَ النَّاسِ خَلْقًا وَوَجْهًا، وَكَانَ إِذَا لَبِسَ الثَّوْبَ الْجَمِيلَ ازْدَادَ الثَّوْبُ جَمَالًا وَهُوَ عَلَى بَدَنِهِ الشَّرِيفِ ﷺ؛ فَالنَّاسُ

يَلْبَسُونَ الثِّيَابَ الحَسَنَةَ يَتَزَيَّنُونَ بِهَا، وَالثَّوْبُ الحَسَنُ يَزْدَادُ حُسْنًا وَبَهَاءًا إِذَا لَبِسَهُ النَّبِيُّ ﷺ.

وَفِي الصَّحِيحَيْنِ: عَنِ البَرَاءِ بْنِ عَازِبٍ قَالَ: «كَانَ رَسُولُ اللهِ ﷺ أَحْسَنَ النَّاسِ وَجْهًا، وَأَحْسَنَهُمْ خَلْقًا». وَفِيهِمَا أَيْضًا عَنْهُ: «مَا رَأَيْتُ أَحَدًا أَحْسَنَ فِي حُلَّةٍ حَمْرَاءَ مِنَ النَّبِيِّ ﷺ». وَفِي لَفْظٍ: «رَأَيْتُهُ فِي حُلَّةٍ حَمْرَاءَ، لَمْ أَرَ شَيْئًا قَطُّ أَحْسَنَ مِنْهُ».

وَ(الحُلَّةُ) إِزَارٌ وَرِدَاءٌ، وَلَا تَكُونُ الحُلَّةُ إِلَّا اسْمًا لِلثَّوْبَيْنِ مَعًا.

يُحِبُّ مِنْ دُنْيَانَا الطِّيبَ وَالنِّسْوَانَا

وَصَحَّ عَنْهُ: مِنْ حَدِيثِ أَنَسٍ، أَنَّهُ ﷺ قَالَ: «حُبِّبَ إِلَيَّ مِنْ دُنْيَاكُمْ: النِّسَاءُ وَالطِّيبُ، وَجُعِلَتْ قُرَّةُ عَيْنِي فِي الصَّلَاةِ».

هَذَا لَفْظُ الحَدِيثِ، وَمَنْ رَوَاهُ: «حُبِّبَ إِلَيَّ مِنْ دُنْيَاكُمْ ثَلَاثٌ» فَقَدْ وَهِمَ، وَلَمْ يَقُلْ ﷺ (ثَلَاثٌ)، وَالصَّلَاةُ لَيْسَتْ مِنْ أُمُورِ الدُّنْيَا الَّتِي تُضَافُ إِلَيْهَا.

ويَكْرَهُ الرِّيحَ الكَرِيهَ وَكُلَّ شَيْءٍ كَانَ فِيهِ

وَكَانَ النَّبِيُّ ﷺ يُحِبُّ الرِّيحَ الطَّيِّبَةَ، وَيَكْرَهُ الرِّيحَ الخَبِيثَةَ، وَتَشْتَدُّ عَلَيْهِ. وَفِي الصَّحِيحَيْنِ: عَنْ عَائِشَةَ قَالَتْ: «وَكَانَ رَسُولُ اللهِ ﷺ يَشْتَدُّ عَلَيْهِ أَنْ يُوجَدَ مِنْهُ الرِّيحُ».

وَفِي سُنَنِ أَبِي دَاوُدَ: عَنْهَا قَالَتْ: «صَنَعْتُ لِرَسُولِ اللهِ ﷺ بُرْدَةً سَوْدَاءَ، فَلَبِسَهَا، فَلَمَّا عَرِقَ فِيهَا وَجَدَ رِيحَ الصُّوفِ، فَقَذَفَهَا، وَكَانَ تُعْجِبُهُ الرِّيحُ الطَّيِّبَةُ».

وَكَذَلِكَ كَانَ يَكْرَهُ مِنَ الأَطْعِمَةِ مَا كَانَ مِنْهَا ذَا رَائِحَةٍ كَرِيهَةٍ.

وَفِي الصَّحِيحَيْنِ: عَنْ جَابِرٍ، أَنَّ رَسُولَ اللهِ ﷺ قَالَ: «مَنْ أَكَلَ ثُومًا أَوْ بَصَلًا، فَلْيَعْتَزِلْنَا أَوْ لِيَعْتَزِلْ مَسْجِدَنَا، وَلْيَقْعُدْ فِي بَيْتِهِ». وَإِنَّهُ أُتِيَ بِقِدْرٍ فِيهِ خَضِرَاتٌ مِنْ بُقُولٍ، فَوَجَدَ لَهَا رِيحًا، فَسَأَلَ فَأُخْبِرَ بِمَا فِيهَا مِنَ البُقُولِ، فَقَالَ: «قَرِّبُوهَا» إِلَى بَعْضِ أَصْحَابِهِ، فَلَمَّا رَآهُ كَرِهَ أَكْلَهَا، قَالَ: «كُلْ؛ فَإِنِّي أُنَاجِي مَنْ لَا تُنَاجِي».

وَفِي صَحِيحِ مُسْلِمٍ: عَنْ عُمَرَ بْنِ الخَطَّابِ قَالَ: «أَيُّهَا النَّاسُ؛ تَأْكُلُونَ شَجَرَتَيْنِ لَا أَرَاهُمَا إِلَّا خَبِيثَتَيْنِ، هَذَا البَصَلَ وَالثُّومَ، لَقَدْ رَأَيْتُ رَسُولَ اللهِ ﷺ إِذَا وَجَدَ رِيحَهُمَا مِنَ الرَّجُلِ فِي المَسْجِدِ أَمَرَ بِهِ فَأُخْرِجَ إِلَى البَقِيعِ، فَمَنْ أَكَلَهُمَا فَلْيُمِتْهُمَا طَبْخًا».

عَيْنَـــاهُ يَكْحُلُهُمَـــا   ثَلَاثَـــــةً؛ كِلَاهُمَـــا

رَوَى أَبُو دَاوُدَ وَالتِّرْمِذِيُّ وَحَسَّنَهُ: عَنِ ابْنِ عَبَّاسٍ قَالَ: قَالَ رَسُولُ اللهِ ﷺ: «إِنَّ خَيْرَ أَكْحَالِكُمُ الإِثْمِدُ: يَجْلُو البَصَرَ، وَيُنْبِتُ الشَّعَرَ». زَادَ التِّرْمِذِيُّ: «وَكَانَ لِرَسُولِ اللهِ ﷺ مُكْحُلَةٌ يَكْتَحِلُ بِهَا

عِنْدَ النَّوْمِ ثَلَاثًا فِي كُلِّ عَيْنٍ». وَفِي رِوَايَةٍ عِنْدَ أَبِي الشَّيْخِ فِي «أَخْلَاقِ النَّبِيِّ ﷺ»: «أَنَّ رَسُولَ اللهِ ﷺ كَانَ يَكْتَحِلُ فِي عَيْنِهِ الْيُمْنَىٰ ثَلَاثًا، وَفِى الْيُسْرَىٰ ثَلَاثًا بِالإِثْمِدِ».

وَقَدْ رَوَىٰ أَبُو دَاوُدَ: عَنْ أَبِي هُرَيْرَةَ، عَنِ النَّبِيِّ ﷺ قَالَ: «مَنِ اكْتَحَلَ فَلْيُوتِرْ».

فَهَلِ الوِتْرُ بِالنِّسْبَةِ إِلَى العَيْنَيْنِ كِلْتَيْهِمَا، فَيَكُونُ فِي هَذِهِ ثَلَاثٌ، وَفِي هَذِهِ ثِنْتَانِ، وَالْيُمْنَىٰ أَوْلَىٰ بِالِابْتِدَاءِ وَالتَّفْضِيلِ، أَوْ هُوَ بِالنِّسْبَةِ إِلَى كُلِّ عَيْنٍ، فَيَكُونُ فِي هَذِهِ ثَلَاثٌ، وَفِي هَذِهِ ثَلَاثٌ؛ هُمَا قَوْلَانِ، وَالثَّانِي أَصَحُّ.

خَاتَمُــــهُ وَفَــــصُّهُ   مِــــنْ فِــــضَّةٍ، وَنَصُّهُ:

(مُحَمَّــــدُ) (رَسُــــولُ)   (اللَّـــهِ)؛ أَيْ: مَفْصُــولُ

يَلْبَـــسُهُ فِي الخِنْصَــــرِ   الأَيْمَـــنِ أَوْ فِي الأَيْسَـــرِ

فِي صَحِيحِ البُخَارِيِّ: عَنْ أَنَسِ بْنِ مَالِكٍ، «أَنَّ النَّبِيَّ ﷺ كَانَ خَاتَمُهُ مِنْ فِضَّةٍ، وَكَانَ فَصُّهُ مِنْهُ». وَفِي صَحِيحِ مُسْلِمٍ: عَنْهُ، «أَنَّ رَسُولَ اللهِ ﷺ لَبِسَ خَاتَمَ فِضَّةٍ فِي يَمِينِهِ، فِيهِ فَصٌّ حَبَشِيٌّ كَانَ يَجْعَلُ فَصَّهُ مِمَّا يَلِي كَفَّهُ».

وَفِي صَحِيحِ البُخَارِيِّ عَنْهُ: «وَكَانَ نَقْشُ الخَاتَمِ ثَلَاثَةَ أَسْطُرٍ: (مُحَمَّدٌ) سَطْرٌ، وَ(رَسُولُ) سَطْرٌ، وَ(اللهِ) سَطْرٌ».

وَفِي صَحِيحِ مُسْلِمٍ: عَنْهُ قَالَ: «كَانَ خَاتَمُ النَّبِيِّ ﷺ فِي هَذِهِ، وَأَشَارَ إِلَى الخِنْصِرِ مِنْ يَدِهِ اليُسْرَى»، وَفِي رِوَايَةٍ أُخْرَى لَهُ: «أَنَّ رَسُولَ اللهِ ﷺ لَبِسَ خَاتَمَ فِضَّةٍ فِي يَمِينِهِ». وَلَهُ: عَنِ ابْنِ عُمَرَ- فِي قِصَّةِ اتِّخَاذِ الخَاتَمِ مِنْ ذَهَبٍ- وَفِيهِ: «وَجَعَلَهُ فِي يَدِهِ اليُمْنَى».

فَاخْتَلَفَ العُلَمَاءُ فِي ذَلِكَ: فَمِنْهُمْ مَنْ رَجَّحَ أَنَّ النَّبِيَّ ﷺ كَانَ يَتَخَتَّمُ فِي يَسَارِهِ، وَمِنْهُمْ مَنْ رَجَّحَ أَنَّهُ ﷺ كَانَ يَتَخَتَّمُ فِي يَمِينِهِ، وَمِنْهُمْ مَنْ ذَهَبَ إِلَى أَنَّهُ ﷺ فَعَلَ هَذَا تَارَةً وَهَذَا تَارَةً. وَاللهُ أَعْلَمُ.

دَلائِلُ نُبُوَّتِهِ ﷺ

وَرَبُّـــهُ قَـدْ ظَـــهَرَهْ   بِالْمُعْجِزَاتِ البَـــاهِرَهْ

قَدْ أَيَّدَ اللهُ تَعَالَى النَّبِيَّ ﷺ وَظَاهَرَهُ بِالْمُعْجِزَاتِ البَاهِرَةِ، مِثْلَ مَا أُوتِيَ الأَنْبِيَاءُ السَّابِقُونَ عَلَيْهِمُ السَّلَامُ، بَلْ وَأَعْظَمُ، وَإِنْ كَانَ القُرْآنُ هُوَ المُعْجِزَةَ العُظْمَى لِلنَّبِيِّ ﷺ، وَالآيَةَ البَاقِيَةَ عَلَى وَجْهِ الدَّهْرِ.

وَهَذِهِ المُعْجِزَاتُ الحِسِّيَّةُ بَعْضُهَا ثَابِتٌ بِالقُرْآنِ الكَرِيمِ نَصًّا: كَالإِسْرَاءِ وَانْشِقَاقِ القَمَرِ، أَوْ بِالإِشَارَةِ: كَالمِعْرَاجِ، وَبَعْضُهَا ثَابِتٌ بِالأَحَادِيثِ المُتَوَاتِرَةِ، وَالكَثِيرُ مِنْهَا ثَابِتٌ بِالأَحَادِيثِ الصَّحِيحَةِ.

أَوْحَى لَهُ القُرْآنَـــا   أَعْظَمَهَا بُرْهَانَـــا

لَا تَنْقَـــضِي عَجَائِبُـهْ   وَلَا يَـــضِلُّ صَــاحِبُهْ

يُحْفَــظُ فِي صُــدُورِ   الأُمَّـــةِ وَالسُّـــطُورِ

فِي الصَّحِيحَيْنِ: عَنْ أَبِي هُرَيْرَةَ عَنِ النَّبِيِّ ﷺ قَالَ: «مَا مِنَ الأَنْبِيَاءِ نَبِيٌّ إِلَّا أُعْطِيَ مَا مِثْلُهُ آمَنَ عَلَيْهِ البَشَرُ، وَإِنَّمَا كَانَ الَّذِي أُوتِيتُ وَحْيًا أَوْحَاهُ اللهُ إِلَيَّ، فَأَرْجُو أَنْ أَكُونَ أَكْثَرَهُمْ تَابِعًا يَوْمَ القِيَامَةِ».

مِنْ أَعْظَمِ مُعْجِزَاتِهِ وَأَوْضَحِ دَلَالَاتِهِ القُرْآنُ العَزِيزُ الَّذِي لَا يَأْتِيهِ البَاطِلُ مِنْ بَيْنِ يَدَيْهِ وَلَا مِنْ خَلْفِهِ تَنْزِيلٌ مِنْ حَكِيمٍ حَمِيدٍ، الَّذِي أَعْجَزَ الفُصَحَاءَ، وَحَيَّرَ البُلَغَاءَ، وَأَعْيَاهُمْ أَنْ يَأْتُوا بِسُورَةٍ مِنْ مِثْلِهِ، وَشَهِدَ بِإِعْجَازِهِ المُشْرِكُونَ، وَأَيْقَنَ بِصِدْقِهِ الجَاحِدُونَ.

فَالقُرْآنُ كَلامُ اللهِ وَوَحْيُهُ، وَتَنْزِيلُهُ وَصِفَتُهُ، لَيْسَ بِخَالِقٍ وَلَا مَخْلُوقٍ، وَلَا مُحْدَثٍ وَلَا حَادِثٍ، مَكْتُوبٌ فِي المَصَاحِفِ، مَحْفُوظٌ فِي القُلُوبِ، مَتْلُوٌّ بِالأَلْسُنِ، مَسْمُوعٌ بِالآذَانِ.

قَالَ تَعَالَىٰ: ﴿ إِنَّا نَحْنُ نَزَّلْنَا ٱلذِّكْرَ وَإِنَّا لَهُۥ لَحَٰفِظُونَ ﴾ [الحجر:٩]، وَقَالَ: ﴿وَٱلطُّورِ ١ وَكِتَٰبٍ مَّسْطُورٍ ٢ فِى رَقٍّ مَّنشُورٍ﴾ [الطور:١-٣]، وَقَالَ: ﴿بَلْ هُوَ قُرْءَانٌ مَّجِيدٌ ٢١ فِى لَوْحٍ مَّحْفُوظِۭ﴾ [البروج:٢١-٢٢]، وَقَالَ: ﴿بَلْ هُوَ ءَايَٰتٌۢ بَيِّنَٰتٌ فِى صُدُورِ ٱلَّذِينَ أُوتُوا۟ ٱلْعِلْمَ﴾ [العنكبوت:٤٩].

وَمَـــا زَوَى اللَّــــهُ لَـــهُ   قَـــدْ مَلَّكْتُـــهُ كُلَّـــهُ

وَفِي صَحِيحِ مُسْلِمٍ: عَنْ ثَوْبَانَ قَالَ: قَالَ رَسُولُ اللهِ ﷺ: «إِنَّ اللهَ زَوَىٰ لِي الأَرْضَ، فَرَأَيْتُ مَشَارِقَهَا وَمَغَارِبَهَا، وَإِنَّ أُمَّتِي سَيَبْلُغُ مُلْكُهَا مَا زُوِيَ لِي مِنْهَا».

فَصَدَّقَ اللهُ تَعَالَىٰ قَوْلَهُ، بِأَنَّ مُلْكَ أُمَّتِهِ بَلَغَ أَقْصَىٰ المَغْرِبِ وَأَقْصَىٰ المَشْرِقِ، وَلَمْ يَنْتَشِرْ فِي الجَنُوبِ وَلَا فِي الشَّمَالِ.

وَاللَّــــــهُ فِي كِتَابِــــــهِ   أَكْــــثَرَ مِـــنْ عِتَابِـــهِ

وَمِنْ دَلَائِلِ نُبُوَّتِهِ ﷺ: أَنَّ اللهَ عَزَّ وَجَلَّ قَدْ عَاتَبَهُ فِي غَيْرِ مَوْضِعٍ مِنَ الْقُرْآنِ فِي بَعْضِ الْأُمُورِ، وَقَدْ بَلَّغَ الرَّسُولُ ﷺ الْقُرْآنَ وَلَمْ يَكْتُمْ مِنْهُ شَيْئًا، وَلَوْ كَانَ ﷺ كَاتِمًا شَيْئًا مِمَّا أُوحِيَ إِلَيْهِ لَكَانَ هَذَا الْعِتَابُ أَوَّلَ مَا يَكْتُمُهُ، وَلَكِنْ حَاشَا وَكَلَّا، فَهُوَ ﷺ الصَّادِقُ الْمَصْدُوقُ.

وَفِي صَحِيحِ مُسْلِمٍ: عَنْ عَائِشَةَ قَالَتْ: «وَلَوْ كَانَ مُحَمَّدٌ ﷺ كَاتِمًا شَيْئًا مِمَّا أُنْزِلَ عَلَيْهِ لَكَتَمَ هَذِهِ الآيَةَ: ﴿ وَإِذْ تَقُولُ لِلَّذِىٓ أَنْعَمَ ٱللَّهُ عَلَيْهِ وَأَنْعَمْتَ عَلَيْهِ أَمْسِكْ عَلَيْكَ زَوْجَكَ وَٱتَّقِ ٱللَّهَ وَتُخْفِى فِى نَفْسِكَ مَا ٱللَّهُ مُبْدِيهِ وَتَخْشَى ٱلنَّاسَ وَٱللَّهُ أَحَقُّ أَن تَخْشَىٰهُ ﴾ [الأحزاب:٣٧]». وَفِي صَحِيحِ الْبُخَارِيِّ مِثْلُهُ عَنْ أَنَسٍ.

قَالَ ابْنُ تَيْمِيَّةَ: «وَهَذَا النَّوْعُ أَدَلُّ عَلَىٰ صِدْقِ الرَّسُولِ ﷺ وَبُعْدِهِ عَنِ الْهَوَىٰ؛ فَإِنَّهُ إِذَا كَانَ يَأْمُرُ بِأَمْرٍ ثُمَّ يَأْمُرُ بِخِلَافِهِ، وَكِلَاهُمَا مِنْ عِنْدِ اللهِ، وَهُوَ مُصَدَّقٌ فِي ذَلِكَ، فَإِذَا قَالَ عَنْ نَفْسِهِ: إِنَّ الثَّانِيَ هُوَ الَّذِي مِنْ عِنْدِ اللهِ وَهُوَ النَّاسِخُ، وَإِنَّ ذَلِكَ الْمَرْفُوعَ الَّذِي نَسَخَهُ اللهُ لَيْسَ كَذَلِكَ؛ كَانَ أَدَلَّ عَلَىٰ اعْتِمَادِهِ لِلصِّدْقِ وَقَوْلِهِ الْحَقَّ».

ثُـــمَّ أَتَـــمَّ أَمْـــرَهُ   وَدِيْنَـــهُ أَظْهَـــرَهُ

قَالَ اللهُ تَعَالَى: ﴿ هُوَ ٱلَّذِىٓ أَرْسَلَ رَسُولَهُۥ بِٱلْهُدَىٰ وَدِينِ ٱلْحَقِّ لِيُظْهِرَهُۥ عَلَى ٱلدِّينِ كُلِّهِۦ وَلَوْ كَرِهَ ٱلْمُشْرِكُونَ ﴾ [الصف:٩].

وَفِي صَحِيحِ البُخَارِيِّ: عَنْ خَبَّابِ بْنِ الأَرَتِّ، قَالَ: شَكَوْنَا إِلَى رَسُولِ اللهِ ﷺ، وَهُوَ مُتَوَسِّدٌ بُرْدَةً لَهُ فِي ظِلِّ الكَعْبَةِ، قُلْنَا لَهُ: أَلَا تَسْتَنْصِرُ لَنَا، أَلَا تَدْعُو اللهَ لَنَا؟ قَالَ: «كَانَ الرَّجُلُ فِيمَنْ قَبْلَكُمْ يُحْفَرُ لَهُ فِي الأَرْضِ، فَيُجْعَلُ فِيهِ، فَيُجَاءُ بِالمِنْشَارِ فَيُوضَعُ عَلَى رَأْسِهِ فَيُشَقُّ بِاثْنَتَيْنِ، وَمَا يَصُدُّهُ ذَلِكَ عَنْ دِينِهِ، وَيُمْشَطُ بِأَمْشَاطِ الحَدِيدِ مَا دُونَ لَحْمِهِ مِنْ عَظْمٍ أَوْ عَصَبٍ، وَمَا يَصُدُّهُ ذَلِكَ عَنْ دِينِهِ، وَاللهِ لَيُتِمَّنَّ هَذَا الأَمْرَ، حَتَّى يَسِيرَ الرَّاكِبُ مِنْ صَنْعَاءَ إِلَى حَضْرَمَوْتَ، لَا يَخَافُ إِلَّا اللهَ، أَوِ الذِّئْبَ عَلَى غَنَمِهِ، وَلَكِنَّكُمْ تَسْتَعْجِلُونَ».

قَالَ الإِمَامُ الشَّافِعِيُّ: «قَدْ أَظْهَرَ اللهُ جَلَّ ثَنَاؤُهُ دِينَهُ الَّذِي بَعَثَ بِهِ رَسُولَهُ ﷺ عَلَى الأَدْيَانِ، بِأَنْ أَبَانَ لِكُلِّ مَنْ سَمِعَهُ أَنَّهُ الحَقُّ، وَمَا خَالَفَهُ مِنَ الأَدْيَانِ بَاطِلٌ، وَأَظْهَرَهُ بِأَنَّ جِمَاعَ الشِّرْكِ دِينَانِ: دِينُ أَهْلِ الكِتَابِ، وَدِينُ الأُمِّيِّينَ. فَقَهَرَ رَسُولُ اللهِ ﷺ الأُمِّيِّينَ حَتَّى دَانُوا بِالإِسْلَامِ طَوْعًا وَكَرْهًا، وَقَتَلَ مِنْ أَهْلِ الكِتَابِ، وَسَبَى حَتَّى دَانَ بَعْضُهُمْ بِالإِسْلَامِ وَأَعْطَى بَعْضُ الجِزْيَةَ صَاغِرِينَ، وَجَرَى عَلَيْهِمْ حُكْمُهُ ﷺ؛ هَذَا ظُهُورُ الدِّينِ كُلُّهُ».

وَنَـــزَّلَ المَلَائِكَـــا   لِنَـــصْرِهِ مَعَــارِكَا

وَمِنْ دَلَائِلِ نُبُوَّتِهِ ﷺ: أَنَّ اللهَ تَعَالَىٰ أَيَّدَهُ بِالمَلَائِكَةِ فِي أَكْثَرَ مِنْ مَعْرَكَةٍ، وَأَنْزَلَ فِي ذَلِكَ قُرْآنًا يُتْلَىٰ، وَقَدْ ظَهَرَتْ دَلَائِلُ ذَلِكَ لِبَعْضِ المُسْلِمِينَ وَغَيْرِ المُسْلِمِينَ.

قَالَ تَعَالَىٰ - فِي قِصَّةِ بَدْرٍ -: ﴿إِذْ تَسْتَغِيثُونَ رَبَّكُمْ فَٱسْتَجَابَ لَكُمْ أَنِّي مُمِدُّكُم بِأَلْفٍ مِّنَ ٱلْمَلَٰٓئِكَةِ مُرْدِفِينَ﴾ إِلَىٰ قَوْلِهِ: ﴿إِذْ يُوحِي رَبُّكَ إِلَى ٱلْمَلَٰٓئِكَةِ أَنِّي مَعَكُمْ فَثَبِّتُوا۟ ٱلَّذِينَ ءَامَنُوا۟﴾ [الأنفال:٩-١٢]، وَقَالَ: ﴿وَلَوْ تَرَىٰٓ إِذْ يَتَوَفَّى ٱلَّذِينَ كَفَرُوا۟ ٱلْمَلَٰٓئِكَةُ يَضْرِبُونَ وُجُوهَهُمْ وَأَدْبَٰرَهُمْ وَذُوقُوا۟ عَذَابَ ٱلْحَرِيقِ﴾ [الأنفال:٥٠].

وَقَالَ تَعَالَىٰ - فِي يَوْمِ أُحُدٍ -: ﴿إِذْ تَقُولُ لِلْمُؤْمِنِينَ أَلَن يَكْفِيَكُمْ أَن يُمِدَّكُمْ رَبُّكُم بِثَلَٰثَةِ ءَالَٰفٍ مِّنَ ٱلْمَلَٰٓئِكَةِ مُنزَلِينَ ۝ بَلَىٰٓ إِن تَصْبِرُوا۟ وَتَتَّقُوا۟ وَيَأْتُوكُم مِّن فَوْرِهِمْ هَٰذَا يُمْدِدْكُمْ رَبُّكُم بِخَمْسَةِ ءَالَٰفٍ مِّنَ ٱلْمَلَٰٓئِكَةِ مُسَوِّمِينَ﴾ [آل عمران:١٢٤-١٢٥].

وَقَالَ تَعَالَىٰ - فِي يَوْمِ الخَنْدَقِ -: ﴿يَٰٓأَيُّهَا ٱلَّذِينَ ءَامَنُوا۟ ٱذْكُرُوا۟ نِعْمَةَ ٱللَّهِ عَلَيْكُمْ إِذْ جَآءَتْكُمْ جُنُودٌ فَأَرْسَلْنَا عَلَيْهِمْ رِيحًا وَجُنُودًا لَّمْ تَرَوْهَا وَكَانَ ٱللَّهُ بِمَا تَعْمَلُونَ بَصِيرًا﴾ [الأحزاب:٩].

وَقَالَ تَعَالَى- فِي يَوْمِ حُنَيْنٍ-: ﴿لَقَدْ نَصَرَكُمُ اللَّهُ فِي مَوَاطِنَ كَثِيرَةٍ وَيَوْمَ حُنَيْنٍ إِذْ أَعْجَبَتْكُمْ كَثْرَتُكُمْ فَلَمْ تُغْنِ عَنكُمْ شَيْئًا وَضَاقَتْ عَلَيْكُمُ الْأَرْضُ بِمَا رَحُبَتْ ثُمَّ وَلَّيْتُم مُّدْبِرِينَ ۝ ثُمَّ أَنزَلَ اللَّهُ سَكِينَتَهُ عَلَى رَسُولِهِ وَعَلَى الْمُؤْمِنِينَ وَأَنزَلَ جُنُودًا لَّمْ تَرَوْهَا وَعَذَّبَ الَّذِينَ كَفَرُوا وَذَلِكَ جَزَاءُ الْكَافِرِينَ ۝ ثُمَّ يَتُوبُ اللَّهُ مِن بَعْدِ ذَلِكَ عَلَى مَن يَشَاءُ﴾ [التوبة:٢٥-٢٧].

وَقَالَ تَعَالَى- عِنْدَ خُرُوجِهِ ﷺ لِلْهِجْرَةِ-: ﴿إِلَّا تَنصُرُوهُ فَقَدْ نَصَرَهُ اللَّهُ إِذْ أَخْرَجَهُ الَّذِينَ كَفَرُوا ثَانِيَ اثْنَيْنِ إِذْ هُمَا فِي الْغَارِ إِذْ يَقُولُ لِصَاحِبِهِ لَا تَحْزَنْ إِنَّ اللَّهَ مَعَنَا فَأَنزَلَ اللَّهُ سَكِينَتَهُ عَلَيْهِ وَأَيَّدَهُ بِجُنُودٍ لَّمْ تَرَوْهَا وَجَعَلَ كَلِمَةَ الَّذِينَ كَفَرُوا السُّفْلَى وَكَلِمَةُ اللَّهِ هِيَ الْعُلْيَا وَاللَّهُ عَزِيزٌ حَكِيمٌ﴾ [التوبة:٤٠].

وَفِي صَحِيحِ الْبُخَارِيِّ: عَنْ رِفَاعَةَ بْنِ رَافِعٍ الزُّرَقِيِّ- وَكَانَ مِنْ أَهْلِ بَدْرٍ- قَالَ: جَاءَ جِبْرِيلُ إِلَى النَّبِيِّ ﷺ، فَقَالَ: «مَا تَعُدُّونَ أَهْلَ بَدْرٍ فِيكُمْ؟» قَالَ: «مِنْ أَفْضَلِ الْمُسْلِمِينَ» أَوْ كَلِمَةً نَحْوَهَا، قَالَ: «وَكَذَلِكَ مَنْ شَهِدَ بَدْرًا مِنَ الْمَلَائِكَةِ».

وَفِي صَحِيحِ مُسْلِمٍ: عَنِ ابْنِ عَبَّاسٍ قَالَ: بَيْنَمَا رَجُلٌ مِنَ الْمُسْلِمِينَ يَوْمَئِذٍ يَشْتَدُّ فِي أَثَرِ رَجُلٍ مِنَ الْمُشْرِكِينَ أَمَامَهُ، إِذْ سَمِعَ

ضَرْبَةً بِالسَّوْطِ فَوْقَهُ وَصَوْتَ الفَارِسِ، يَقُولُ: أَقْدِمْ حَيْزُومُ، فَنَظَرَ
إِلَى المُشْرِكِ أَمَامَهُ فَخَرَّ مُسْتَلْقِيًا، فَنَظَرَ إِلَيْهِ فَإِذَا هُوَ قَدْ خُطِمَ أَنْفُهُ،
وَشُقَّ وَجْهُهُ، كَضَرْبَةِ السَّوْطِ، فَاخْضَرَّ ذَلِكَ أَجْمَعُ، فَجَاءَ
الأَنْصَارِيُّ، فَحَدَّثَ بِذَلِكَ رَسُولَ اللهِ ﷺ، فَقَالَ: «صَدَقْتَ؛ ذَلِكَ
مِنْ مَدَدِ السَّمَاءِ الثَّالِثَةِ»، فَقَتَلُوا يَوْمَئِذٍ سَبْعِينَ، وَأَسَرُوا سَبْعِينَ.

وَفِي رِوَايَةٍ عِنْدَ البَيْهَقِيِّ فِي «دَلَائِلِ النُّبُوَّةِ»: عَنِ ابْنِ عَبَّاسٍ،
عَنْ رَجُلٍ مِنْ بَنِي غِفَارَ قَالَ: «حَضَرْتُ أَنَا وَابْنُ عَمٍّ لِي بَدْرًا، وَنَحْنُ
عَلَى شِرْكِنَا، فَإِنَّا لَفِي جَبَلٍ نَنْتَظِرُ الوَقْعَةَ عَلَى مَنْ تَكُونُ الدَّبْرَةُ
فَنَنْتَهِبُ، فَأَقْبَلَتْ سَحَابَةٌ، فَلَمَّا دَنَتْ مِنَ الجَبَلِ سَمِعْنَا فِيهَا حَمْحَمَةَ
الخَيْلِ، وَسَمِعْنَا فِيهَا فَارِسًا يَقُولُ: أَقْدِمْ حَيْزُومُ، فَأَمَّا صَاحِبِي
فَانْكَشَفَ قِنَاعُ قَلْبِهِ فَمَاتَ مَكَانَهُ، وَأَمَّا أَنَا فَكِدْتُ أَنْ أَهْلِكَ، ثُمَّ
انْتَعَشْتُ بَعْدَ ذَلِكَ».

وَفِي «الدَّلَائِلِ» أَيْضًا: عَنْ سُهَيْلِ بْنِ عَمْرٍو قَالَ: «لَقَدْ رَأَيْتُ
يَوْمَ بَدْرٍ رِجَالًا بِيضًا عَلَى خَيْلٍ بُلْقٍ بَيْنَ السَّمَاءِ وَالأَرْضِ مُعَلَّمِينَ
يَقْتُلُونَ وَيَأْسِرُونَ». وَكَانَ أَبُو أُسَيْدٍ السَّاعِدِيُّ يُحَدِّثُ بَعْدَ أَنْ ذَهَبَ
بَصَرُهُ قَالَ: «لَوْ كُنْتُ مَعَكُمُ الآنَ بِبَدْرٍ وَمَعِي بَصَرِي لَأَرَيْتُكُمُ
الشِّعْبَ الَّذِي خَرَجَتْ مِنْهُ المَلَائِكَةُ، لَا أَشُكُّ وَلَا أَمْتَرِي».

وَقَدْ كَفَـاهُ الِاحْتِـرَابُ   بِقَبْضَةٍ مِــنَ الـتُّرَابْ

وَرَمَىٰ رَسُولُ اللهِ ﷺ الجَيْشَ يَوْمَ حُنَيْنٍ بِقَبْضَةٍ مِنْ تُرَابٍ، فَهَزَمَهُمُ اللهُ عَزَّ وَجَلَّ. وَفِيهِ أَنْزَلَ اللهُ عَزَّ وَجَلَّ: ﴿وَمَا رَمَيْتَ إِذْ رَمَيْتَ وَلَٰكِنَّ اللَّهَ رَمَىٰ﴾ [الأنفال:١٧].

وَرَوَىٰ الإِمَامُ أَحْمَدُ: عَنْ أَبِي عَبْدِ الرَّحْمَنِ الفِهْرِيِّ قَالَ: كُنْتُ مَعَ رَسُولِ اللهِ ﷺ فِي غَزْوَةِ حُنَيْنٍ - فَذَكَرَ الحَدِيثَ، وَفِيهِ -: فَوَلَّىٰ المُسْلِمُونَ مُدْبِرِينَ كَمَا قَالَ اللهُ عَزَّ وَجَلَّ، فَقَالَ رَسُولُ اللهِ ﷺ: «يَا عِبَادَ اللهِ؛ أَنَا عَبْدُ اللهِ وَرَسُولُهُ». ثُمَّ قَالَ: «يَا مَعْشَرَ المُهَاجِرِينَ؛ أَنَا عَبْدُ اللهِ وَرَسُولُهُ». قَالَ: ثُمَّ اقْتَحَمَ رَسُولُ اللهِ ﷺ عَنْ فَرَسِهِ، فَأَخَذَ كَفًّا مِنْ تُرَابٍ، فَأَخْبَرَنِي الَّذِي كَانَ أَدْنَىٰ إِلَيْهِ مِنِّي: ضَرَبَ بِهِ وُجُوهَهُمْ. وَقَالَ: «شَاهَتِ الوُجُوهُ»، فَهَزَمَهُمُ اللهُ عَزَّ وَجَلَّ.

قَالَ يَعْلَىٰ بْنُ عَطَاءٍ: فَحَدَّثَنِي أَبْنَاؤُهُمْ عَنْ آبَائِهِمْ أَنَّهُمْ قَالُوا: «لَمْ يَبْقَ مِنَّا أَحَدٌ إِلَّا امْتَلَأَتْ عَيْنَاهُ وَفَمُهُ تُرَابًا».

وَخَرَجَ ﷺ عَلَىٰ فِئَةٍ مِنْ قُرَيْشٍ وَهُمْ يَنْتَظِرُونَهُ، فَوَضَعَ التُّرَابَ عَلَىٰ رُؤُوسِهِمْ وَمَضَىٰ وَلَمْ يَرَوْهُ.

فَفِي قِصَّةِ الهِجْرَةِ: أَمَرَ عَلِيًّا أَنْ يَبِيتَ فِي مَضْجَعِهِ تِلْكَ اللَّيْلَةَ، وَاجْتَمَعَ النَّفَرُ مِنْ قُرَيْشٍ يَتَطَلَّعُونَ مِنْ صِيرِ البَابِ وَيَرْصُدُونَهُ،

وَيُرِيدُونَ بَيَاتَهُ، وَيَأْتَمِرُونَ أَيُّهُمْ يَكُونُ أَشْقَاهَا، فَخَرَجَ رَسُولُ اللهِ ﷺ عَلَيْهِمْ، فَأَخَذَ حَفْنَةً مِنَ البَطْحَاءِ، فَجَعَلَ يَذُرُّهُ عَلَى رُؤُوسِهِمْ، وَهُمْ لَا يَرَوْنَهُ، وَهُوَ يَتْلُو: ﴿ وَجَعَلْنَا مِنْ بَيْنِ أَيْدِيهِمْ سَدًّا وَمِنْ خَلْفِهِمْ سَدًّا فَأَغْشَيْنَاهُمْ فَهُمْ لَا يُبْصِرُونَ ﴾ [يس:٩]، وَمَضَى رَسُولُ اللهِ ﷺ إِلَى بَيْتِ أَبِي بَكْرٍ، فَخَرَجَا مِنْ خَوْخَةٍ فِي دَارِ أَبِي بَكْرٍ لَيْلًا، وَجَاءَ رَجُلٌ وَرَأَى القَوْمَ بِبَابِهِ فَقَالَ: مَا تَنْتَظِرُونَ؟ قَالُوا: مُحَمَّدًا، قَالَ: خِبْتُمْ وَخَسِرْتُمْ، قَدْ وَاللهِ مَرَّ بِكُمْ وَذَرَّ عَلَى رُؤُوسِكُمُ التُّرَابَ، قَالُوا: وَاللهِ مَا أَبْصَرْنَاهُ، وَقَامُوا يَنْفُضُونَ التُّرَابَ عَنْ رُؤُوسِهِمْ.

وَرَوَى الإِمَامُ أَحْمَدُ، وَصَحَّحَهُ ابْنُ حِبَّانَ وَالحَاكِمُ: عَنِ ابْنِ عَبَّاسٍ قَالَ: إِنَّ المَلَأَ مِنْ قُرَيْشٍ اجْتَمَعُوا فِي الحِجْرِ، فَتَعَاقَدُوا بِاللَّاتِ وَالعُزَّى، وَمَنَاةَ الثَّالِثَةِ الأُخْرَى، وَنَائِلَةَ وَإِسَافٍ: لَوْ قَدْ رَأَيْنَا مُحَمَّدًا، لَقَدْ قُمْنَا إِلَيْهِ قِيَامَ رَجُلٍ وَاحِدٍ، فَلَمْ نُفَارِقْهُ حَتَّى نَقْتُلَهُ، فَأَقْبَلَتِ ابْنَتُهُ فَاطِمَةُ رَضِيَ اللهُ عَنْهَا تَبْكِي، حَتَّى دَخَلَتْ عَلَى رَسُولِ اللهِ ﷺ، فَقَالَتْ: هَؤُلَاءِ المَلَأُ مِنْ قُرَيْشٍ، قَدْ تَعَاقَدُوا عَلَيْكَ، لَوْ قَدْ رَأَوْكَ، لَقَدْ قَامُوا إِلَيْكَ فَقَتَلُوكَ، فَلَيْسَ مِنْهُمْ رَجُلٌ إِلَّا قَدْ عَرَفَ نَصِيبَهُ مِنْ دَمِكَ. فَقَالَ: «يَا بُنَيَّةُ؛ أَرِينِي وَضُوءًا» فَتَوَضَّأَ، ثُمَّ دَخَلَ عَلَيْهِمِ المَسْجِدَ، فَلَمَّا رَأَوْهُ، قَالُوا: هَا هُوَ ذَا، وَخَفَضُوا أَبْصَارَهُمْ، وَسَقَطَتْ أَذْقَانُهُمْ فِي صُدُورِهِمْ، وَعَقِرُوا فِي مَجَالِسِهِمْ، فَلَمْ يَرْفَعُوا

إِلَيْهِ بَصَرًا، وَلَمْ يَقُمْ إِلَيْهِ مِنْهُمْ رَجُلٌ، فَأَقْبَلَ رَسُولُ اللهِ ﷺ حَتّىٰ قَامَ عَلَىٰ رُؤُوسِهِمْ، فَأَخَذَ قَبْضَةً مِنَ التُّرَابِ، فَقَالَ: «شَاهَتِ الْوُجُوهُ» ثُمَّ حَصَبَهُمْ بِهَا، فَمَا أَصَابَ رَجُلًا مِنْهُمْ مِنْ ذَلِكَ الْحَصىٰ حَصَاةٌ إِلَّا قُتِلَ يَوْمَ بَدْرٍ كَافِرًا.

وَخَـــاتَمُ النُّبُـــوَّةِ   وَمَـــا أُتِي مِـــنْ قُــوَّةِ

فِي الصَّحِيحَيْنِ: عَنِ السَّائِبِ بْنِ يَزِيدَ قَالَ: «ذَهَبَتْ بِي خَالَتِي إِلَى النَّبِيِّ ﷺ، فَقَالَتْ: يَا رَسُولَ اللهِ، إِنَّ ابْنَ أُخْتِي وَجِعٌ، فَمَسَحَ رَأْسِي وَدَعَا لِي بِالْبَرَكَةِ، ثُمَّ تَوَضَّأَ، فَشَرِبْتُ مِنْ وَضُوئِهِ، ثُمَّ قُمْتُ خَلْفَ ظَهْرِهِ، فَنَظَرْتُ إِلَىٰ خَاتَمِ النُّبُوَّةِ بَيْنَ كَتِفَيْهِ، مِثْلَ زِرِّ الْحَجَلَةِ».

(زِرِّ الْحَجَلَةِ) الْحَجَلَةُ: الطَّيْرُ الْمَعْرُوفُ، وَهُوَ الْيَعْقُوبُ، يُقَالُ لِلْأُنْثَىٰ مِنْهُ حَجَلَةٌ. وَالْمُرَادُ بِزِرِّهَا: بَيْضَتُهَا.

وَيُؤَيِّدُهُ: مَا فِي صَحِيحِ مُسْلِمٍ: عَنْ جَابِرِ بْنِ سَمُرَةَ قَالَ: «رَأَيْتُ خَاتَمًا فِي ظَهْرِ رَسُولِ اللهِ ﷺ، كَأَنَّهُ بَيْضَةُ حَمَامٍ».

وَكَانَ ﷺ قَدْ أُعْطِيَ قُوَّةَ ثَلَاثِينَ فِي الْجِمَاعِ وَالْبَطْشِ، وَهُوَ دَلِيلٌ عَلَىٰ كَمَالِ بِنْيَتِهِ وَصِحَّةِ ذُكُورِيَّتِهِ ﷺ.

وَفِي صَحِيحِ الْبُخَارِيِّ: عَنْ أَنَسِ بْنِ مَالِكٍ قَالَ: «كَانَ النَّبِيُّ ﷺ يَدُورُ عَلَىٰ نِسَائِهِ فِي السَّاعَةِ الْوَاحِدَةِ، مِنَ اللَّيْلِ وَالنَّهَارِ، وَهُنَّ

إِحْدَى عَشْرَةَ» وَفِي رِوَايَةٍ: «تِسْعُ نِسْوَةٍ». قِيلَ لِأَنَسٍ: أَوَكَانَ يُطِيقُهُ؟ قَالَ: «كُنَّا نَتَحَدَّثُ أَنَّهُ أُعْطِيَ قُوَّةَ ثَلَاثِينَ».

وَفِي سُنَنِ أَبِي دَاوُدَ وَالتِّرْمِذِيِّ: عَنْ مُحَمَّدِ بْنِ عَلِيِّ بْنِ رُكَانَةَ، «أَنَّ رُكَانَةَ صَارَعَ النَّبِيَّ ﷺ، فَصَرَعَهُ النَّبِيُّ ﷺ».

قَالَ الزُّبَيْرُ بْنُ بَكَّارٍ: «وَرُكَانَةُ بْنُ عَبْدِ يَزِيدَ الَّذِي صَارَعَ النَّبِيَّ ﷺ بِمَكَّةَ قَبْلَ الْإِسْلَامِ، وَكَانَ أَشَدَّ النَّاسِ، فَقَالَ: يَا مُحَمَّدُ؛ إِنْ صَرَعْتَنِي آمَنْتُ بِكَ. فَصَرَعَهُ النَّبِيُّ ﷺ. فَقَالَ: أَشْهَدُ أَنَّكَ سَاحِرٌ. ثُمَّ أَسْلَمَ بَعْدُ».

كَـــذَا انْـشِـقَـاقُ الْبَـدْرِ   لَـهُ، وَ شَـــقُّ الـــصَّـدْرِ

وَمِنْ دَلَائِلِ نُبُوَّتِهِ ﷺ: انْشِقَاقُ الْقَمَرِ لَهُ، لَمَّا سَأَلَهُ الْمُشْرِكُونَ أَنْ يُرِيَهُمْ آيَةً، فَأَرَاهُمُ انْشِقَاقَ الْقَمَرِ، فَانْشَقَّ حَتَّى صَارَ فِرْقَتَيْنِ، وَذَلِكَ قَوْلُهُ تَعَالَى: ﴿ٱقْتَرَبَتِ ٱلسَّاعَةُ وَٱنشَقَّ ٱلْقَمَرُ﴾ [القمر:١].

وَفِي الصَّحِيحَيْنِ: عَنْ أَنَسِ بْنِ مَالِكٍ، «أَنَّ أَهْلَ مَكَّةَ سَأَلُوا رَسُولَ اللهِ ﷺ أَنْ يُرِيَهُمْ آيَةً، فَأَرَاهُمُ انْشِقَاقَ الْقَمَرِ».

وَمِنْ دَلَائِلِ نُبُوَّتِهِ ﷺ: شَقُّ صَدْرِهِ ﷺ، وَمَلْؤُهُ حِكْمَةً وَإِيمَانًا.

وَذَلِكَ مَرَّتَيْنِ: مَرَّةً وَهُوَ صَغِيرٌ، وَمَرَّةً لَيْلَةَ الْإِسْرَاءِ؛ لِيَتَأَهَّب

لِلوُفُودِ إِلَى المَلَإِ الأَعْلَى، وَلِمُنَاجَاةِ الرَّبِّ عَزَّ وَجَلَّ، وَالمُثُولِ بَيْنَ يَدَيْهِ سُبْحَانَهُ وَتَعَالَى.

وَفِي صَحِيحِ مُسْلِمٍ: عَنْ أَنَسِ بْنِ مَالِكٍ، «أَنَّ رَسُولَ الله ﷺ أَتَاهُ جِبْرِيلُ ﷺ وَهُوَ يَلْعَبُ مَعَ الغِلْمَانِ، فَأَخَذَهُ فَصَرَعَهُ، فَشَقَّ عَنْ قَلْبِهِ، فَاسْتَخْرَجَ القَلْبَ، فَاسْتَخْرَجَ مِنْهُ عَلَقَةً، فَقَالَ: هَذَا حَظُّ الشَّيْطَانِ مِنْكَ، ثُمَّ غَسَلَهُ فِي طَسْتٍ مِنْ ذَهَبٍ بِمَاءِ زَمْزَمَ، ثُمَّ لَأَمَهُ، ثُمَّ أَعَادَهُ فِي مَكَانِهِ، وَجَاءَ الغِلْمَانُ يَسْعَوْنَ إِلَى أُمِّهِ - يَعْنِي ظِئْرَهُ - فَقَالُوا: إِنَّ مُحَمَّدًا قَدْ قُتِلَ، فَاسْتَقْبَلُوهُ وَهُوَ مُنْتَقِعُ اللَّوْنِ». قَالَ أَنَسٌ: «وَقَدْ كُنْتُ أَرَى أَثَرَ ذَلِكَ المِخْيَطِ فِي صَدْرِهِ».

وَفِي الصَّحِيحَيْنِ: عَنْ أَنَسٍ، عَنْ مَالِكِ بْنِ صَعْصَعَةَ قَالَ: قَالَ النَّبِيُّ ﷺ: «بَيْنَا أَنَا عِنْدَ البَيْتِ بَيْنَ النَّائِمِ وَاليَقْظَانِ، فَأُتِيتُ بِطَسْتٍ مِنْ ذَهَبٍ، مُلِئَ حِكْمَةً وَإِيمَانًا، فَشُقَّ مِنَ النَّحْرِ إِلَى مَرَاقِّ البَطْنِ، ثُمَّ غُسِلَ البَطْنُ بِمَاءِ زَمْزَمَ، ثُمَّ مُلِئَ حِكْمَةً وَإِيمَانًا» الحَدِيثَ.

وَفِي صَحِيحِ البُخَارِيِّ: عَنْ أَنَسٍ قَالَ: «لَيْلَةَ أُسْرِيَ بِرَسُولِ الله ﷺ مِنْ مَسْجِدِ الكَعْبَةِ، أَنَّهُ جَاءَهُ ثَلَاثَةُ نَفَرٍ وَهُوَ نَائِمٌ فِي المَسْجِدِ الحَرَامِ» - وَفِيهِ -: «فَلَمْ يُكَلِّمُوهُ حَتَّى احْتَمَلُوهُ، فَوَضَعُوهُ عِنْدَ بِئْرِ زَمْزَمَ، فَتَوَلَّاهُ مِنْهُمْ جِبْرِيلُ، فَشَقَّ جِبْرِيلُ مَا بَيْنَ نَحْرِهِ إِلَى لَبَّتِهِ حَتَّى

فَرَغَ مِنْ صَدْرِهِ وَجَوْفِهِ، فَغَسَلَهُ مِنْ مَاءِ زَمْزَمَ بِيَدِهِ، حَتَّى أَنْقَى جَوْفَهُ، ثُمَّ أُتِيَ بِطَسْتٍ مِنْ ذَهَبٍ فِيهِ تَوْرٌ مِنْ ذَهَبٍ، مَحْشُوًّا إِيمَانًا وَحِكْمَةً، فَحَشَا بِهِ صَدْرَهُ وَلَغَادِيدَهُ- يَعْنِي عُرُوقَ حَلْقِهِ- ثُمَّ أَطْبَقَهُ ثُمَّ عَرَجَ بِهِ إِلَى السَّمَاءِ الدُّنْيَا» الحَدِيثَ.

كَـذَاكَ تَحْـدِيثُ الشَّـجَرْ   وَالحَيَــوَانِ وَالحَجَــرْ

وَفِي صَحِيحِ مُسْلِمٍ: عَنْ جَابِرِ بْنِ سَمُرَةَ قَالَ: قَالَ رَسُولُ اللهِ ﷺ: «إِنِّي لَأَعْرِفُ حَجَرًا بِمَكَّةَ كَانَ يُسَلِّمُ عَلَيَّ قَبْلَ أَنْ أُبْعَثَ؛ إِنِّي لَأَعْرِفُهُ الآنَ».

وَرَوَى الدَّارِمِيُّ: عَنْ عَلِيٍّ قَالَ: «كُنَّا مَعَ النَّبِيِّ ﷺ بِمَكَّةَ، فَخَرَجْنَا مَعَهُ فِي بَعْضِ نَوَاحِيهَا، فَمَرَرْنَا بَيْنَ الجِبَالِ وَالشَّجَرِ، فَلَمْ نَمُرَّ بِشَجَرَةٍ وَلَا جَبَلٍ إِلَّا قَالَ: السَّلَامُ عَلَيْكَ يَا رَسُولَ اللهِ».

وَفِي المُسْنَدِ: عَنْ يَعْلَى بْنِ مُرَّةَ الثَّقَفِيِّ قَالَ: نَامَ النَّبِيُّ ﷺ، فَجَاءَتْ شَجَرَةٌ تَشُقُّ الأَرْضَ، حَتَّى غَشِيَتْهُ، ثُمَّ رَجَعَتْ إِلَى مَكَانِهَا، فَلَمَّا اسْتَيْقَظَ ذَكَرْتُ ذَلِكَ لَهُ. فَقَالَ: «هِيَ شَجَرَةٌ اسْتَأْذَنَتْ رَبَّهَا فِي أَنْ تُسَلِّمَ عَلَى رَسُولِ اللهِ، فَأَذِنَ لَهَا».

وَرَوَى الدَّارِمِيُّ وَالحَاكِمُ وَصَحَّحَهُ: عَنِ ابْنِ عُمَرَ قَالَ: كُنَّا مَعَ رَسُولِ اللهِ ﷺ فِي سَفَرٍ، فَأَقْبَلَ أَعْرَابِيٌّ، فَلَمَّا دَنَا مِنْهُ قَالَ لَهُ رَسُولُ

اللهِ ﷺ: «أَيْنَ تُرِيدُ؟» قَالَ: إِلَى أَهْلِي. قَالَ: «هَلْ لَكَ فِي خَيْرٍ؟» قَالَ: وَمَا هُوَ؟ قَالَ: «تَشْهَدُ أَنْ لَا إِلَهَ إِلَّا اللهُ وَحْدَهُ لَا شَرِيكَ لَهُ، وَأَنَّ مُحَمَّدًا عَبْدُهُ وَرَسُولُهُ». فَقَالَ: وَمَنْ يَشْهَدُ عَلَى مَا تَقُولُ؟ قَالَ: «هَذِهِ السَّلَمَةُ»، فَدَعَاهَا رَسُولُ اللهِ ﷺ وَهِيَ بِشَاطِئِ الْوَادِي، فَأَقْبَلَتْ تَخُدُّ الْأَرْضَ خَدًّا حَتَّى قَامَتْ بَيْنَ يَدَيْهِ، فَاسْتَشْهَدَهَا ثَلَاثًا، فَشَهِدَتْ ثَلَاثًا أَنَّهُ كَمَا قَالَ، ثُمَّ رَجَعَتْ إِلَى مَنْبِتِهَا، وَرَجَعَ الْأَعْرَابِيُّ إِلَى قَوْمِهِ، وَقَالَ: إِنِ اتَّبَعُونِي أَتَيْتُكَ بِهِمْ، وَإِلَّا رَجَعْتُ فَكُنْتُ مَعَكَ.

وَرَوَى الدَّارِمِيُّ: عَنْ جَابِرٍ قَالَ: خَرَجْتُ مَعَ النَّبِيِّ ﷺ فِي سَفَرٍ، فَقَالَ: «يَا جَابِرُ؛ اجْعَلْ فِي إِدَاوَتِكَ مَاءً ثُمَّ انْطَلِقْ بِنَا» قَالَ: فَانْطَلَقْنَا حَتَّى لَا نُرَى، فَإِذَا هُوَ بِشَجَرَتَيْنِ بَيْنَهُمَا أَرْبَعُ أَذْرُعٍ، فَقَالَ: «يَا جَابِرُ؛ انْطَلِقْ إِلَى هَذِهِ الشَّجَرَةِ، فَقُلْ: يَقُولُ لَكِ رَسُولُ اللهِ ﷺ: الْحَقِي بِصَاحِبَتِكِ حَتَّى أَجْلِسَ خَلْفَكُمَا» قَالَ: فَفَعَلْتُ فَرَجَعَتْ إِلَيْهَا فَجَلَسَ رَسُولُ اللهِ ﷺ خَلْفَهُمَا، ثُمَّ رَجَعَتَا إِلَى مَكَانِهِمَا.

وَفِي الْمُسْنَدِ: نَحْوُهُ عَنْ يَعْلَى بْنِ مُرَّةَ الثَّقَفِيِّ.

وَفِي الْمُسْنَدِ: عَنْ أَنَسٍ قَالَ: جَاءَ جِبْرِيلُ إِلَى النَّبِيِّ ﷺ ذَاتَ يَوْمٍ وَهُوَ جَالِسٌ حَزِينًا، قَدْ خُضِبَ بِالدِّمَاءِ، ضَرَبَهُ بَعْضُ أَهْلِ مَكَّةَ، قَالَ: فَقَالَ لَهُ: مَا لَكَ؟ قَالَ: فَقَالَ لَهُ: «فَعَلَ بِي هَؤُلَاءِ وَفَعَلُوا» قَالَ: فَقَالَ لَهُ جِبْرِيلُ عَلَيْهِ السَّلَامُ: أَتُحِبُّ أَنْ أُرِيَكَ آيَةً؟ قَالَ: «نَعَمْ» قَالَ:

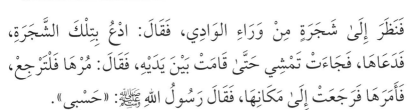
فَنَظَرَ إِلَى شَجَرَةٍ مِنْ وَرَاءِ الْوَادِي، فَقَالَ: ادْعُ بِتِلْكَ الشَّجَرَةِ، فَدَعَاهَا، فَجَاءَتْ تَمْشِي حَتَّى قَامَتْ بَيْنَ يَدَيْهِ، فَقَالَ: مُرْهَا فَلْتَرْجِعْ، فَأَمَرَهَا فَرَجَعَتْ إِلَى مَكَانِهَا، فَقَالَ رَسُولُ اللهِ ﷺ: «حَسْبِي».

وَفِي الْمُسْنَدِ، وَصَحَّحَهُ ابْنُ حِبَّانَ وَالْحَاكِمُ: عَنْ أَبِي سَعِيدٍ الْخُدْرِيِّ قَالَ: عَدَا الذِّئْبُ عَلَى شَاةٍ، فَأَخَذَهَا فَطَلَبَهُ الرَّاعِي، فَانْتَزَعَهَا مِنْهُ، فَأَقْعَى الذِّئْبُ عَلَى ذَنَبِهِ، قَالَ: أَلَا تَتَّقِي اللهَ، تَنْزِعُ مِنِّي رِزْقًا سَاقَهُ اللهُ إِلَيَّ، فَقَالَ: يَا عَجَبِي! ذِئْبٌ مُقْعٍ عَلَى ذَنَبِهِ، يُكَلِّمُنِي كَلَامَ الإِنْسِ، فَقَالَ الذِّئْبُ: أَلَا أُخْبِرُكَ بِأَعْجَبَ مِنْ ذَلِكَ؟ مُحَمَّدٌ ﷺ بِيَثْرِبَ يُخْبِرُ النَّاسَ بِأَنْبَاءِ مَا قَدْ سَبَقَ، قَالَ: فَأَقْبَلَ الرَّاعِي يَسُوقُ غَنَمَهُ، حَتَّى دَخَلَ الْمَدِينَةَ، فَزَوَاهَا إِلَى زَاوِيَةٍ مِنْ زَوَايَاهَا، ثُمَّ أَتَى رَسُولَ اللهِ ﷺ فَأَخْبَرَهُ، فَأَمَرَ رَسُولُ اللهِ ﷺ فَنُودِيَ الصَّلَاةُ جَامِعَةٌ، ثُمَّ خَرَجَ، فَقَالَ لِلرَّاعِي: «أَخْبِرْهُمْ» فَأَخْبَرَهُمْ، فَقَالَ رَسُولُ اللهِ ﷺ: «صَدَقَ».

وَفِي الْمُسْنَدِ: عَنْ يَعْلَى بْنِ مُرَّةَ الثَّقَفِيِّ قَالَ: بَيْنَا نَحْنُ نَسِيرُ مَعَ النَّبِيِّ ﷺ، إِذْ مَرَرْنَا بِبَعِيرٍ يُسْنَى عَلَيْهِ، فَلَمَّا رَآهُ الْبَعِيرُ جَرْجَرَ وَوَضَعَ جِرَانَهُ، فَوَقَفَ عَلَيْهِ النَّبِيُّ ﷺ، فَقَالَ: «أَيْنَ صَاحِبُ هَذَا الْبَعِيرِ؟» فَجَاءَ، فَقَالَ: «فَإِنَّهُ شَكَا كَثْرَةَ الْعَمَلِ، وَقِلَّةَ الْعَلَفِ؛ فَأَحْسِنُوا إِلَيْهِ».

وَفِي سُنَنِ أَبِي دَاوُدَ: عَنْ عَبْدِ اللهِ بْنِ جَعْفَرٍ قَالَ: دَخَلَ رَسُولُ

اللهِ ﷺ حَائِطًا لِرَجُلٍ مِنَ الأَنْصَارِ، فَإِذَا جَمَلٌ، فَلَمَّا رَأَى النَّبِيَّ ﷺ حَنَّ وَذَرَفَتْ عَيْنَاهُ، فَأَتَاهُ النَّبِيُّ ﷺ فَمَسَحَ ذِفْرَاهُ فَسَكَتَ، فَقَالَ: «مَنْ رَبُّ هَذَا الجَمَلِ، لِمَنْ هَذَا الجَمَلُ؟» فَجَاءَ فَتًى مِنَ الأَنْصَارِ، فَقَالَ: لِي يَا رَسُولَ اللهِ. فَقَالَ: «أَفَلَا تَتَّقِي اللهَ فِي هَذِهِ البَهِيمَةِ الَّتِي مَلَّكَكَ اللهُ إِيَّاهَا، فَإِنَّهُ شَكَا إِلَيَّ أَنَّكَ تُجِيعُهُ وَتُدْئِبُهُ».

وَفِي المُسْنَدِ وَالدَّارِمِيِّ: عَنْ جَابِرِ بْنِ عَبْدِ اللهِ قَالَ: أَقْبَلْنَا مَعَ رَسُولِ اللهِ ﷺ حَتَّى دُفِعْنَا إِلَى حَائِطٍ فِي بَنِي النَّجَّارِ، فَإِذَا فِيهِ جَمَلٌ لَا يَدْخُلُ الحَائِطَ أَحَدٌ إِلَّا شَدَّ عَلَيْهِ، فَذَكَرُوا ذَلِكَ لِلنَّبِيِّ ﷺ، فَأَتَاهُ فَدَعَاهُ فَجَاءَ وَاضِعًا مِشْفَرَهُ عَلَى الأَرْضِ حَتَّى بَرَكَ بَيْنَ يَدَيْهِ، فَقَالَ: «هَاتُوا خِطَامًا» فَخَطَمَهُ وَدَفَعَهُ إِلَى صَاحِبِهِ، ثُمَّ الْتَفَتَ فَقَالَ: «مَا بَيْنَ السَّمَاءِ إِلَى الأَرْضِ أَحَدٌ إِلَّا يَعْلَمُ أَنِّي رَسُولُ اللهِ إِلَّا عَاصِيَ الجِنِّ وَالإِنْسِ».

وَرَوَى أَبُو دَاوُدَ: عَنْ عَبْدِ اللهِ بْنِ قُرْطٍ قَالَ: «قُرِّبَ لِرَسُولِ اللهِ ﷺ بَدَنَاتٌ خَمْسٌ أَوْ سِتٌّ، فَطَفِقْنَ يَزْدَلِفْنَ إِلَيْهِ بِأَيَّتِهِنَّ يَبْدَأُ».

وَرَوَى أَبُو دَاوُدَ: عَنْ أَبِي هُرَيْرَةَ قَالَ: كَانَ رَسُولُ اللهِ ﷺ يَقْبَلُ الهَدِيَّةَ وَلَا يَأْكُلُ الصَّدَقَةَ، فَأَهْدَتْ لَهُ يَهُودِيَّةٌ بِخَيْبَرَ شَاةً مَصْلِيَّةً سَمَّتْهَا، فَأَكَلَ رَسُولُ اللهِ ﷺ مِنْهَا وَأَكَلَ القَوْمُ، فَقَالَ: «ارْفَعُوا

أَيْدِيكُمْ؛ فَإِنَّهَا أَخْبَرَتْنِي أَنَّهَا مَسْمُومَةٌ». وَنَحْوَهُ: عَنْ جَابِرٍ، وَفِيهِ: قَالَتِ الْيَهُودِيَّةُ: مَنْ أَخْبَرَكَ؟ قَالَ: «أَخْبَرَتْنِي هَذِهِ فِي يَدِي» لِلذِّرَاعِ.

كَـذَاكَ تَـسْبِيحُ الطَّعَـا م وَالْحَصَى قَـدْ سُـمِعَا

وَفِي صَحِيحِ الْبُخَارِيِّ: عَنِ ابْنِ مَسْعُودٍ قَالَ: «وَلَقَدْ كُنَّا نَسْمَعُ تَسْبِيحَ الطَّعَامِ وَهُوَ يُؤْكَلُ».

وَرَوَى الْبَيْهَقِيُّ فِي «الدَّلَائِلِ»: عَنْ أَبِي ذَرٍّ - حَدِيثًا وَفِيهِ-: «وَبَيْنَ يَدَيْ رَسُولِ اللهِ ﷺ سَبْعُ حَصَيَاتٍ، أَوْ قَالَ: تِسْعُ حَصَيَاتٍ، فَأَخَذَهُنَّ فَوَضَعَهُنَّ فِي كَفِّهِ، فَسَبَّحْنَ حَتَّى سَمِعْتُ لَهُنَّ حَنِينًا كَحَنِينِ النَّحْلِ، ثُمَّ وَضَعَهُنَّ فَخَرَسْنَ» الْحَدِيثَ.

أَنَّ لَهُ الْجِـذْعُ وَحَـنْ فَـضَمَّهُ حَـتَّى سَـكَنْ

وَكَانَ ﷺ يَخْطُبُ إِلَى جِذْعٍ، فَلَمَّا اتَّخَذَ الْمِنْبَرَ وَقَامَ عَلَيْهِ، حَنَّ الْجِذْعُ حَنِينَ النَّاقَةِ، حَتَّى جَاءَ إِلَيْهِ فَالْتَزَمَهُ، فَكَانَ يَئِنُّ كَمَا يَئِنُّ الصَّبِيُّ الَّذِي يُسَكَّتُ، ثُمَّ سَكَنَ. وَهُوَ حَدِيثٌ مُتَوَاتِرٌ. قَالَ الْحَسَنُ الْبَصْرِيُّ: «فَهَذَا الْجِذْعُ حَنَّ إِلَيْهِ، فَإِنَّهُمْ أَحَقُّ أَنْ يَحِنُّوا إِلَيْهِ».

وَالنَّبْـعُ وَالزِّيَـادَهْ لِلْمَـاءِ؛ كَالْمَـزَادَهْ

وَنَبَعَ الْمَاءُ مِنْ بَيْنِ أَصَابِعِهِ ﷺ غَيْرَ مَرَّةٍ، مِنْهَا: مَا فِي الْبُخَارِيِّ:

عَنْ جَابِرِ بْنِ عَبْدِ اللهِ قَالَ: قَدْ رَأَيْتَنِي مَعَ النَّبِيِّ ﷺ وَقَدْ حَضَرَتِ الْعَصْرُ، وَلَيْسَ مَعَنَا مَاءٌ غَيْرَ فَضْلَةٍ، فَجُعِلَ فِي إِنَاءٍ فَأُتِيَ النَّبِيُّ ﷺ بِهِ، فَأَدْخَلَ يَدَهُ فِيهِ وَفَرَّجَ أَصَابِعَهُ، ثُمَّ قَالَ: «حَيَّ عَلَى أَهْلِ الْوُضُوءِ، الْبَرَكَةُ مِنَ اللهِ» فَلَقَدْ رَأَيْتُ الْمَاءَ يَتَفَجَّرُ مِنْ بَيْنِ أَصَابِعِهِ، فَتَوَضَّأَ النَّاسُ وَشَرِبُوا، فَجَعَلْتُ لَا آلُو مَا جَعَلْتُ فِي بَطْنِي مِنْهُ، فَعَلِمْتُ أَنَّهُ بَرَكَةٌ. قِيلَ لِجَابِرٍ: كَمْ كُنْتُمْ يَوْمَئِذٍ؟ قَالَ: أَلْفًا وَأَرْبَعَ مِائَةٍ.

وَأَرْوَى الْعَسْكَرَ فِي غَزْوَةِ خَيْبَرَ مِنْ مَزَادَةِ مَاءٍ وَلَمْ تَنْقُصْ. فَفِي الصَّحِيحَيْنِ: عَنْ عِمْرَانَ بْنِ حُصَيْنٍ قَالَ: كُنَّا فِي سَفَرٍ مَعَ النَّبِيِّ ﷺ، قَالَ: فَاشْتَكَى إِلَيْهِ النَّاسُ مِنَ الْعَطَشِ، فَنَزَلَ فَدَعَا فُلَانًا وَدَعَا عَلِيًّا فَقَالَ: «اذْهَبَا، فَابْتَغِيَا الْمَاءَ» فَانْطَلَقَا، فَتَلَقَّيَا امْرَأَةً بَيْنَ مَزَادَتَيْنِ- أَوْ سَطِيحَتَيْنِ- مِنْ مَاءٍ عَلَى بَعِيرٍ لَهَا، فَقَالَا لَهَا: أَيْنَ الْمَاءُ؟ قَالَتْ: عَهْدِي بِالْمَاءِ أَمْسِ هَذِهِ السَّاعَةَ وَنَفَرُنَا خُلُوفٌ، قَالَا لَهَا: انْطَلِقِي إِذًا. قَالَتْ: إِلَى أَيْنَ؟ قَالَا: إِلَى رَسُولِ اللهِ ﷺ. قَالَتْ: الَّذِي يُقَالُ لَهُ الصَّابِئُ. قَالَا: هُوَ الَّذِي تَعْنِينَ، فَانْطَلِقِي، فَجَاءَا بِهَا إِلَى النَّبِيِّ ﷺ وَحَدَّثَاهُ الْحَدِيثَ، قَالَ: فَاسْتَنْزَلُوهَا عَنْ بَعِيرِهَا، وَدَعَا النَّبِيُّ ﷺ بِإِنَاءٍ فَفَرَّغَ فِيهِ مِنْ أَفْوَاهِ الْمَزَادَتَيْنِ- أَوْ سَطِيحَتَيْنِ- وَأَوْكَأَ أَفْوَاهَهُمَا وَأَطْلَقَ الْعَزَالِيَ، وَنُودِيَ فِي النَّاسِ: اسْقُوا وَاسْتَقُوا، فَسَقَى مَنْ شَاءَ وَاسْتَقَى مَنْ شَاءَ، وَهِيَ قَائِمَةٌ تَنْظُرُ إِلَى مَا يُفْعَلُ بِمَائِهَا، وَايْمُ اللهِ لَقَدْ

أُقْلِعَ عَنْهَا، وَإِنَّهُ لَيُخَيَّلُ إِلَيْنَا أَنَّهَا أَشَدُّ مِلْأَةً مِنْهَا حِينَ ابْتَدَأَ فِيهَا، فَقَالَ النَّبِيُّ ﷺ: «اجْمَعُوا لَهَا» فَجَمَعُوا لَهَا مِنْ بَيْنِ عَجْوَةٍ وَدَقِيقَةٍ وَسَوِيقَةٍ حَتَّىٰ جَمَعُوا لَهَا طَعَامًا، فَجَعَلُوهَا فِي ثَوْبٍ، وَحَمَلُوهَا عَلَىٰ بَعِيرِهَا، وَوَضَعُوا الثَّوْبَ بَيْنَ يَدَيْهَا، قَالَ لَهَا: «تَعْلَمِينَ، مَا رَزِئْنَا مِنْ مَائِكِ شَيْئًا، وَلَكِنَّ اللهَ هُوَ الَّذِي أَسْقَانَا» الحَدِيثَ.

(المَزَادَةُ) الرَّاوِيَةُ. (السَّطِيحَةُ) نَحْوُ المَزَادَةِ غَيْرَ أَنَّهَا أَصْغَرُ. (الخُلُوفُ) الغُيَّبُ عَنِ الحَيِّ، أَيْ: أَنَّ الرِّجَالَ قَدْ خَرَجُوا مِنَ الحَيِّ وَأَقَامَ النِّسَاءُ. (الصَّابِئُ) الَّذِي خَرَجَ مِنْ دِينٍ إِلَىٰ دِينٍ، وَكَانَ المُشْرِكُونَ يُسَمُّونَ رَسُولَ اللهِ ﷺ: الصَّابِئَ، لِمُفَارَقَتِهِ دِينَهُمْ. (العَزَالِي) وَاحِدُهَا: عَزْلَاءُ، وَهِيَ فَمُ المَزَادَةِ الأَسْفَلُ.

وَخَرَجُـــوا مِـــنْ شِـــعْبِهِمْ   بِآيَـــــةٍ مِـــنْ رَبِّهِـــمْ

لَمَّا رَأَتْ قُرَيْشٌ أَمْرَ رَسُولِ اللهِ ﷺ يَعْلُو وَالأُمُورُ تَتَزَايَدُ، أَجْمَعُوا عَلَىٰ أَنْ يَتَعَاقَدُوا عَلَىٰ بَنِي هَاشِمٍ وَبَنِي المُطَّلِبِ وَبَنِي عَبْدِ مَنَافٍ أَنْ لَا يُبَايِعُوهُمْ وَلَا يُنَاكِحُوهُمْ وَلَا يُكَلِّمُوهُمْ وَلَا يُجَالِسُوهُمْ حَتَّىٰ يُسَلِّمُوا إِلَيْهِمْ رَسُولَ اللهِ ﷺ، وَكَتَبُوا بِذَلِكَ صَحِيفَةً وَعَلَّقُوهَا فِي سَقْفِ الكَعْبَةِ، كَتَبَهَا- فِي الصَّحِيحِ- بَغِيضُ بْنُ عَامِرِ بْنِ هَاشِمٍ، فَدَعَا عَلَيْهِ رَسُولُ اللهِ ﷺ فَشُلَّتْ يَدُهُ، فَانْحَازَ بَنُو هَاشِمٍ وَبَنُو

الْمُطَّلِبِ مُؤْمِنُهُمْ وَكَافِرُهُمْ – إِلَّا أَبَا لَهَبٍ، فَإِنَّهُ ظَاهَرَ قُرَيْشًا عَلَى رَسُولِ اللهِ ﷺ وَبَنِي هَاشِمٍ وَبَنِي الْمُطَّلِبِ–، وَحُبِسَ رَسُولُ اللهِ ﷺ وَمَنْ مَعَهُ فِي الشِّعْبِ شِعْبِ أَبِي طَالِبٍ، وَعُلِّقَتِ الصَّحِيفَةُ فِي جَوْفِ الْكَعْبَةِ، وَبَقُوا مَحْبُوسِينَ وَمَحْصُورِينَ مُضَيَّقًا عَلَيْهِمْ جِدًّا مَقْطُوعًا عَنْهُمُ الْمِيرَةُ وَالْمَادَّةُ نَحْوَ ثَلَاثِ سِنِينَ، حَتَّىٰ بَلَغَهُمُ الْجَهْدُ وَسُمِعَ أَصْوَاتُ صِبْيَانِهِمْ بِالْبُكَاءِ مِنْ وَرَاءِ الشِّعْبِ.

وَكَانَتْ قُرَيْشٌ فِي ذَلِكَ بَيْنَ رَاضٍ وَكَارِهٍ، فَسَعَىٰ فِي نَقْضِ الصَّحِيفَةِ مَنْ كَانَ كَارِهًا لَهَا، وَكَانَ الْقَائِمُ بِذَلِكَ هِشَامُ بْنُ عَمْرِو بْنِ الْحَارِثِ بْنِ حَبِيبِ بْنِ نَصْرِ بْنِ مَالِكٍ، مَشَىٰ فِي ذَلِكَ إِلَى الْمُطْعِمِ ابْنِ عَدِيٍّ وَجَمَاعَةٍ مِنْ قُرَيْشٍ فَأَجَابُوهُ إِلَىٰ ذَلِكَ، ثُمَّ أَطْلَعَ اللهُ رَسُولَهُ عَلَىٰ أَمْرِ صَحِيفَتِهِمْ، وَأَنَّهُ أَرْسَلَ عَلَيْهَا الْأَرَضَةَ فَأَكَلَتْ جَمِيعَ مَا فِيهَا مِنْ جَوْرٍ وَقَطِيعَةٍ وَظُلْمٍ إِلَّا ذِكْرَ اللهِ عَزَّ وَجَلَّ، فَأَخْبَرَ بِذَلِكَ عَمَّهُ، فَخَرَجَ إِلَىٰ قُرَيْشٍ فَأَخْبَرَهُمْ أَنَّ ابْنَ أَخِيهِ قَدْ قَالَ كَذَا وَكَذَا، فَإِنْ كَانَ كَاذِبًا خَلَّيْنَا بَيْنَكُمْ وَبَيْنَهُ، وَإِنْ كَانَ صَادِقًا رَجَعْتُمْ عَنْ قَطِيعَتِنَا وَظُلْمِنَا، قَالُوا: قَدْ أَنْصَفْت، فَأَنْزَلُوا الصَّحِيفَةَ، فَلَمَّا رَأَوُا الْأَمْرَ كَمَا أَخْبَرَ بِهِ رَسُولُ اللهِ ﷺ ازْدَادُوا كُفْرًا إِلَىٰ كُفْرِهِمْ، وَخَرَجَ رَسُولُ اللهِ ﷺ وَمَنْ مَعَهُ مِنَ الشِّعْبِ.

وَمَــا جَــرَى فِي الهِجْــرَةِ   حِفْظًــا مِــنَ الكَفَــرَةِ

وَقَدْ ظَهَرَتْ فِي رِحْلَتِهِ ﷺ فِي طَرِيقِ الهِجْرَةِ مِنْ مَكَّةَ إِلَى المَدِينَةِ مِنَ الآيَاتِ الدَّالَّاتِ عَلَى حِفْظِ اللهِ تَعَالَى لَهُ ﷺ.

فَلَمَّا كَانَتْ لَيْلَةُ هَمَّ المُشْرِكُونَ بِالفَتْكِ بِهِ ﷺ، وَأَرْصَدُوا عَلَى بَابِهِ أَقْوَامًا، إِذَا خَرَجَ عَلَيْهِمْ قَتَلُوهُ، فَلَمَّا خَرَجَ عَلَيْهِمْ لَمْ يَرَهُ مِنْهُمْ أَحَدٌ، وَوَضَعَ ﷺ عَلَى رَأْسِ كُلِّ وَاحِدٍ مِنْهُمْ تُرَابًا، كَمَا تَقَدَّمَ.

وَجَاءَ المُشْرِكُونَ فِي طَلَبِهِ- هُوَ وَأَبُو بَكْرٍ- إِلَى ثَوْرٍ، وَمَا هُنَاكَ مِنَ الأَمَاكِنِ، حَتَّى إِنَّهُمْ مَرُّوا عَلَى بَابِ الغَارِ، وَحَازَتْ أَقْدَامُهُمْ رَسُولَ اللهِ ﷺ وَصَاحِبَهُ، وَعَمَّى اللهُ عَلَيْهِمْ بَابَ الغَارِ، وَذَلِكَ تَأْوِيلُ قَوْلِهِ تَعَالَى: ﴿إِلَّا تَنصُرُوهُ فَقَدْ نَصَرَهُ ٱللَّهُ إِذْ أَخْرَجَهُ ٱلَّذِينَ كَفَرُوا۟ ثَانِيَ ٱثْنَيْنِ إِذْ هُمَا فِي ٱلْغَارِ إِذْ يَقُولُ لِصَٰحِبِهِ لَا تَحْزَنْ إِنَّ ٱللَّهَ مَعَنَا ۖ فَأَنزَلَ ٱللَّهُ سَكِينَتَهُۥ عَلَيْهِ وَأَيَّدَهُۥ بِجُنُودٍ لَّمْ تَرَوْهَا وَجَعَلَ كَلِمَةَ ٱلَّذِينَ كَفَرُوا۟ ٱلسُّفْلَىٰ ۗ وَكَلِمَةُ ٱللَّهِ هِيَ ٱلْعُلْيَا ۗ وَٱللَّهُ عَزِيزٌ حَكِيمٌ﴾ [التوبة:٤٠]، وَذَلِكَ أَنَّ أَبَا بَكْرٍ رَضِيَ اللهُ عَنْهُ- لِشِدَّةِ حِرْصِهِ- بَكَى حِينَ مَرَّ المُشْرِكُونَ، وَقَالَ: يَا رَسُولَ اللهِ؛ لَوْ أَنَّ أَحَدَهُمْ نَظَرَ مَوْضِعَ قَدَمَيْهِ لَرَآنَا، فَقَالَ لَهُ النَّبِيُّ ﷺ: «يَا أَبَا بَكْرٍ؛ مَا ظَنُّكَ بِاثْنَيْنِ، اللهُ ثَالِثُهُمَا؟».

وَمَا جَرَى لِسُرَاقَةَ بْنِ مَالِكِ بْنِ جُعْشُمٍ، لَمَّا تَبِعَهُ يُرِيدُ قَتْلَهُ أَوْ أَسْرَهُ، فَلَمَّا قَرُبَ مِنْهُ، دَعَا عَلَيْهِ ﷺ، فَسَاخَتْ قَوَائِمُ فَرَسِهِ فِي الْأَرْضِ، فَنَادَاهُ بِالْأَمَانِ، وَسَأَلَهُ أَنْ يَدْعُوَ لَهُ، فَدَعَا لَهُ فَنَجَّاهُ اللهُ.

وَمَرَّ رَسُولُ اللهِ ﷺ فِي مَسِيرِهِ ذَلِكَ بِخَيْمَةِ أُمِّ مَعْبَدٍ، فَقَالَ عِنْدَهَا، وَرَأَتْ مِنْ آيَاتِ نُبُوَّتِهِ فِي الشَّاةِ وَحَلْبِهَا لَبَنًا كَثِيرًا فِي سَنَةٍ مُجْدِبَةٍ مَا يُبْهِرُ الْعُقُولَ، ﷺ.

وَكَمْ مَرِيضٍ قَدْ قَرَا   عَلَيْهِ مِنْ ثَمَّ بَرَا

وَأُصِيبَتْ عَيْنُ قَتَادَةَ بْنِ النُّعْمَانِ يَوْمَ بَدْرٍ فَسَالَتْ عَلَى وَجْنَتِهِ، فَأَرَادُوا أَنْ يَقْطَعُوهَا، فَسَأَلُوا رَسُولَ اللهِ ﷺ فَقَالَ: «لَا» وَدَعَاهُ وَغَمَزَ حَدَقَتَهُ بِرَاحَتِهِ، فَكَانَ لَا يُدْرَى أَيُّ عَيْنَيْهِ أُصِيبَتْ، فَكَانَتْ أَحْسَنَ عَيْنَيْهِ وَأَحَدَّهُمَا. وَفِي رِوَايَةٍ: فَرَفَعَ حَدَقَتَهُ حَتَّى وَضَعَهَا مَوْضِعَهَا، ثُمَّ غَمَزَهَا بِرَاحَتِهِ، وَقَالَ: «اللَّهُمَّ اكْسِبْهُ جَمَالًا» فَمَاتَ وَمَا يَدْرِي مَنْ لَقِيَهُ أَيَّ عَيْنَيْهِ أُصِيبَتْ». رَوَاهُ أَهْلُ الْمَغَازِي.

وَفِي الصَّحِيحَيْنِ: عَنْ سَهْلِ بْنِ سَعْدٍ، أَنَّ رَسُولَ اللهِ ﷺ قَالَ: «أَيْنَ عَلِيُّ بْنُ أَبِي طَالِبٍ؟» فَقَالُوا: يَشْتَكِي عَيْنَيْهِ يَا رَسُولَ اللهِ. قَالَ: «فَأَرْسِلُوا إِلَيْهِ فَأْتُونِي بِهِ» فَلَمَّا جَاءَ بَصَقَ فِي عَيْنَيْهِ وَدَعَا لَهُ، فَبَرَأَ حَتَّى كَأَنْ لَمْ يَكُنْ بِهِ وَجَعٌ.

وَفِي صَحِيحِ البُخَارِيِّ: أَنَّ عَبْدَ اللهِ بْنَ عَتِيكٍ قَالَ: وَقَعْتُ فِي لَيْلَةٍ مُقْمِرَةٍ، فَانْكَسَرَتْ سَاقِي، فَعَصَبْتُهَا بِعِمَامَةٍ، فَانْتَهَيْتُ إِلَى النَّبِيِّ ﷺ فَحَدَّثْتُهُ، فَقَالَ: «ابْسُطْ رِجْلَكَ»، فَبَسَطْتُ رِجْلِي، فَمَسَحَهَا، فَكَأَنَّهَا لَمْ أَشْتَكِهَا قَطُّ.

وَكَــــمْ دُعَاءٍ اسْـــتُجِيبْ   لَهُ الدُّعَاءُ مِـــنْ قَرِيبْ

وَرَوَى التِّرْمِذِيُّ وَصَحَّحَهُ: عَنِ ابْنِ عُمَرَ، أَنَّ رَسُولَ اللهِ ﷺ قَالَ: «اللَّهُمَّ أَعِزَّ الإِسْلَامَ بِأَحَبِّ هَذَيْنِ الرَّجُلَيْنِ إِلَيْكَ: بِأَبِي جَهْلٍ، أَوْ بِعُمَرَ بْنِ الخَطَّابِ» قَالَ: وَكَانَ أَحَبَّهُمَا إِلَيْهِ عُمَرُ. وَنَحْوَهُ عَنِ ابْنِ عَبَّاسٍ وَزَادَ: «فَأَصْبَحَ فَغَدَا عُمَرُ عَلَى رَسُولِ اللهِ ﷺ فَأَسْلَمَ».

وَفِي المُسْنَدِ وَسُنَنِ النَّسَائِيِّ وَابْنِ مَاجَهْ: أَنَّ عَلِيَّ بْنَ أَبِي طَالِبٍ كَانَ يَلْبَسُ ثِيَابَ الصَّيْفِ فِي الشِّتَاءِ، وَثِيَابَ الشِّتَاءِ فِي الصَّيْفِ، وَقَالَ: إِنَّ رَسُولَ اللهِ بَعَثَ إِلَيَّ وَأَنَا أَرْمَدُ العَيْنِ يَوْمَ خَيْبَرَ، قُلْتُ: يَا رَسُولَ اللهِ، إِنِّي أَرْمَدُ العَيْنِ، فَتَفَلَ فِي عَيْنِي، ثُمَّ قَالَ: «اللَّهُمَّ أَذْهِبْ عَنْهُ الحَرَّ وَالبَرَدَ» قَالَ: فَمَا وَجَدْتُ حَرًّا وَلَا بَرْدًا بَعْدَ يَوْمِئِذٍ.

وَدَعَا ﷺ لِعَبْدِ اللهِ بْنِ عَبَّاسٍ فَقَالَ: «اللهُمَّ فَقِّهْهُ فِي الدِّينِ، وَعَلِّمْهُ التَّأْوِيلَ»، فَكَانَ يُسَمَّى: البَحْرَ وَالحَبْرَ، لِكَثْرَةِ عِلْمِهِ.

وَدَعَا ﷺ لِأَنَسِ بْنِ مَالِكٍ بِطُولِ العُمُرِ، وَكَثْرَةِ المَالِ وَالوَلَدِ،

وَأَنْ يُبَارِكَ لَهُ فِيهِ، فَوُلِدَ لَهُ مِائَةٌ وَعِشْرُونَ ذَكَرًا لِصُلْبِهِ، وَكَانَ نَخْلُهُ يَحْمِلُ فِي السَّنَةِ مَرَّتَيْنِ، وَعَاشَ نَحْوَ مِائَةِ سَنَةٍ.

وَكَانَ عُتَيْبَةُ بْنُ أَبِي لَهَبٍ قَدْ شَقَّ قَمِيصَهُ وَآذَاهُ، فَدَعَا عَلَيْهِ ﷺ فَقَالَ: «اللَّهُمَّ سَلِّطْ عَلَيْهِ كَلْبًا مِنْ كِلَابِكَ»، فَخَرَجَ فِي نَفَرٍ مِنْ قُرَيْشٍ، فَقَتَلَهُ الْأَسَدُ بِالزَّرْقَاءِ مِنْ أَرْضِ الشَّامِ. وَفِي رِوَايَةٍ: «لَمَّا طَافَ الْأَسَدُ بِهِمْ تِلْكَ اللَّيْلَةَ، وَانْصَرَفَ عَنْهُمْ قَامُوا وَجَعَلُوا عُتَيْبَةَ فِي وَسَطِهِمْ، فَأَقْبَلَ الْأَسَدُ يَتَخَطَّاهُمْ حَتَّى أَخَذَ بِرَأْسِ عُتَيْبَةَ فَدَغَهُ».

وَتَبِعَهُ سُرَاقَةُ بْنُ مَالِكِ بْنِ جُعْشُمٍ، يُرِيدُ قَتْلَهُ أَوْ أَسْرَهُ، فَلَمَّا قَرُبَ مِنْهُ، دَعَا عَلَيْهِ ﷺ، فَسَاخَتْ قَوَائِمُ فَرَسِهِ فِي الْأَرْضِ، فَنَادَاهُ بِالْأَمَانِ، وَسَأَلَهُ أَنْ يَدْعُوَ لَهُ، فَدَعَا لَهُ فَنَجَّاهُ اللهُ.

وَشُكِيَ إِلَيْهِ ﷺ قُحُوطُ الْمَطَرِ وَهُوَ عَلَى الْمِنْبَرِ، فَدَعَا اللهَ عَزَّ وَجَلَّ، وَمَا فِي السَّمَاءِ قَزَعَةٌ، فَثَارَ سَحَابٌ أَمْثَالُ الْجِبَالِ، فَمُطِرُوا إِلَى الْجُمُعَةِ الْأُخْرَى، حَتَّى شُكِيَ إِلَيْهِ كَثْرَةُ الْمَطَرِ، فَدَعَا اللهَ عَزَّ وَجَلَّ، فَأُقْلِعَتْ، وَخَرَجُوا يَمْشُونَ فِي الشَّمْسِ.

وَكَــمْ طَعَــامٍ رُفِعَــا ∗∗∗ وَهْــوَ كَمَــا قَــدْ وُضِــعَا

وَأَطْعَمَ ﷺ أَهْلَ الْخَنْدَقِ، وَهُمْ أَلْفٌ، مِنْ صَاعِ شَعِيرٍ أَوْ دُونَهُ وَبَهْمَةٍ، وَانْصَرَفُوا وَالطَّعَامُ أَكْثَرُ مِمَّا كَانَ. وَأَطْعَمَ ﷺ أَهْلَ الْخَنْدَقِ

أَيْضًا مِنْ تَمْرٍ يَسِيرٍ، أَتَتْ بِهِ ابْنَةُ بَشِيرِ بْنِ سَعْدٍ إِلَى أَبِيهَا وَخَالِهَا عَبْدِ اللهِ بْنِ رَوَاحَةَ.

وَأَمَرَ ﷺ عُمَرَ بْنَ الخَطَّابِ أَنْ يُزَوِّدَ أَرْبَعَ مِائَةِ رَاكِبٍ مِنْ تَمْرٍ كَالفَصِيلِ الرَّابِضِ- أَيْ: كَوَلَدِ النَّاقَةِ الجَالِسِ المُقِيمِ-، فَزَوَّدَهُمْ، وَبَقِيَ كَأَنَّهُ لَمْ يَنْقُصْ تَمْرَةً وَاحِدَةً. وَأَطْعَمَ ﷺ فِي مَنْزِلِ أَبِي طَلْحَةَ ثَمَانِينَ رَجُلًا مِنْ أَقْرَاصِ شَعِيرٍ، جَعَلَهَا أَنَسٌ تَحْتَ إِبْطِهِ، حَتَّىٰ شَبِعُوا، وَبَقِيَ كَمَا هُوَ.

وَأَطْعَمَ ﷺ الجَيْشَ مِنْ مِزْوَدِ أَبِي هُرَيْرَةَ، حَتَّىٰ شَبِعُوا كُلُّهُمْ، ثُمَّ رَدَّ مَا بَقِيَ فِيهِ، وَدَعَا لَهُ فِيهِ، فَأَكَلَ مِنْهُ حَيَاةَ النَّبِيِّ ﷺ وَأَبِي بَكْرٍ وَعُمَرَ وَعُثْمَانَ، فَلَمَّا قُتِلَ عُثْمَانُ ذَهَبَ. وَحَمَلَ مِنْهُ- فِيمَا رُوِيَ عَنْهُ- خَمْسِينَ وَسْقًا فِي سَبِيلِ اللهِ عَزَّ وَجَلَّ. وَأَطْعَمَ ﷺ فِي بِنَائِهِ بِزَيْنَبَ خَلْقًا كَثِيرًا، مِنْ قَصْعَةٍ أَهْدَتْهَا لَهُ أُمُّ سُلَيْمٍ، ثُمَّ رُفِعَتْ وَلَا يُدْرَىٰ: الطَّعَامُ فِيهَا أَكْثَرُ حِينَ وُضِعَتْ أَوْ حِينَ رُفِعَتْ؟.

وَكَـــمْ لَهُ مِـــنَ الخَـــبَرْ   قَـــدْ صَـــدَّقَ الخُـــبْرُ الخَـــبَرْ

وَأَخْبَرَ ﷺ أَنَّهُ يَقْتُلُ أُبَيَّ بْنَ خَلَفٍ الجُمَحِيَّ، فَخَدَشَهُ يَوْمَ بَدْرٍ- أَوْ أُحُدٍ- خَدْشًا يَسِيرًا، فَمَاتَ مِنْهُ. وَقَالَ سَعْدُ بْنُ مُعَاذٍ لِأَخِيهِ أُمَيَّةَ بْنِ خَلَفٍ: سَمِعْتُ مُحَمَّدًا يَزْعُمُ أَنَّهُ قَاتِلُكَ، فَقُتِلَ يَوْمَ بَدْرٍ

كَافِرًا. وَأَخْبَرَ ﷺ يَوْمَ بَدْرٍ بِمَصَارِعِ المُشْرِكِينَ، فَقَالَ: «هَذَا مَصْرَعُ فُلَانٍ غَدًا إِنْ شَاءَ اللهُ، وَهَذَا مَصْرَعُ فُلَانٍ غَدًا إِنْ شَاءَ اللهُ»، فَلَمْ يَعْدُ وَاحِدٌ مِنْهُمْ مَصْرَعَهُ الَّذِي سَمَّاهُ.

وَأَخْبَرَ ﷺ أَنَّ طَوَائِفَ مِنْ أُمَّتِهِ يَغْزُونَ البَحْرَ، وَأَنَّ أُمَّ حَرَامٍ بِنْتَ مِلْحَانَ مِنْهُمْ، فَكَانَ كَمَا قَالَ. وَقَالَ ﷺ لِعُثْمَانَ بْنِ عَفَّانَ: إِنَّهُ تُصِيبُهُ بَلْوَى شَدِيدَةٌ، فَقُتِلَ عُثْمَانُ. وَقَالَ ﷺ لِلحَسَنِ بْنِ عَلِيٍّ: «إِنَّ ابْنِي هَذَا سَيِّدٌ، وَلَعَلَّ اللهَ أَنْ يُصْلِحَ بِهِ بَيْنَ فِئَتَيْنِ مِنَ المُسْلِمِينَ عَظِيمَتَيْنِ»، فَكَانَ كَذَلِكَ. وَقَالَ لِرَجُلٍ مِمَّنْ يَدَّعِي الإِسْلَامَ، وَهُوَ مَعَهُ فِي القِتَالِ: «إِنَّهُ مِنْ أَهْلِ النَّارِ»، فَصَدَّقَ اللهُ قَوْلَهُ بِأَنْ نَحَرَ نَفْسَهُ.

وَمِنْ هَذَا البَابِ: مَا فِي الصَّحِيحَيْنِ: عَنْ جَابِرِ بْنِ عَبْدِ اللهِ قَالَ: سَمِعْتُ النَّبِيَّ ﷺ يَقُولُ: «لَمَّا كَذَّبَتْنِي قُرَيْشٌ قُمْتُ فِي الحِجْرِ فَجَلَّى اللهُ لِي بَيْتَ المَقْدِسِ، فَطَفِقْتُ أُخْبِرُهُمْ عَنْ آيَاتِهِ وَأَنَا أَنْظُرُ إِلَيْهِ». زَادَ البُخَارِيُّ فِي رِوَايَةٍ: «لَمَّا كَذَّبَتْنِي قُرَيْشٌ حِينَ أُسْرِيَ بِي إِلَى بَيْتِ المَقْدِسِ».

وَهَكَــذَا كَرَامَــاتُ الأَوْلِيَــاءِ، آيَــاتُ

قَالَ ابْنُ تَيْمِيَّةَ: «أَوْلِيَاءُ اللهِ المُتَّقُونَ هُمُ المُقْتَدُونَ بِمُحَمَّدٍ ﷺ فَيَفْعَلُونَ مَا أَمَرَ بِهِ وَيَنْتَهُونَ عَمَّا عَنْهُ زَجَرَ؛ وَيَقْتَدُونَ بِهِ فِيمَا بَيَّنَ لَهُمْ

أَنْ يَتَّبِعُوهُ فِيهِ، فَيُؤَيِّدُهُمْ بِمَلَائِكَتِهِ وَرُوحٍ مِنْهُ، وَيَقْذِفُ اللهُ فِي قُلُوبِهِمْ مِنْ أَنْوَارِهِ، وَلَهُمُ الْكَرَامَاتُ الَّتِي يُكْرِمُ اللهُ بِهَا أَوْلِيَاءَهُ الْمُتَّقِينَ. وَخِيَارُ أَوْلِيَاءِ اللهِ كَرَامَاتُهُمْ لِحُجَّةٍ فِي الدِّينِ أَوْ لِحَاجَةٍ بِالْمُسْلِمِينَ، كَمَا كَانَتْ مُعْجِزَاتُ نَبِيِّهِمْ ﷺ كَذَلِكَ. وَكَرَامَاتُ أَوْلِيَاءِ اللهِ إِنَّمَا حَصَلَتْ بِبَرَكَةِ اتِّبَاعِ رَسُولِهِ ﷺ، فَهِيَ فِي الْحَقِيقَةِ تَدْخُلُ فِي مُعْجِزَاتِ الرَّسُولِ ﷺ).

وَقَالَ أَيْضًا: «كَانَ كَثِيرٌ مِنْ أَهْلِ الْكَلَامِ لَا يُسَمِّي (مُعْجِزًا) إِلَّا مَا كَانَ لِلْأَنْبِيَاءِ فَقَطْ، وَمَا كَانَ لِلْأَوْلِيَاءِ- إِنْ أُثْبِتَ لَهُمْ خَرْقُ عَادَةٍ- سَمَّاهَا (كَرَامَةً). وَالسَّلَفُ- كَأَحْمَدَ وَغَيْرِهِ- كَانُوا يُسَمُّونَ هَذَا وَهَذَا (مُعْجِزًا)، وَيَقُولُونَ لِخَوَارِقِ الْأَوْلِيَاءِ: (إِنَّهَا مُعْجِزَاتٌ)، إِذْ لَمْ يَكُنْ فِي اللَّفْظِ مَا يَقْتَضِي اخْتِصَاصَ الْأَنْبِيَاءِ بِذَلِكَ؛ بِخِلَافِ مَا كَانَ آيَةً وَبُرْهَانًا عَلَىٰ نُبُوَّةِ النَّبِيِّ، فَإِنَّ هَذَا يَجِبُ اخْتِصَاصُهُ. وَقَدْ يُسَمُّونَ الْكَرَامَاتِ (آيَاتٍ)، لِكَوْنِهَا تَدُلُّ عَلَىٰ نُبُوَّةِ مَنِ اتَّبَعَهُ الْوَلِيُّ، فَإِنَّ الدَّلِيلَ مُسْتَلْزِمٌ لِلْمَدْلُولِ، يَمْتَنِعُ ثُبُوتُهُ بِدُونِ ثُبُوتِ الْمَدْلُولِ، فَكَذَلِكَ مَا كَانَ آيَةً وَبُرْهَانًا، وَهُوَ الدَّلِيلُ وَالْعَلَمُ عَلَىٰ نُبُوَّةِ النَّبِيِّ، يَمْتَنِعُ أَنْ يَكُونَ لِغَيْرِ النَّبِيِّ».

خَصَائِصُهُ ﷺ

أُتِيَ جَوَامِعَ الكَلِـــمْ   وَمِـــنْ قَرِينِــهِ سَلِمْ

أُعْطِيَ رَسُولُ اللهِ ﷺ جَوَامِعَ الكَلِمِ بِخَوَاتِمِهِ، كَمَا قَالَ أَبُو
مُوسَىٰ الأَشْعَرِيُّ، وَقَدْ صَحَّ عَنْهُ ﷺ قَوْلُهُ: «بُعِثْتُ بِجَوَامِعِ الكَلِمِ».

قَالَ الزُّهْرِيُّ: «جَوَامِعُ الكَلِمِ- فِيمَا بَلَغَنَا- أَنَّ اللهَ يَجْمَعُ لَهُ
الأُمُورَ الكَثِيرَةَ الَّتِي كَانَتْ تُكْتَبُ فِي الكُتُبِ قَبْلَهُ فِي الأَمْرِ الوَاحِدِ
وَالأَمْرَيْنِ وَنَحْوِ ذَلِكَ».

وَفِي صَحِيحِ مُسْلِمٍ: عَنِ ابْنِ مَسْعُودٍ قَالَ: قَالَ رَسُولُ اللهِ ﷺ:
«مَا مِنْكُمْ مِنْ أَحَدٍ، إِلَّا وَقَدْ وُكِّلَ بِهِ قَرِينُهُ مِنَ الجِنِّ». قَالُوا: وَإِيَّاكَ
يَا رَسُولَ اللهِ؟ قَالَ: «وَإِيَّايَ، إِلَّا أَنَّ اللهَ أَعَانَنِي عَلَيْهِ فَأَسْلَمَ، فَلَا
يَأْمُرُنِي إِلَّا بِخَيْرٍ».

يَقْظَانُ وَهْـــوَ نَـــائِمْ   حَلَّـــتْ لَهُ الغَنَـائِمْ
وَالأَرْضُ مَـــسْجِدٌ لَـهُ   لَا كَالَّذِيـــنَ قَبْلَـــهُ

فِي الصَّحِيحَيْنِ: عَنْ عَائِشَةَ قَالَتْ: قُلْتُ يَا رَسُولَ اللهِ: أَتَنَامُ
قَبْلَ أَنْ تُوتِرَ؟ فَقَالَ: «يَا عَائِشَةُ إِنَّ عَيْنَيَّ تَنَامَانِ وَلَا يَنَامُ قَلْبِي».

وَفِي صَحِيحِ البُخَارِيِّ: قَالَ سُفْيَانُ بْنُ عُيَيْنَةَ: قُلْنَا لِعَمْرِو بْنِ دِينَارٍ: إِنَّ نَاسًا يَقُولُونَ: «إِنَّ رَسُولَ اللهِ ﷺ تَنَامُ عَيْنُهُ وَلَا يَنَامُ قَلْبُهُ» قَالَ عَمْرُو: سَمِعْتُ عُبَيْدَ بْنَ عُمَيْرٍ يَقُولُ: «رُؤْيَا الأَنْبِيَاءِ وَحْيٌ» ثُمَّ قَرَأَ ﴿إِنِّي أَرَىٰ فِي ٱلۡمَنَامِ أَنِّيٓ أَذۡبَحُكَ﴾ [الصافات: ١٠٢].

وَإِبَاحَةُ الغَنَائِمِ لَمْ تَكُنْ لِغَيْرِ هَذِهِ الأُمَّةِ، بَلْ هُوَ مِنْ خَصَائِصِهَا. وَفِي الصَّحِيحَيْنِ: عَنْ جَابِرٍ، أَنَّ النَّبِيَّ ﷺ قَالَ: «أُعْطِيتُ خَمْسًا لَمْ يُعْطَهُنَّ أَحَدٌ قَبْلِي: نُصِرْتُ بِالرُّعْبِ مَسِيرَةَ شَهْرٍ، وَجُعِلَتْ لِي الأَرْضُ مَسْجِدًا وَطَهُورًا، فَأَيُّمَا رَجُلٍ مِنْ أُمَّتِي أَدْرَكَتْهُ الصَّلَاةُ فَلْيُصَلِّ، وَأُحِلَّتْ لِي المَغَانِمُ وَلَمْ تَحِلَّ لِأَحَدٍ قَبْلِي، وَأُعْطِيتُ الشَّفَاعَةَ، وَكَانَ النَّبِيُّ يُبْعَثُ إِلَى قَوْمِهِ خَاصَّةً وَبُعِثْتُ إِلَى النَّاسِ عَامَّةً».

وَكَانَ مَنْ قَبْلَهُ ﷺ إِذَا غَنِمُوا شَيْئًا أَخْرَجُوا مِنْهُ قِسْمًا فَوَضَعُوهُ نَاحِيَةً، فَتَنْزِلُ نَارٌ مِنَ السَّمَاءِ فَتَحْرِقُهُ.

قَالَ ابْنُ القَيِّمِ: «إِبَاحَةُ الغَنَائِمِ كَانَ قَبِيحًا فِي حَقِّ مَنْ قَبْلَنَا؛ لِئَلَّا تَحْمِلَهُمْ إِبَاحَتُهَا عَلَى القِتَالِ لِأَجْلِهَا، وَالعَمَلِ لِغَيْرِ اللهِ، فَتَفُوتَ عَلَيْهِمْ مَصْلَحَةُ الإِخْلَاصِ الَّتِي هِيَ أَعْظَمُ المَصَالِحِ؛ فَحَمَى أَحْكَمُ الحَاكِمِينَ جَانِبَ هَذِهِ المَصْلَحَةِ العَظِيمَةِ بِتَحْرِيمِهَا عَلَيْهِمْ لِيَتَمَحَّضَ قِتَالُهُمْ للهِ لَا لِلدُّنْيَا، فَكَانَتِ المَصْلَحَةُ فِي حَقِّهِمْ تَحْرِيمَهَا

عَلَيْهِمْ، ثُمَّ لَمَّا أَوْجَدَ هَذِهِ الأُمَّةَ الَّتِي هِيَ أَكْمَلُ الأُمَمِ عُقُولًا، وَأَرْسَخُهُمْ إِيمَانًا، وَأَعْظَمُهُمْ تَوْحِيدًا وَإِخْلَاصًا، وَأَرْغَبُهُمْ فِي الآخِرَةِ، وَأَزْهَدُهُمْ فِي الدُّنْيَا؛ أَبَاحَ لَهُمُ الغَنَائِمَ، وَكَانَتْ إِبَاحَتُهَا حَسَنَةً بِالنِّسْبَةِ إِلَيْهِمْ، وَإِنْ كَانَتْ قَبِيحَةً بِالنِّسْبَةِ إِلَى مَنْ قَبْلَهُمْ».

بِالرُّعْبِ شَهْرًا نُصِرَا   يَــرَى أَمَامَـــا وَوَرَا

وَقَوْلُهُ ﷺ: «نُصِرْتُ بِالرُّعْبِ مَسِيرَةَ شَهْرٍ» قِيلَ: كَانَ إِذَا هَمَّ بِغَزْوِ قَوْمٍ أُرْهِبُوا مِنْهُ قَبْلَ أَنْ يَقْدَمَ عَلَيْهِمْ بِشَهْرٍ، وَلَمْ يَكُنْ هَذَا لِأَحَدٍ سِوَاهُ.

وَلَا يُعَارِضُ هَذَا مَا فِي صَحِيحِ مُسْلِمٍ فِي قِصَّةِ نُزُولِ عِيسَى عَلَيْهِ السَّلَامُ إِلَى الأَرْضِ، وَأَنَّهُ «لَا يَحِلُّ لِكَافِرٍ يَجِدُ رِيحَ نَفْسِهِ إِلَّا مَاتَ، وَنَفَسُهُ يَنْتَهِي حَيْثُ يَنْتَهِي طَرْفُهُ»؛ قَالَ ابْنُ كَثِيرٍ: «فَإِنَّهُ إِنْ كَانَ ذَلِكَ صِفَةً لَهُ لَمْ تَزَلْ مِنْ قَبْلِ أَنْ يُرْفَعَ؛ فَلَيْسَتْ نَظِيرَ هَذَا، وَإِلَّا فَهُوَ بَعْدَ نُزُولِهِ إِلَى الأَرْضِ أَحَدُ أُمَّةِ مُحَمَّدٍ ﷺ، يَعْنِي: أَنَّهُ يَحْكُمُ بِشَرْعِهِ، وَلَا يُوحَى إِلَيْهِ بِخِلَافِهَا».

وَفِي صَحِيحِ البُخَارِيِّ: عَنْ أَنَسِ بْنِ مَالِكٍ قَالَ: أُقِيمَتِ الصَّلَاةُ فَأَقْبَلَ عَلَيْنَا رَسُولُ اللهِ ﷺ بِوَجْهِهِ، فَقَالَ: «أَقِيمُوا صُفُوفَكُمْ، وَتَرَاصُّوا، فَإِنِّي أَرَاكُمْ مِنْ وَرَاءِ ظَهْرِي».

وَفِي الصَّحِيحَيْنِ: عَنْ أَبِي هُرَيْرَةَ، أَنَّ رَسُولَ اللهِ ﷺ قَالَ: «هَلْ تَرَوْنَ قِبْلَتِي هَا هُنَا، فَوَاللهِ مَا يَخْفَىٰ عَلَيَّ خُشُوعُكُمْ وَلَا رُكُوعُكُمْ، إِنِّي لَأَرَاكُمْ مِنْ وَرَاءِ ظَهْرِي».

قَوْلُهُ: (هَلْ تَرَوْنَ قِبْلَتِي) هُوَ اسْتِفْهَامُ إِنْكَارٍ لِمَا يَلْزَمُ مِنْهُ، أَيْ: أَنْتُمْ تَظُنُّونَ أَنِّي لَا أَرَىٰ فِعْلَكُمْ لِكَوْنِ قِبْلَتِي فِي هَذِهِ الجِهَةِ، لِأَنَّ مَنِ اسْتَقْبَلَ شَيْئًا اسْتَدْبَرَ مَا وَرَاءَهُ؛ لَكِنْ بَيَّنَ النَّبِيُّ ﷺ أَنَّ رُؤْيَتَهُ لَا تَخْتَصُّ بِجِهَةٍ وَاحِدَةٍ.

قَالَ ابْنُ حَجَرٍ: «وَالصَّوَابُ المُخْتَارُ: أَنَّ هَذَا مَحْمُولٌ عَلَىٰ ظَاهِرِهِ، وَأَنَّ هَذَا الإِبْصَارَ إِدْرَاكٌ حَقِيقِيٌّ خَاصٌّ بِهِ ﷺ، انْخَرَقَتْ لَهُ فِيهِ العَادَةُ، وَعَلَىٰ هَذَا عَمَلُ البُخَارِيِّ، فَأَخْرَجَ هَذَا الحَدِيثَ فِي (عَلَامَاتِ النُّبُوَّةِ)، وَكَذَا نُقِلَ عَنِ الإِمَامِ أَحْمَدَ وَغَيْرِهِ».

وَأُعْطِــــــــيَ الشَّـــــــــفَاعَا   أَكْــــــــــــــثَرُهُمْ أَتْبَــــــــاعَا

وَقَوْلُهُ ﷺ: «وَأُعْطِيتُ الشَّفَاعَةَ» يُرِيدُ بِذَلِكَ: المَقَامَ المَحْمُودَ الَّذِي يَغْبِطُهُ بِهِ الأَوَّلُونَ وَالآخِرُونَ، وَالمَقَامَ الَّذِي يَرْغَبُ إِلَيْهِ الخَلْقُ كُلُّهُمْ لِيَشْفَعَ لَهُمْ إِلَىٰ رَبِّهِمْ، لِيَفْصِلَ بَيْنَهُمْ وَيُرِيحَهُمْ مِنْ مَقَامِ المَحْشَرِ، وَهِيَ الشَّفَاعَةُ الَّتِي يَحِيدُ عَنْهَا أُولُو العَزْمِ، لِمَا خَصَّهُ اللهُ بِهِ مِنَ الفَضْلِ وَالتَّشْرِيفِ، فَيَذْهَبُ إِلَىٰ الجَنَّةِ قَبْلَ الأَنْبِيَاءِ، وَيَقُولُ

الخَازِنُ لَهُ: «بِكَ أُمِرْتُ، لَا أَفْتَحُ لِأَحَدٍ قَبْلَكَ». وَهَذِهِ خُصُوصِيَّةٌ أَيْضًا لَيْسَتْ إِلَّا لَهُ مِنَ البَشَرِ كَافَّةً، فَيَدْخُلُ الجَنَّةَ فَيَشْفَعُ إِلَى اللهِ تَعَالَى فِي ذَلِكَ، كَمَا جَاءَ فِي الأَحَادِيثِ الصِّحَاحِ، وَهَذِهِ هِيَ الشَّفَاعَةُ الأُولَى الَّتِي يَخْتَصُّ بِهَا دُونَ غَيْرِهِ مِنَ الرُّسُلِ.

ثُمَّ تَكُونُ لَهُ بَعْدَهَا شَفَاعَاتٌ فِي إِنْقَاذِ مَنْ شَاءَ اللهُ مِنْ أَهْلِ الكَبَائِرِ مِنْ أُمَّتِهِ مِنَ النَّارِ، وَلَكِنَّ الرُّسُلَ يُشَارِكُونَهُ فِي هَذِهِ الشَّفَاعَةِ، فَيَشْفَعُونَ فِي عُصَاةِ أُمَمِهِمْ، وَكَذَلِكَ المَلَائِكَةُ، بَلْ وَالمُؤْمِنُونَ- كَمَا فِي الصَّحِيحِ مِنْ حَدِيثِ أَبِي هُرَيْرَةَ وَأَبِي سَعِيدٍ-، فَيَقُولُ اللهُ عَزَّ وَجَلَّ: «شَفَعَتِ المَلَائِكَةُ، وَشَفَعَ النَّبِيُّونَ، وَشَفَعَ المُؤْمِنُونَ، وَلَمْ يَبْقَ إِلَّا أَرْحَمُ الرَّاحِمِينَ» الحَدِيثَ.

وَفِي الصَّحِيحَيْنِ: عَنِ ابْنِ عَبَّاسٍ: قَالَ رَسُولُ اللهِ ﷺ: «عُرِضَتْ عَلَيَّ الأُمَمُ، فَجَعَلَ النَّبِيُّ وَالنَّبِيَّانِ يَمُرُّونَ مَعَهُمُ الرَّهْطُ، وَالنَّبِيُّ لَيْسَ مَعَهُ أَحَدٌ، حَتَّى رُفِعَ لِي سَوَادٌ عَظِيمٌ، قُلْتُ: مَا هَذَا؟ أُمَّتِي هَذِهِ؟ قِيلَ: بَلْ هَذَا مُوسَى وَقَوْمُهُ، قِيلَ: انْظُرْ إِلَى الأُفُقِ، فَإِذَا سَوَادٌ يَمْلَأُ الأُفُقَ، ثُمَّ قِيلَ لِي: انْظُرْ هَا هُنَا وَهَا هُنَا فِي آفَاقِ السَّمَاءِ، فَإِذَا سَوَادٌ قَدْ مَلَأَ الأُفُقَ، قِيلَ: هَذِهِ أُمَّتُكَ، وَيَدْخُلُ الجَنَّةَ مِنْ هَؤُلَاءِ سَبْعُونَ أَلْفًا بِغَيْرِ حِسَابٍ».

لَيْسَ بِهِ يُمَثَّـلُ   شَـيْطَانٌ اوْ يُخَيَّـلُ

فِي الصَّحِيحَيْنِ: عَنْ أَبِي هُرَيْرَةَ قَالَ: قَالَ رَسُولُ اللهِ ﷺ: «مَنْ رَآنِي فِي المَنَامِ فَقَدْ رَآنِي، فَإِنَّ الشَّيْطَانَ لَا يَتَمَثَّلُ بِي». وَفِي صَحِيحِ البُخَارِيِّ: عَنْ أَنَسٍ قَالَ: قَالَ النَّبِيُّ ﷺ: «مَنْ رَآنِي فِي المَنَامِ فَقَدْ رَآنِي، فَإِنَّ الشَّيْطَانَ لَا يَتَخَيَّلُ بِي».

وَمَـنْ يُصَلِّي مَـرَّهْ   عَلَيْـهِ صَـلَّى عَـشْرَهْ

قَالَ اللهُ تَعَالَى: ﴿إِنَّ ٱللَّهَ وَمَلَٰٓئِكَتَهُۥ يُصَلُّونَ عَلَى ٱلنَّبِيِّ يَٰٓأَيُّهَا ٱلَّذِينَ ءَامَنُواْ صَلُّواْ عَلَيْهِ وَسَلِّمُواْ تَسْلِيمًا﴾ [الأحزاب:٥٦].

أَيْ: صَلُّوا عَلَيْهِ ﷺ؛ اقْتِدَاءً بِاللهِ تَعَالَى وَمَلَائِكَتِهِ، وَجَزَاءً لَهُ عَلَى بَعْضِ حُقُوقِهِ عَلَيْكُمْ، وَتَكْمِيلًا لِإِيمَانِكُمْ، وَتَعْظِيمًا لَهُ وَمَحَبَّةً وَإِكْرَامًا، وَزِيَادَةً فِي حَسَنَاتِكُمْ، وَتَكْفِيرًا مِنْ سَيِّئَاتِكُمْ.

وَفِي صَحِيحِ مُسْلِمٍ: عَنْ أَبِي هُرَيْرَةَ وَعَنْ عَبْدِ اللهِ بْنِ عَمْرٍو، أَنَّ رَسُولَ اللهِ ﷺ قَالَ: «مَنْ صَلَّى عَلَيَّ وَاحِدَةً صَلَّى اللهُ عَلَيهِ عَشْرًا».

وَرَوَى التِّرْمِذِيُّ وَحَسَّنَهُ: عَنْ أُبَيِّ بْنِ كَعْبٍ قَالَ: قُلْتُ: يَا رَسُولَ اللهِ؛ إِنِّي أُكْثِرُ الصَّلَاةَ عَلَيْكَ فَكَمْ أَجْعَلُ لَكَ مِنْ صَلَاتِي؟ فَقَالَ: «مَا شِئْتَ». قَالَ: قُلْتُ: الرُّبُعَ؟ قَالَ: «مَا شِئْتَ، فَإِنْ زِدْتَ

فَهُوَ خَيْرٌ لَكَ»، قُلْتُ: النِّصْفَ؟ قَالَ: «مَا شِئْتَ، فَإِنْ زِدْتَ فَهُوَ خَيْرٌ
لَكَ»، قَالَ: قُلْتُ: فَالثُّلُثَيْنِ؟ قَالَ: «مَا شِئْتَ، فَإِنْ زِدْتَ فَهُوَ خَيْرٌ
لَكَ»، قُلْتُ: أَجْعَلُ لَكَ صَلَاتِي كُلَّهَا؟ قَالَ: «إِذًا تُكْفَىٰ هَمَّكَ،
وَيُغْفَرُ لَكَ ذَنْبُكَ».

قَالَ ابْنُ تَيْمِيَّةَ: «لِأَنَّ مَنْ صَلَّىٰ عَلَى النَّبِيِّ ﷺ صَلَاةً صَلَّى اللهُ
عَلَيْهِ بِهَا عَشْرًا، وَمَنْ صَلَّى اللهُ عَلَيْهِ كَفَاهُ هَمَّهُ وَغَفَرَ لَهُ ذَنْبَهُ».

وَكَـذِبٌ عَلَيْـهِ شَرٌّ   مِـنْ كَـذِبٍ عَلَى البَشَـرْ

اعْلَمْ؛ أَنَّ الكَذِبَ عَلَى النَّبِيِّ ﷺ أَعْظَمُ أَنْوَاعِ الكَذِبِ، بَعْدَ
كَذِبِ الكَافِرِ عَلَى اللهِ تَعَالَىٰ.

وَفِي الصَّحِيحَيْنِ: عَنِ المُغِيرَةِ بْنِ شُعْبَةَ قَالَ: سَمِعْتُ النَّبِيَّ
ﷺ يَقُولُ: «إِنَّ كَذِبًا عَلَيَّ لَيْسَ كَكَذِبٍ عَلَىٰ أَحَدٍ، مَنْ كَذَبَ عَلَيَّ
مُتَعَمِّدًا، فَلْيَتَبَوَّأْ مَقْعَدَهُ مِنَ النَّارِ».

وَذَلِكَ؛ لِأَنَّ الكَذِبَ عَلَيْهِ ﷺ كَالكَذِبِ عَلَى اللهِ تَعَالَىٰ، فَإِنَّ مَا
أَمَرَ بِهِ الرَّسُولُ ﷺ فَقَدْ أَمَرَ اللهُ بِهِ، يَجِبُ اتِّبَاعُهُ كَوُجُوبِ اتِّبَاعِ أَمْرِ
اللهِ، وَمَا أَخْبَرَ بِهِ وَجَبَ تَصْدِيقُهُ كَمَا يَجِبُ تَصْدِيقُ مَا أَخْبَرَ اللهُ بِهِ.

وَالكَاذِبُ عَلَيْهِ يُدْخِلُ فِي دِينِهِ مَا لَيْسَ مِنْهُ عَمْدًا، وَيَزْعُمُ أَنَّهُ

يَجِبُ عَلَى الأُمَّةِ التَّصْدِيقُ بِهَذَا الْخَبَرِ وَامْتِثَالُ هَذَا الأَمْرِ لِأَنَّهُ دِينُ اللهِ؛ مَعَ الْعِلْمِ بِأَنَّهُ لَيْسَ للهِ بِدِينٍ.

شِرْعَتُـــهُ مُمَهَّــدَهْ   نَاسِـــخَةٌ مُؤَبَّــدَهْ

إِنَّ هَذِهِ الشَّرِيعَةَ الْمُحَمَّدِيَّةَ جَعَلَهَا اللهُ تَعَالَى حَنِيفِيَّةً سَمْحَةً، مُيَسَّرَةً مُمَهَّدَةً، كَمَا قَالَ تَعَالَى: ﴿وَمَا جَعَلَ عَلَيْكُمْ فِي ٱلدِّينِ مِنْ حَرَجٍ﴾ [الحج:٧٨] وَفِي الْحَدِيثِ: «أَحَبُّ الدِّينِ إِلَى اللهِ الْحَنِيفِيَّةُ السَّمْحَةُ»؛ فَإِنَّ اللهَ سُبْحَانَهُ أَمَرَ بِالْمَعْرُوفِ، وَهُوَ طَاعَتُهُ وَطَاعَةُ رَسُولِهِ، وَهُوَ الصَّلَاحُ وَالْحَسَنَاتُ وَالْخَيْرُ وَالْبِرُّ، وَنَهَى عَنِ الْمُنْكَرِ، وَهُوَ مَعْصِيَتُهُ وَمَعْصِيَةُ رَسُولِهِ، وَهُوَ الْفَسَادُ وَالسَّيِّئَاتُ وَالشَّرُّ وَالْفُجُورُ، وَقَيَّدَ الإِيجَابَ بِالِاسْتِطَاعَةِ وَالْوُسْعِ، وَأَبَاحَ مِمَّا حَرَّمَ مَا يُضْطَرُّ الْمَرْءُ إِلَيْهِ غَيْرَ بَاغٍ وَلَا عَادٍ.

فَقَالَ تَعَالَى: ﴿ٱتَّقُوا ٱللَّهَ حَقَّ تُقَاتِهِۦ﴾ [آل عمران:١٠٢] وَقَالَ: ﴿فَٱتَّقُوا ٱللَّهَ مَا ٱسْتَطَعْتُمْ﴾ [التغابن:١٦] وَقَالَ: ﴿لَا يُكَلِّفُ ٱللَّهُ نَفْسًا إِلَّا وُسْعَهَا ۚ لَهَا مَا كَسَبَتْ وَعَلَيْهَا مَا ٱكْتَسَبَتْ ۗ رَبَّنَا لَا تُؤَاخِذْنَا إِن نَّسِينَا أَوْ أَخْطَأْنَا ۚ رَبَّنَا وَلَا تَحْمِلْ عَلَيْنَا إِصْرًا كَمَا حَمَلْتَهُ عَلَى ٱلَّذِينَ مِن قَبْلِنَا﴾ الآيَةَ [البَقَرَة:٢٨٦].

وَفِي الصَّحِيحَيْنِ: عَنْ أَبِي هُرَيْرَةَ عَنِ النَّبِيِّ ﷺ قَالَ: «دَعُونِي

مَا تَرَكْتُكُمْ، إِنَّمَا هَلَكَ مَنْ كَانَ قَبْلَكُمْ بِسُؤَالِهِمْ وَاخْتِلَافِهِمْ عَلَىٰ أَنْبِيَائِهِمْ، فَإِذَا نَهَيْتُكُمْ عَنْ شَيْءٍ فَاجْتَنِبُوهُ، وَإِذَا أَمَرْتُكُمْ بِأَمْرٍ فَأْتُوا مِنْهُ مَا اسْتَطَعْتُمْ». فَأَوْجَبَ مِمَّا أَمَرَ بِهِ مَا يُسْتَطَاعُ.

وَقَالَ ﷺ: «إِنَّ الدِّينَ يُسْرٌ، وَلَنْ يُشَادَّ الدِّينَ أَحَدٌ إِلَّا غَلَبَهُ، فَسَدِّدُوا وَقَارِبُوا، وَأَبْشِرُوا، وَاسْتَعِينُوا بِالْغَدْوَةِ وَالرَّوْحَةِ وَشَيْءٍ مِنَ الدُّلْجَةِ، وَالْقَصْدَ الْقَصْدَ تَبْلُغُوا».

وَقَدْ وَصَفَ اللهُ شَرِيعَةَ مُوسَىٰ عَلَيْهِ السَّلَامُ بِأَنَّهَا (ضِيَاءً)، كَمَا قَالَ: ﴿ وَلَقَدْ ءَاتَيْنَا مُوسَىٰ وَهَـٰرُونَ ٱلْفُرْقَانَ وَضِيَآءً وَذِكْرًا لِّلْمُتَّقِينَ ﴾ [الأنبياء:٤٨] وَالضِّيَاءُ: هُوَ النُّورُ الَّذِي يَحْصُلُ فِيهِ نَوْعُ حَرَارَةٍ وَإِحْرَاقٍ كَضِيَاءِ الشَّمْسِ، بِخِلَافِ الْقَمَرِ، فَإِنَّهُ نُورٌ مَحْضٌ، فِيهِ إِشْرَاقٌ بِغَيْرِ إِحْرَاقٍ، قَالَ تَعَالَىٰ: ﴿ هُوَ ٱلَّذِي جَعَلَ ٱلشَّمْسَ ضِيَآءً وَٱلْقَمَرَ نُورًا ﴾ [يُونُس:٥]. وَإِنْ كَانَ قَدْ ذَكَرَ أَنَّ فِي التَّوْرَاةِ نُورًا كَمَا قَالَ: ﴿ إِنَّا أَنزَلْنَا ٱلتَّوْرَىٰةَ فِيهَا هُدًى وَنُورٌ ﴾ [المائدة:٤٤]، وَلَكِنَّ الْغَالِبَ عَلَىٰ شَرِيعَتِهِمِ الضِّيَاءُ؛ لِمَا فِيهَا مِنَ الآصَارِ وَالأَغْلَالِ وَالأَثْقَالِ.

وَوَصَفَ شَرِيعَةَ مُحَمَّدٍ ﷺ بِأَنَّهَا (نُورٌ)؛ لِمَا فِيهَا مِنَ الْحَنِيفِيَّةِ السَّمْحَةِ، قَالَ تَعَالَىٰ: ﴿ قَدْ جَآءَكُم مِّنَ ٱللَّهِ نُورٌ وَكِتَـٰبٌ مُّبِينٌ ﴾ [الْمَائِدَة:١٥] وَقَالَ: ﴿ ٱلَّذِينَ يَتَّبِعُونَ ٱلرَّسُولَ ٱلنَّبِيَّ ٱلْأُمِّيَّ ٱلَّذِي يَجِدُونَهُ مَكْتُوبًا عِندَهُمْ فِي ٱلتَّوْرَىٰةِ وَٱلْإِنجِيلِ يَأْمُرُهُم

بِالْمَعْرُوفِ وَيَنْهَهُمْ عَنِ الْمُنكَرِ وَيُحِلُّ لَهُمُ الطَّيِّبَـٰتِ وَيُحَرِّمُ عَلَيْهِمُ الْخَبَـٰٓئِثَ وَيَضَعُ عَنْهُمْ إِصْرَهُمْ وَالْأَغْلَـٰلَ الَّتِى كَانَتْ عَلَيْهِمْ ۚ فَالَّذِينَ ءَامَنُواْ بِهِۦ وَعَزَّرُوهُ وَنَصَرُوهُ وَاتَّبَعُواْ النُّورَ الَّذِىٓ أُنزِلَ مَعَهُۥٓ ۙ أُوْلَـٰٓئِكَ هُمُ الْمُفْلِحُونَ ﴾ [الأعراف:١٥٧].

فَفِي شَرِيعَتِهِ ﷺ مِنَ اللِّينِ وَالْعَفْوِ وَالصَّفْحِ وَمَكَارِمِ الْأَخْلَاقِ أَعْظَمُ مِمَّا فِي الْإِنْجِيلِ، وَفِيهَا مِنَ الشِّدَّةِ وَالْجِهَادِ وَإِقَامَةِ الْحُدُودِ عَلَى الْكُفَّارِ وَالْمُنَافِقِينَ أَعْظَمُ مِمَّا فِي التَّوْرَاةِ؛ وَهَذَا هُوَ غَايَةُ الْكَمَالِ؛ وَلِهَذَا قَالَ بَعْضُهُمْ: بُعِثَ مُوسَى بِالْجَلَالِ، وَبُعِثَ عِيسَى بِالْجَمَالِ، وَبُعِثَ مُحَمَّدٌ بِالْكَمَالِ.

وَشَرِيعَتُهُ ﷺ نَاسِخَةٌ لِكُلِّ شَرَائِعِ الْأَنْبِيَاءِ قَبْلَهُ، وَمُهَيْمِنَةٌ عَلَى كُلِّ الشَّرَائِعِ السَّابِقَةِ، قَالَ تَعَالَى: ﴿ وَأَنزَلْنَآ إِلَيْكَ الْكِتَـٰبَ بِالْحَقِّ مُصَدِّقًا لِّمَا بَيْنَ يَدَيْهِ مِنَ الْكِتَـٰبِ وَمُهَيْمِنًا عَلَيْهِ ﴾ [المائدة:٤٨].

وَقَوْلُهُ: ﴿ وَمُهَيْمِنًا عَلَيْهِ ﴾ أَيْ: هَذَا الْكِتَابُ أَمِينٌ وَشَاهِدٌ وَحَاكِمٌ عَلَى كُلِّ كِتَابٍ قَبْلَهُ، جَعَلَ اللهُ هَذَا الْكِتَابَ الْعَظِيمَ- الَّذِي أَنْزَلَهُ آخِرَ الْكُتُبِ وَخَاتَمَهَا- أَشْمَلَهَا وَأَعْظَمَهَا وَأَحْكَمَهَا، حَيْثُ جَمَعَ فِيهِ مَحَاسِنَ مَا قَبْلَهُ، وَزَادَهُ مِنَ الْكَمَالَاتِ مَا لَيْسَ فِي غَيْرِهِ؛ فَلِهَذَا جَعَلَهُ شَاهِدًا وَأَمِينًا وَحَاكِمًا عَلَيْهَا كُلِّهَا.

أَزْوَاجُهُ مُحَرَّمَاتٌ لِلْمُؤْمِنِينَ أُمَّهَاتٌ

وَأَزْوَاجُهُ ﷺ أُمَّهَاتُ الْمُؤْمِنِينَ، قَالَ تَعَالَى: ﴿ٱلنَّبِيُّ أَوْلَىٰ بِٱلْمُؤْمِنِينَ مِنْ أَنفُسِهِمْ وَأَزْوَٰجُهُۥٓ أُمَّهَٰتُهُمْ﴾ [الأحزاب:٦]، وَهَذَا أَمْرٌ مَعْلُومٌ لِلْأُمَّةِ عِلْمًا عَامًّا.

وَقَدْ أَجْمَعَ الْمُسْلِمُونَ عَلَىٰ تَحْرِيمِ نِكَاحِهِنَّ بَعْدَ مَوْتِهِ عَلَىٰ غَيْرِهِ، وَعَلَىٰ وُجُوبِ احْتِرَامِهِنَّ؛ فَهُنَّ أُمَّهَاتُ الْمُؤْمِنِينَ فِي الْحُرْمَةِ وَالتَّحْرِيمِ، وَلَسْنَ أُمَّهَاتِ الْمُؤْمِنِينَ فِي الْمَحْرَمِيَّةِ، فَلَا يَجُوزُ لِغَيْرِ أَقَارِبِهِنَّ الْخَلْوَةُ بِهِنَّ، وَلَا السَّفَرُ بِهِنَّ، كَمَا يَخْلُو الرَّجُلُ وَيُسَافِرُ بِذَوَاتِ مَحَارِمِهِ.

وَلِهَذَا أُمِرْنَ بِالْحِجَابِ، فَقَالَ تَعَالَى: ﴿يَٰٓأَيُّهَا ٱلنَّبِيُّ قُل لِّأَزْوَٰجِكَ وَبَنَاتِكَ وَنِسَاءِ ٱلْمُؤْمِنِينَ يُدْنِينَ عَلَيْهِنَّ مِن جَلَٰبِيبِهِنَّ ذَٰلِكَ أَدْنَىٰٓ أَن يُعْرَفْنَ فَلَا يُؤْذَيْنَ﴾ [الأحزاب:٥٩]، وَقَالَ تَعَالَى: ﴿وَإِذَا سَأَلْتُمُوهُنَّ مَتَٰعًا فَسْـَٔلُوهُنَّ مِن وَرَاءِ حِجَابٍ ذَٰلِكُمْ أَطْهَرُ لِقُلُوبِكُمْ وَقُلُوبِهِنَّ وَمَا كَانَ لَكُمْ أَن تُؤْذُوا رَسُولَ ٱللَّهِ وَلَآ أَن تَنكِحُوٓا أَزْوَٰجَهُۥ مِنۢ بَعْدِهِۦٓ أَبَدًا إِنَّ ذَٰلِكُمْ كَانَ عِندَ ٱللَّهِ عَظِيمًا﴾ [الأحزاب:٥٣].

وَلَا تَنْتَشِرُ الْحُرْمَةُ إِلَىٰ مَنْ عَدَاهُنَّ، وَقَدْ ثَبَتَ بِالنَّصِّ وَالْإِجْمَاعِ أَنَّهُ يَجُوزُ لِلْمُؤْمِنِينَ وَالْمُؤْمِنَاتِ أَنْ يَتَزَوَّجُوا أَخَوَاتِهِنَّ وَإِخْوَتِهِنَّ،

كَمَا تَزَوَّجَ العَبَّاسُ أُمَّ الفَضْلِ أُخْتَ مَيْمُونَةَ بِنْتِ الحَارِثِ أُمِّ المُؤْمِنِينَ، وَوُلِدَ لَهُ مِنْهَا عَبْدُ اللهِ وَالفَضْلُ وَغَيْرُهُمَا.

قَالَ ابْنُ القَيِّمِ: «وَالصَّلَاةُ عَلَىٰ أَزْوَاجِهِ تَابِعَةٌ لِاحْتِرَامِهِنَّ وَتَحْرِيمِهِنَّ عَلَىٰ الأُمَّةِ، وَأَنَّهُنَّ نِسَاؤُهُ ﷺ فِي الدُّنْيَا وَالآخِرَةِ، فَمَنْ فَارَقَهَا فِي حَيَاتِهَا وَلَمْ يَدْخُلْ بِهَا لَا يَثْبُتُ لَهَا أَحْكَامُ زَوْجَاتِهِ اللَّاتِي دَخَلَ بِهِنَّ وَمَاتَ عَنْهُنَّ، صَلَّى اللهُ عَلَيْهِ وَعَلَىٰ أَزْوَاجِهِ وَذُرِّيَّتِهِ وَسَلَّمَ تَسْلِيمًا».

خَـيْرُ النِّسَاءِ، خَـيْرُهُنَّ   خَـدِيجَـةٌ أَوْ بِكْـرُهُنَّ

وَأَزْوَاجُهُ ﷺ هُنَّ خَيْرُ نِسَاءِ الأُمَّةِ، وَخَيْرُهُنَّ خَدِيجَةُ بِنْتُ خُوَيْلِدٍ -وَهِيَ أُولَاهُنَّ- وَاخْتُلِفَ فِي تَفْضِيلِهَا عَلَىٰ عَائِشَةَ- وَهِيَ الَّتِي لَمْ يَتَزَوَّجْ بِكْرًا غَيْرَهَا- عَلَىٰ ثَلَاثَةِ أَقْوَالٍ، ثَالِثُهَا: الوَقْفُ.

قَالَ ابْنُ تَيْمِيَّةَ: «اخْتَصَّتْ كُلُّ وَاحِدَةٍ مِنْهُمَا بِخَاصَّةٍ: فَخَدِيجَةُ كَانَ تَأْثِيرُهَا فِي أَوَّلِ الإِسْلَامِ، وَكَانَتْ تُسَلِّي رَسُولَ اللهِ ﷺ وَتُثْبِتُهُ وَتُسَكِّنُهُ، وَتَبْذُلُ دُونَهُ مَالَهَا، فَأَدْرَكَتْ عِزَّةَ الإِسْلَامِ، وَاحْتَمَلَتِ الأَذَىٰ فِي اللهِ وَفِي رَسُولِهِ، وَكَانَتْ نُصْرَتُهَا لِلرَّسُولِ ﷺ فِي أَعْظَمِ أَوْقَاتِ الحَاجَةِ، فَلَهَا مِنَ النُّصْرَةِ وَالبَذْلِ مَا لَيْسَ لِغَيْرِهَا. وَعَائِشَةُ تَأْثِيرُهَا فِي آخِرِ الإِسْلَامِ، فَلَهَا مِنَ التَّفَقُّهِ فِي الدِّينِ وَتَبْلِيغِهِ إِلَىٰ

الأُمَّةِ وَانْتِفَاعِ نَبِيِّهَا بِمَا أَدَّتْ إِلَيْهِمْ مِنَ العِلْمِ مَا لَيْسَ لِغَيْرِهَا».

أُمَّتُــهُ مَرْحُومَـــةٌ   فِي جَمْعِهَــا مَعْـــصُومَةٌ

وَأُمَّتُهُ ﷺ خَيْرُ الأُمَمِ، قَالَ تَعَالَى: ﴿كُنتُمْ خَيْرَ أُمَّةٍ أُخْرِجَتْ لِلنَّاسِ تَأْمُرُونَ بِٱلْمَعْرُوفِ وَتَنْهَوْنَ عَنِ ٱلْمُنكَرِ وَتُؤْمِنُونَ بِٱللَّهِ ۗ وَلَوْ ءَامَنَ أَهْلُ ٱلْكِتَـٰبِ لَكَانَ خَيْرًا لَّهُم ﴾ [آلِ عِمْرَانَ: ١١٠].

وَرَوَى الإِمَامُ أَحْمَدُ وَالتِّرْمِذِيُّ وَحَسَّنَهُ: عَنْ مُعَاوِيَةَ بْنِ حَيْدَةَ القُشَيْرِيِّ قَالَ: قَالَ رَسُولُ اللهِ ﷺ: «أَنْتُمْ تُوفُونَ سَبْعِينَ أُمَّةً، أَنْتُمْ خَيْرُهَا وَأَكْرَمُهَا عَلَى اللهِ».

وَفِي سُنَنِ أَبِي دَاوُدَ: عَنْ أَبِي مُوسَى قَالَ: قَالَ رَسُولُ اللهِ ﷺ: «أُمَّتِي هَذِهِ أُمَّةٌ مَرْحُومَةٌ، لَيْسَ عَلَيْهَا عَذَابٌ فِي الآخِرَةِ، عَذَابُهَا فِي الدُّنْيَا: الفِتَنُ، وَالزَّلَازِلُ، وَالقَتْلُ».

وَهَذَا مِمَّا يَبِينُ بِهِ فَضْلُ أُمَّتِهِ عَلَى جَمِيعِ الأُمَمِ، وَذَلِكَ مُسْتَلْزِمٌ لِكَوْنِهِ رَسُولًا صَادِقًا، وَهُوَ آيَةٌ وَبُرْهَانٌ عَلَى نُبُوَّتِهِ ﷺ؛ فَإِنَّ كُلَّ مَلْزُومٍ فَإِنَّهُ دَلِيلٌ عَلَى لَازِمِهِ.

وَأُمَّتُهُ ﷺ لَا تَجْتَمِعُ عَلَى ضَلَالَةٍ، بَلْ لَا يَزَالُ فِي أُمَّتِهِ طَائِفَةٌ قَائِمَةٌ بِالحَقِّ، حَتَّى تَقُومَ السَّاعَةُ، فَإِنَّ اللهَ أَرْسَلَهُ بِالهُدَى وَدِينِ الحَقِّ لِيُظْهِرَهُ عَلَى الدِّينِ كُلِّهِ، فَأَظْهَرَهُ بِالحُجَّةِ وَالبَيَانِ، وَأَظْهَرَهُ بِاليَدِ

وَالسِّنَانِ، وَلَا يَزَالُ فِي أُمَّتِهِ أُمَّةٌ ظَاهِرَةٌ بِهَذَا وَهَذَا حَتَّى تَقُومَ السَّاعَةُ. فَمَا اجْتَمَعَتْ عَلَيْهِ الْأُمَّةُ إِجْمَاعًا ظَاهِرًا تَعْرِفُهُ الْعَامَّةُ وَالْخَاصَّةُ، فَهُوَ مَنْقُولٌ عَنْ نَبِيِّهِمْ ﷺ.

وَنَحْنُ لَا نَشْهَدُ بِالْعِصْمَةِ إِلَّا لِمَجْمُوعِ الْأُمَّةِ، وَأَمَّا كَثِيرٌ مِنْ طَوَائِفِ الْأُمَّةِ فَفِيهِمْ بِدَعٌ مُخَالِفَةٌ لِلرَّسُولِ ﷺ، وَبَعْضُهَا مِنْ جِنْسِ بِدَعِ الْيَهُودِ وَالنَّصَارَىٰ، وَفِيهِمْ فُجُورٌ وَمَعَاصِي، لَكِنَّ رَسُولَ اللهِ ﷺ بَرِيءٌ مِنْ ذَلِكَ، كَمَا قَالَ تَعَالَىٰ لَهُ: ﴿فَإِنْ عَصَوْكَ فَقُلْ إِنِّي بَرِيءٌ مِّمَّا تَعْمَلُونَ﴾ [الشعراء:٢١٦] وَقَالَ تَعَالَىٰ: ﴿إِنَّ ٱلَّذِينَ فَرَّقُواْ دِينَهُمْ وَكَانُواْ شِيَعًا لَّسْتَ مِنْهُمْ فِي شَيْءٍ﴾ [الأنعام:١٥٩]، وَقَالَ ﷺ: «مَنْ رَغِبَ عَنْ سُنَّتِي فَلَيْسَ مِنِّي».

وَذَلِكَ مِثْلُ إِجْمَاعِهِمْ عَلَىٰ أَنَّ مُحَمَّدًا ﷺ أُرْسِلَ إِلَىٰ جَمِيعِ الْأُمَمِ أَهْلِ الْكِتَابِ وَغَيْرِ أَهْلِ الْكِتَابِ، فَإِنَّ هَذَا تَلَقَّوْهُ عَنْ نَبِيِّهِمْ ﷺ، وَهُوَ مَنْقُولٌ عِنْدَهُمْ نَقْلًا مُتَوَاتِرًا يَعْلَمُونَهُ بِالضَّرُورَةِ.

وَكَذَلِكَ إِجْمَاعُهُمْ عَلَىٰ اسْتِقْبَالِ الْكَعْبَةِ الْبَيْتِ الْحَرَامِ فِي صَلَاتِهِمْ، فَإِنَّ هَذَا الْإِجْمَاعَ مِنْهُمْ عَلَىٰ ذَلِكَ مُسْتَنِدٌ إِلَى النَّقْلِ الْمُتَوَاتِرِ عَنْ نَبِيِّهِمْ، وَهُوَ مَذْكُورٌ فِي كِتَابِهِمْ.

وَكَذَلِكَ الْإِجْمَاعُ عَلَىٰ وُجُوبِ الصَّلَوَاتِ الْخَمْسِ، وَصَوْمِ

شَهْرِ رَمَضَانَ، وَحَجِّ الْبَيْتِ الْعَتِيقِ الَّذِي بَنَاهُ إِبْرَاهِيمُ خَلِيلُ الرَّحْمَنِ، وَدَعَا النَّاسَ إِلَىٰ حَجِّهِ، وَحَجَّتْهُ الْأَنْبِيَاءُ، حَتَّىٰ حَجَّهُ مُوسَىٰ بْنُ عِمْرَانَ وَيُونُسُ بْنُ مَتَّىٰ وَغَيْرُهُمَا.

وَإِجْمَاعُهُمْ عَلَىٰ وُجُوبِ الِاغْتِسَالِ مِنَ الْجَنَابَةِ، وَتَحْرِيمِ الْخَبَائِثِ، وَإِيجَابِ الطَّهَارَةِ لِلصَّلَاةِ؛ فَإِنَّ هَذَا كُلَّهُ مِمَّا تَلَقَّوْهُ عَنْ نَبِيِّهِمْ، وَهُوَ مَنْقُولٌ عَنْهُ ﷺ نَقْلًا مُتَوَاتِرًا، وَهُوَ مَذْكُورٌ فِي الْقُرْآنِ.

أَصْـــــحَابُهُ أَجَلُّهُــــمْ وَهُـــــمْ عُـــــدُولٌ كُلُّهُـــــمْ

وَأَجَلُّ هَذِهِ الْأُمَّةِ- بَعْدَ الْأَنْبِيَاءِ وَالْمُرْسَلِينَ-: الصَّحَابَةُ رَضِيَ اللهُ عَنْهُمْ، وَكُلُّهُمْ عُدُولٌ، لَا يُسْتَثْنَىٰ مِنْهُمْ أَحَدٌ، وَقَدْ شَهِدَ اللهُ تَعَالَىٰ لَهُمْ بِذَلِكَ فِي مُحْكَمِ آيَاتِهِ وَرَسُولُهُ ﷺ فِي سُنَّتِهِ، وَمَا أَعْظَمَهَا وَأَجَلَّهَا مِنْ شَهَادَةٍ:

قَالَ تَعَالَىٰ: ﴿ كُنْتُمْ خَيْرَ أُمَّةٍ أُخْرِجَتْ لِلنَّاسِ ﴾ [آل عمران:١١٠]، وَقَالَ: ﴿ وَكَذَلِكَ جَعَلْنَاكُمْ أُمَّةً وَسَطًا لِتَكُونُوا شُهَدَاءَ عَلَى النَّاسِ وَيَكُونَ الرَّسُولُ عَلَيْكُمْ شَهِيدًا ﴾ [البقرة:١٤٣]، وَهَذَا اللَّفْظُ وَإِنْ كَانَ عَامًّا فَالْمُرَادُ بِهِ الْخَاصُّ، وَقِيلَ: هُوَ وَارِدٌ فِي الصَّحَابَةِ دُونَ غَيْرِهِمْ.

وَقَالَ تَعَالَىٰ: ﴿لَقَدْ رَضِيَ اللهُ عَنِ الْمُؤْمِنِينَ إِذْ يُبَايِعُونَكَ تَحْتَ الشَّجَرَةِ فَعَلِمَ مَا فِي قُلُوبِهِمْ فَأَنْزَلَ السَّكِينَةَ عَلَيْهِمْ وَأَثَابَهُمْ فَتْحًا قَرِيبًا ﴾

[الفتح:١٨]، وَقَالَ: ﴿وَٱلسَّٰبِقُونَ ٱلۡأَوَّلُونَ مِنَ ٱلۡمُهَٰجِرِينَ وَٱلۡأَنصَارِ وَٱلَّذِينَ ٱتَّبَعُوهُم بِإِحۡسَٰنٖ رَّضِيَ ٱللَّهُ عَنۡهُمۡ وَرَضُواْ عَنۡهُ﴾ [التوبة:١٠٠]، وَقَالَ: ﴿وَٱلسَّٰبِقُونَ ٱلسَّٰبِقُونَ ۝ أُوْلَٰٓئِكَ ٱلۡمُقَرَّبُونَ ۝ فِي جَنَّٰتِ ٱلنَّعِيمِ﴾ [الواقعة:١١-١٣].

وَقَالَ تَعَالَى: ﴿لِلۡفُقَرَآءِ ٱلۡمُهَٰجِرِينَ ٱلَّذِينَ أُخۡرِجُواْ مِن دِيَٰرِهِمۡ وَأَمۡوَٰلِهِمۡ يَبۡتَغُونَ فَضۡلٗا مِّنَ ٱللَّهِ وَرِضۡوَٰنٗا وَيَنصُرُونَ ٱللَّهَ وَرَسُولَهُۥٓ أُوْلَٰٓئِكَ هُمُ ٱلصَّٰدِقُونَ ۝ وَٱلَّذِينَ تَبَوَّءُو ٱلدَّارَ وَٱلۡإِيمَٰنَ مِن قَبۡلِهِمۡ يُحِبُّونَ مَنۡ هَاجَرَ إِلَيۡهِمۡ وَلَا يَجِدُونَ فِي صُدُورِهِمۡ حَاجَةٗ مِّمَّآ أُوتُواْ وَيُؤۡثِرُونَ عَلَىٰٓ أَنفُسِهِمۡ وَلَوۡ كَانَ بِهِمۡ خَصَاصَةٞ وَمَن يُوقَ شُحَّ نَفۡسِهِۦ فَأُوْلَٰٓئِكَ هُمُ ٱلۡمُفۡلِحُونَ﴾ [الحشر:٨-٩]، فِي آيَاتٍ كَثِيرَةٍ.

وَوَصَفَ رَسُولُ اللهِ ﷺ الصَّحَابَةَ بِمِثْلِ ذَلِكَ، وَأَطْنَبَ فِي تَعْظِيمِهِمْ، وَأَحْسَنَ الثَّنَاءَ عَلَيْهِمْ:

فَفِي الصَّحِيحَيْنِ: عَنِ ابْنِ مَسْعُودٍ عَنِ النَّبِيِّ ﷺ قَالَ: «خَيْرُ النَّاسِ قَرْنِي، ثُمَّ الَّذِينَ يَلُونَهُمْ، ثُمَّ الَّذِينَ يَلُونَهُمْ» الحَدِيثَ. وَفِيهِمَا: عَنْ أَبِي سَعِيدٍ الخُدْرِيِّ قَالَ: قَالَ النَّبِيُّ ﷺ: «لَا تَسُبُّوا أَصْحَابِي، فَلَوْ أَنَّ أَحَدَكُمْ أَنْفَقَ مِثْلَ أُحُدٍ ذَهَبًا مَا بَلَغَ مُدَّ أَحَدِهِمْ، وَلَا نَصِيفَهُ». وَغَيْرُ ذَلِكَ مِنَ الأَحَادِيثِ، وَهِيَ كَثِيرَةٌ.

قَالَ ابْنُ مَسْعُودٍ: «مَنْ كَانَ مُسْتَنًّا فَلْيَسْتَنَّ بِمَنْ قَدْ مَاتَ، أُولَئِكَ أَصْحَابُ مُحَمَّدٍ ﷺ، كَانُوا خَيْرَ هَذِهِ الأُمَّةِ، أَبَرَّهَا قُلُوبًا، وَأَعْمَقَهَا عِلْمًا، وَأَقَلَّهَا تَكَلُّفًا، قَوْمٌ اخْتَارَهُمُ اللهُ لِصُحْبَةِ نَبِيِّهِ ﷺ، وَنَقْلِ دِينِهِ، فَتَشَبَّهُوا بِأَخْلاقِهِمْ وَطَرَائِقِهِمْ، فَهُمْ كَانُوا عَلَى الهَدْيِ المُسْتَقِيمِ».

وَقَالَ أَبُو زُرْعَةَ: «إِذَا رَأَيْتَ الرَّجُلَ يَنْتَقِصُ أَحَدًا مِنْ أَصْحَابِ رَسُولِ اللهِ ﷺ فَاعْلَمْ أَنَّهُ زِنْدِيقٌ، وَذَلِكَ أَنَّ الرَّسُولَ ﷺ عِنْدَنَا حَقٌّ، وَالقُرْآنَ حَقٌّ، وَإِنَّمَا أَدَّى إِلَيْنَا هَذَا القُرْآنَ وَالسُّنَنَ أَصْحَابُ رَسُولِ اللهِ ﷺ، وَإِنَّمَا يُرِيدُونَ أَنْ يُجَرِّحُوا شُهُودَنَا لِيُبْطِلُوا الكِتَابَ وَالسُّنَّةَ، وَالجَرْحُ بِهِمْ أَوْلَى، وَهُمْ زَنَادِقَةٌ».

وَالخُلَفَـــاءُ خَـــيْرُهُمْ   وَخَـــيْرُهُمْ صِـــدِّيقُهُمْ

وَأَفْضَلُ الصَّحَابَةِ بِالإِجْمَاعِ: الخُلَفَاءُ الأَرْبَعَةُ. وَأَفْضَلُهُمْ عَلَى الإِطْلاقِ: أَبُو بَكْرٍ، صِدِّيقُ رَسُولِ اللهِ ﷺ، وَصَاحِبُهُ فِي الغَارِ، وَلَا مُبَالاةَ بِأَهْلِ التَّشَيُّعِ وَالأَهْوَاءِ.

وَبَعْدَهُ فِي الفَضْلِ: الفَارُوقُ أَبُو حَفْصٍ عُمَرُ بْنُ الخَطَّابِ. وَبَعْدَهُ: ذُو النُّورَيْنِ، شَهِيدُ الدَّارِ، عُثْمَانُ بْنُ عَفَّانَ. وَبَعْدَهُ: اللَّيْثُ المِغْوَارُ، أَمِيرُ المُؤْمِنِينَ، عَلِيُّ بْنُ أَبِي طَالِبٍ، وَمِنْهُمْ مَنْ يُقَدِّمُهُ عَلَى عُثْمَانَ، رَضِيَ اللهُ عَنهم أَجْمَعِينَ.

فَحُـــــبُّهُمْ إِيمَـــــانٌ   وَبُغْــــضُــهُمْ كُـفْـرَانُ

رَوَى التِّرْمِذِيُّ: عَنْ عَبْدِ اللهِ بْنِ مُغَفَّلٍ قَالَ: قَالَ رَسُولُ اللهِ ﷺ: «اللهَ اللهَ فِي أَصْحَابِي، لَا تَتَّخِذُوهُمْ غَرَضًا بَعْدِي، فَمَنْ أَحَبَّهُمْ فَبِحُبِّي أَحَبَّهُمْ، وَمَنْ أَبْغَضَهُمْ فَبِبُغْضِي أَبْغَضَهُمْ، وَمَنْ آذَاهُمْ فَقَدْ آذَانِي، وَمَنْ آذَانِي فَقَدْ آذَى اللهَ، وَمَنْ آذَى اللهَ فَيُوشِكُ أَنْ يَأْخُذَهُ».

وَفِي الصَّحِيحَيْنِ: عَنِ الْبَرَاءِ بْنِ عَازِبٍ عَنِ النَّبِيِّ ﷺ قَالَ- فِي الْأَنْصَارِ-: «لَا يُحِبُّهُمْ إِلَّا مُؤْمِنٌ، وَلَا يُبْغِضُهُمْ إِلَّا مُنَافِقٌ، مَنْ أَحَبَّهُمْ أَحَبَّهُ اللهُ، وَمَنْ أَبْغَضَهُمْ أَبْغَضَهُ اللهُ».

وَفِيهِمَا أَيْضًا: عَنْ أَنَسِ بْنِ مَالِكٍ عَنِ النَّبِيِّ ﷺ قَالَ: «آيَةُ الْإِيمَانِ حُبُّ الْأَنْصَارِ، وَآيَةُ النِّفَاقِ بُغْضُ الْأَنْصَارِ».

وَقَالَ تَعَالَى: ﴿مُّحَمَّدٌ رَّسُولُ ٱللَّهِ وَٱلَّذِينَ مَعَهُۥ أَشِدَّآءُ عَلَى ٱلْكُفَّارِ رُحَمَآءُ بَيْنَهُمْ﴾ إِلَى قَوْلِهِ: ﴿لِيَغِيظَ بِهِمُ ٱلْكُفَّارَ﴾ [الفتح:٢٩].

وَمِنْ هَذِهِ الْآيَةِ انْتَزَعَ الْإِمَامُ مَالِكٌ- فِي رِوَايَةٍ عَنْهُ- تَكْفِيرَ الرَّوَافِضِ الَّذِينَ يُبْغِضُونَ الصَّحَابَةَ، قَالَ: «مَنْ أَصْبَحَ فِي قَلْبِهِ غَيْظٌ عَلَى أَحَدٍ مِنْ أَصْحَابِ رَسُولِ اللهِ ﷺ فَقَدْ أَصَابَتْهُ الْآيَةُ». وَوَافَقَهُ طَائِفَةٌ مِنَ الْعُلَمَاءِ عَلَى ذَلِكَ. وَالْأَحَادِيثُ فِي فَضَائِلِ الصَّحَابَةِ

وَالنَّهْيِ عَنِ التَّعَرُّضِ لَهُمْ بِمَسَاءَةٍ كَثِيرَةٍ، وَيَكْفِيهِمْ ثَنَاءُ اللهِ عَلَيْهِمْ، وَرِضَاهُ عَنْهُمْ.

ثُمَّ الَّذِيــنَ بَعْـــدَهُمْ   ثُمَّ الَّذِيــنَ بَعْدَهُمْ

تَقَدَّمَ مَا فِي الصَّحِيحَيْنِ: عَنِ ابْنِ مَسْعُودٍ عَنِ النَّبِيِّ ﷺ قَالَ: «خَيْرُ النَّاسِ قَرْنِي، ثُمَّ الَّذِينَ يَلُونَهُمْ، ثُمَّ الَّذِينَ يَلُونَهُمْ» الْحَدِيثَ.

وَقَوْلُهُ ﷺ: (ثُمَّ الَّذِينَ يَلُونَهُمْ) أَيْ: الْقَرْنُ الَّذِي بَعْدَهُمْ، وَهُمُ التَّابِعُونَ، (ثُمَّ الَّذِينَ يَلُونَهُمْ) وَهُمْ أَتْبَاعُ التَّابِعِينَ، وَاقْتَضَى هَذَا الْحَدِيثُ أَنْ تَكُونَ الصَّحَابَةُ أَفْضَلَ مِنَ التَّابِعِينَ، وَالتَّابِعُونَ أَفْضَلُ مِنْ أَتْبَاعِ التَّابِعِينَ.

وَلَا يَـــزَالُ أُمَّـــةٌ   بِدِينِـــهِ قَائِمَـــةٌ

فِي الصَّحِيحَيْنِ: عَنْ مُعَاوِيَةَ قَالَ: سَمِعْتُ النَّبِيَّ ﷺ يَقُولُ: «لَا يَزَالُ مِنْ أُمَّتِي أُمَّةٌ قَائِمَةٌ بِأَمْرِ اللهِ، لَا يَضُرُّهُمْ مَنْ خَذَلَهُمْ، وَلَا مَنْ خَالَفَهُمْ، حَتَّى يَأْتِيَهُمْ أَمْرُ اللهِ وَهُمْ عَلَى ذَلِكَ».

قَوْلُهُ ﷺ: «قَائِمَةٌ بِأَمْرِ اللهِ» أَيْ: مُتَمَسِّكَةٌ بِدِينِهَا، وَقَوْلُهُ تَعَالَى: ﴿مِنْ أَهْلِ ٱلْكِتَٰبِ أُمَّةٌ قَآئِمَةٌ﴾ [آل عمران:١١٣] أَيْ: مُتَمَسِّكَةٌ بِدِينِهَا، وَهُمْ قَوْمٌ آمَنُوا بِمُوسَى وَعِيسَى وَمُحَمَّدٍ عَلَيْهِمُ السَّلَامُ.

وَحَمَلَ بَعْضُهُمْ مُطْلَقَ هَذَا الحَدِيثِ عَلَىٰ القِيَامِ بِتَعَلُّمِ العِلْمِ، وَحِفْظِ الحَدِيثِ لِإِقَامَةِ الدِّينِ، قَالَ أَحْمَدُ بْنُ حَنْبَل: «إِنْ لَمْ تَكُنْ هَذِهِ الطَّائِفَةُ المَنْصُورَةُ أَصْحَابَ الحَدِيثِ، فَلَا أَدْرِي مَنْ هُمْ».

خَاتِمَةٌ

يَا رَبِّ حَكِّمْ سُنَّتَهْ	يَا رَبِّ فَاجْمَعْ أُمَّتَهْ
خَالِصَةً، وَاقْبَلْهَا	وَهَـذِهِ فَاجْعَلْهَا
يُرْضِـيهِ، حَمْدًا دَائِمَا	وَأَحْمَـدُ اللهَ كَمَـا
عَلَى إِمَـامِ الأَنْبِيَـا	مُـسَلِّمًا مُـصَلِّيَا

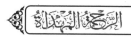

مُحْتَوِيَاتُ الْكِتَابِ